笹部真理子著

# 「自民党型政治」の形成・確立・展開

―分権的組織と県連の多様性―

木鐸社

## はじめに

　戦後日本の政治は，自民党による政治であったと言っても過言ではない。もちろん，占領期の諸改革や，独立の回復をめぐる諸政党間の対立と協調，官僚の果たした役割も極めて重要である。しかし，いったん政党システムが安定化すると，戦後政治の舵を握っていたのは自民党である。自民党は，1955年の結党以来，2009年に民主党へ第一党の地位を譲るまで，一貫して第一党であった。そして，そのほとんどの時期において政権与党であった。このように50年近くにわたって政権の座にあった政党は，他に，イタリアのキリスト教民主党，スウェーデンの社会民主党など世界に数例しかない[1]。

　自民党は，戦後日本政治論の中で絶えず中心的な研究の対象であった。自民党の研究は升味準之輔らによって切り開かれたが[2]，自民党政権を初めて長期政権として位置づけ，その構造について本格的な分析を加えたのは佐藤誠三郎・松崎哲久『自民党政権』（中央公論社，1986年）である。佐藤・松崎は，「先進民主主義諸国における有力政党や長期政権の中でも，自民党とその政権の安定性は群を抜いている」とし，その要因として，自民党が西欧の保守政党と比較して特定のイデオロギーや階層から自由であり，「多様な利害を包摂する能力や変化への柔軟な対応力」を備えていることを挙げた[3]。こうした理解は，その後の自民党研究にも継承され，歴史分析[4]，政治エリート分析[5]，比較政治[6]の各分野で，多くの実証的・理論的

---

1　T. J. Pempel eds. *Uncommon democracies*, Cornell University Press, 1990.
2　升味準之輔「自由民主党の組織と機能」（升味『現代日本の政治体制』岩波書店，1969年，に所収）。
3　佐藤誠三郎・松崎哲久『自民党政権』第1章（中央公論社，1986年）。
4　北岡伸一『自民党』（読売新聞社，1995年），中北浩爾『一九五五年体制の成立』（東京大学出版会，2002年），小宮京『自由民主党の誕生』（木鐸社，2010年）など。
5　猪口孝・岩井奉信『「族議員」の研究』（日本経済新聞社，1987年），野中尚人『自民党政権下の政治エリート』（東京大学出版会，1995年），建林正彦『議員行動の政治経済学』（有斐閣，2004年）など。
6　Pempel, *Uncommon democracies*; 蒲島郁夫『戦後政治の軌跡』（岩波書店，

な研究が蓄積されてきた。

　本研究は、いわゆる「自民党型政治」の形成・確立過程の組織論的な解明を試みるものである。これまで自民党を政党組織論の観点から説明しようとする試みは限られたものであった。1960年代には、升味準之輔、松下圭一、セイヤー、福井治弘らによって精力的に行われていた[7]。なかでも、升味は、オストロゴルスキーやシャットシュナイダーらの政党組織論に依拠しながら、自民党内における県連や市町村支部などの地方組織を整備・強化しようとする動きに注目している。しかし、升味の研究では、地方組織が、派閥や国会議員の個人後援会(以下、後援会)の存在に阻害されて、十分に発達しなかったとされ、党本部は「派閥連合体」としての性格を、県連は「個人後援会の連合体」としての性格を、それぞれ払拭できなかったとみなされた。こうした自民党組織の捉え方は、その後の研究においても増幅された結果、自民党は「近代的組織政党」ではないとの見解が広く浸透し、自民党組織への関心は失われていったように思われる。

　自民党組織研究の欠如は、1980年代以降においても大きく解消することはなかった。そのなかで、自民党の組織研究を活性化させたのは、佐藤・松崎の『自民党政権』であった。佐藤・松崎は、この著作において、従来の研究が政党組織の「近代化」を尺度として論じてきたことを批判し、「多様な集団や階層から支持を調達するためには、ゆるやかな組織の方がより適切であ」り、自民党は、その組織構造が「分権的でゆるやか」であったからこそ、多様な集団や階層から支持を調達できたのであると主張した[8]。しかし、その後の自民党研究では、統一体としての自民党組織を分析するのではなく、いわばその「パーツ」である派閥や族議員、後援会の分析に重点が置かれたように思われる[9]。その結果、自民党全体を組織と

---

　2004年)など。
7　升味「自由民主党の組織と機能」、松下圭一「保守・革新」(『朝日ジャーナル』1960年5月29日号、のちに松下『現代日本の政治的構成』第2版、東京大学出版会、1972年、に所収)、セイヤー(小林克己訳)『自民党』(雪華社、1968年)、福井治弘『自由民主党と政策決定』(福村出版、1969年)など。
8　佐藤・松崎『自民党政権』32～34頁。
9　例えば、西川知一・河田潤一『政党派閥』(ミネルヴァ書房、1996年)第4・5章、猪口・岩井『「族議員」の研究』、五十嵐暁郎「代議士後援会の精神的組

して分析する視角は十分に深められることはなかったと言えるのではないだろうか[10]。

　本研究では，自民党の「ゆるやか」な組織構造が多様な集団や階層から支持を調達するのに寄与したという佐藤・松崎の理解を受け継ぎながら，政党組織研究を一歩進めて行きたい。自民党の組織論的研究が，日本政治の分析において有用だと筆者が，考えるのは，以下の理由からである。

　第一に，自民党に対する支持が，現在においても依然として高いのは，自民党組織が地方レベルで強固であることによると推定される点にある。特に，財政リソースが大幅に減少した2000年代以降においても，自民党の集票力がそれほど低下していない点を踏まえれば[11]，自民党と支持基盤との間には，世上でしばしば指摘されるような利益誘導の力だけでは説明できないものがあることを推測させる。この関係がどのようにして形成されたのか，そして，それが現在，どのように残存しているのか，地方組織のレベルにまで掘り下げて検討することの意義は大きいと思われる。

　第二に，昨今，グローバル化や財政リソースの減少，マス・メディアやソーシャル・メディアの影響力拡大といった日本が直面している状況に対して，新たな「政治の安定」を創出するために政党組織が注目されるようになってきていることである。例えば，野中尚人は党内ガバナンスの必要性を強調し，「党内民主主義の確保」と「リーダーへの授権」を両立させる方法として政党内における組織運営や意思決定のプロセスを重視している[12]。また，中北浩爾は，「中長期的に支持する政党を持たない無党派層は，テレビなどのマス・メディアを通じて形成されるイメージに影響され，ポピュリズムにとらわれやす」いことが，「内閣支持率の乱高下の原因と

---

　　織的構造」（『思想』第779号，1989年），蒲島郁夫・山田真裕「後援会と日本の政治」（『年報・政治学　1994』，1995年）など。
10　近年，中北浩爾や小宮京らによって，自民党組織の政治史的な分析が進められている（中北『自民党政治の変容』NHK出版，2014年，小宮『自由民主党の誕生』など）。しかし，今のところ，自民党の中央組織の分析にとどまっている。
11　森裕城「二〇〇九年総選挙の得票分析」（『同志社法学』第63巻第1号，2011年）。
12　野中尚人『自民党政治の終わり』（筑摩書房，2008年）231～233頁。

なり，政党デモクラシーを不安定化させている」として，「政党デモクラシー」を安定化させるためには「有権者の政党への参加」が重要であると論じている[13]。そして，自民党が「党員や支持団体を依然として抱えている」ことは肯定的に評価されるべきだと主張している。これらの新しい研究は，筆者に政党組織研究の必要性をより強く感じさせるものであった。

　こうした政党組織に注目する動きは，二大政党の一角として期待された民主党内において深刻化した党内対立がその組織の脆弱性によるという見解が示されることによって強まっているように思われる[14]。そして，最終的に民主党が分裂に至ったことは，そもそも政党はいかにして統一体となり得るのか，という組織論の原点に立ち入って検討することが必要であることを示唆している。この点で，2009年から2012年の野党時代に自民党から離党した国会議員が17名と比較的少数にとどまったことも，同時期に政権党であった民主党からの離党者が相次いだことを考えれば，示唆的である[15]。

　民主党が組織の統一性を欠いていたことは以前から指摘されていた。森裕城は，その原因として，民主党が，小選挙区制が二大政党制を生む傾向があることを「予習」し，2003年の自由党との合併など「急速かつ人工的な二大政党化」を進めた結果，組織内部に軋轢を抱えていたことを挙げている[16]。また，堤英敬と森道哉の研究によれば，民主党の地方組織も，「非自民」という旗印の下でしかまとまっていなかったという[17]。こうした

---

[13] 中北浩爾『現代日本の政党デモクラシー』（岩波書店，2013年）終章。
[14] 例えば，上神貴佳・堤英敬編著『民主党の組織と政策』（東洋経済新報社，2011年），21世紀政策研究所『政権交代時代の政府と政党のガバナンス』（21世紀政策研究所，2012年），伊藤光利・宮本太郎編『民主党政権の挑戦と挫折』（日本経済評論社，2014年），前田幸男・堤英敬編著『統治の条件』（千倉書房，2015年）。
[15] さらに，2012年の総選挙で自民党が勝利したのを「組織の勝利」とする見方は，自民党関係者を中心に広く見られる。例えば，ある自民党の衆院選候補者の選対幹部は「今回は民主のオウンゴールと，自民の組織力の勝利だ」と総括している（「読売新聞」（群馬版）2012年12月18日）。
[16] 森「二〇〇九年総選挙の得票分析」。
[17] 堤英敬・森道哉「民主党地方組織の形成過程」（上神貴佳・堤英敬編『民主党の組織と政策』東洋経済新報社，2011年）。

凝集性の低さを表面化しないようにするため総花的なマニフェストが作成されることになった[18]。そして，それ故に，政権獲得後，その実現が困難となって修正が検討されるようになると，離党者が相次ぐことになったのである。

　民主党の分裂とその後の混乱は，今後の日本政治が「安定」に向かうためには政党組織が重要な役割を果たす可能性があることを示唆している。政党組織が十分に成熟するためには時間を要する。戦後において一貫して中心的な政治的アクターであった自民党を研究対象に選んだ筆者は，1つの政党組織の発展過程を見るには長期的な観察が必要であると認識した。しかし，これまでの日本政治研究では，このような視点からの政党組織研究は十分ではなかったように思われる[19]。この点で，結党以来，60年以上にわたって存続した自民党組織の形成・確立過程を明らかにすることは今後の日本政治を展望するうえで大きな意味を持つであろう。

　以下，本書では次のように議論を展開していく。

　第1章では，これまでの欧米の政党組織研究の系譜を辿ったうえで，現在，欧米での政党組織研究の新潮流をリードしてきたカッツとメアの政党組織研究を概観し，彼らの分析手法が自民党研究にも多くの示唆を与えていることを示す。

　第2章では，結党以来の自民党内における組織論の展開過程を辿りながら，1970年代前半において組織化の方針に大きな転換が生じていることを明らかにする。

　そして，続く2つの章で，この組織化方針の転換を背景にして，自民党の中央組織が実際にどのように変容したのか検討する。具体的には，中央組織内での組織的対応を，第3章では部局のウェイトの変化と年功序列・派閥均衡型人事の定着，第4章では国会議員の役職人事の変化，に現れていることを見る。

　本研究は，自民党組織を，その地方組織から論じることに重点を置いて

---

18　伊藤光利「民主党のマニフェストと政権運営」（伊藤光利・宮本太郎編『民主党政権の挑戦と挫折』日本経済評論社，2014年）。

19　戦前日本の政党組織を長いスパンで検討した研究には，升味準之輔『日本政党史論』全7巻（東京大学出版会，1965年〜1980年）がある。

いる。第5章から第9章は，自民党の中心的な地方組織である都道府県支部連合会(以下，県連)の分析を行う。第5章では，結党以来の県連組織の発展過程を，その多様性に注目しながら明らかにする。そのうえで，全国の県連を比較し，その組織構造の類型化を試みる。続く3つの章では，そこで導き出された各類型の典型的な県連を取りあげ，その組織構造を解明していく。具体的には，第6章では県議ネットワーク型県連として熊本県連を，第7章では代議士系列型県連として群馬・高知両県連を，第8章では組織積み上げ型県連として静岡・愛媛両県連を対象とする。第9章では，各類型の組織構造の特徴をまとめたうえで，そうした組織構造の違いが，実際の政治過程にどのような影響を与えるのか，県知事選の候補者選考過程を通じて考えていく。

　最後に，第10章では，前章までで検討してきた自民党の中央・地方の組織構造が1990年代後半以降，どのように変容しつつあるのか展望していきたい。

## 目次

はじめに………………………………………………………………… 3
第1章　理論の検討……………………………………………………17
　第1節　欧米における政党組織研究の系譜……………………………19
　第2節　政党組織研究の新展開…………………………………………26
　第3節　これまでの日本における政党組織研究………………………39
　第4節　自民党の組織研究への示唆……………………………………47
　第5節　本研究の主張……………………………………………………53

第2章　自民党における組織化の方針の展開………………………59
　第1節　第1期における組織化の方針…………………………………61
　第2節　第2期における組織化の方針…………………………………68
　　1．全党員参加の総裁公選制度の導入………………………………70
　　2．地域社会の要望吸収の重視………………………………………72

第3章　自民党の党中央組織における「変容」……………………77
　第1節　自民党の中央組織の変遷………………………………………80
　第2節　年功序列・派閥均衡型人事の確立過程………………………89
　　1．年功序列型人事の確立過程………………………………………89
　　2．派閥均衡型人事の確立過程………………………………………92

第4章　1970年代初頭における国会議員役職人事の変容………97
　第1節　政務調査会・国会対策委員会内での人事慣行………………99
　　1．政調副会長・部会長………………………………………………99
　　2．国対副委員長………………………………………………………107
　第2節　役職間での人事慣行の変化……………………………………109
　　1．幹事長………………………………………………………………110
　　2．政調会長……………………………………………………………111
　　3．総務会長……………………………………………………………111
　　4．国対委員長…………………………………………………………112
　　5．衆議院議院運営委員長……………………………………………113

第3節　政調副会長と国対副委員長の比較……………………… 115

第5章　県連の組織構造の類型化………………………………………　123
　第1節　第1期における県連組織の形成過程……………………… 125
　　（1）保守系地方議員との連携強化　……………………………129
　　（2）友好団体の組織化　…………………………………………130
　　（3）後援会との連携　……………………………………………131
　　（4）地域支部の機能変化　………………………………………131
　第2節　県連内の対立の調整……………………………………… 134
　　（1）県議ネットワーク　…………………………………………135
　　（2）代議士系列　…………………………………………………136
　　（3）地域支部の組織化　…………………………………………137
　第3節　県議ネットワーク型県連………………………………… 143
　第4節　代議士系列型県連………………………………………… 145
　第5節　組織積み上げ型県連……………………………………… 146

第6章　県議ネットワーク型県連………………………………………　151
　第1節　歴史的経緯………………………………………………… 151
　第2節　組織………………………………………………………… 154
　　1．県連組織（役職人事と意思決定）……………………………154
　　2．支部組織………………………………………………………156
　第3節　政策形成過程……………………………………………… 157
　　1．政調会の構成…………………………………………………157
　　2．要望の取りまとめと政策審議過程…………………………157
　第4節　公認候補決定過程………………………………………… 158
　　1．衆議院議員候補者……………………………………………158
　　2．地方議員候補者………………………………………………159
　　3．公募制導入……………………………………………………159

第7章　代議士系列型県連………………………………………………　161
　第1節　歴史的経緯………………………………………………… 161
　　1．群馬県連と八ツ場ダム問題…………………………………161

2．高知県連と緩い代議士系列……………………………………165
　第2節　組織……………………………………………………………… 167
　　1．県連組織(役職人事と意思決定)………………………………167
　　2．支部組織…………………………………………………………169
　第3節　政策形成過程…………………………………………………… 170
　　1．政調会の構成……………………………………………………170
　　2．要望の取りまとめと政策審議過程……………………………170
　　3．市町村に対する要望と市議会会派……………………………172
　第4節　公認候補決定過程……………………………………………… 173
　　1．衆議院議員候補者………………………………………………173
　　2．地方議員候補者…………………………………………………174

# 第8章　組織積み上げ型県連……………………………………… 177
　第1節　歴史的経緯……………………………………………………… 177
　　1．静岡県連と医大設置問題………………………………………177
　　2．愛媛県連と白石春樹……………………………………………184
　第2節　組織……………………………………………………………… 187
　　1．県連組織(役職人事と意思決定)………………………………187
　　2．支部組織…………………………………………………………189
　第3節　政策形成過程…………………………………………………… 191
　　1．政調会の構成……………………………………………………191
　　2．要望のとりまとめと政策審議過程……………………………192
　　3．市町村に対する要望と市議会会派……………………………194
　第4節　公認候補決定過程……………………………………………… 197
　　1．衆議院議員候補者………………………………………………197
　　2．地方議員候補者…………………………………………………198

# 第9章　知事選にみる県連………………………………………… 201
　第1節　各類型の組織的特徴…………………………………………… 201
　　1．役職人事と意思決定過程………………………………………201
　　2．支部組織…………………………………………………………202
　　3．政策形成，公認候補者決定過程………………………………203

4．各類型の組織構造……………………………………………203
　第2節　県知事選の事例分析……………………………………… 204
　　　1．熊本県連の事例………………………………………………204
　　　2．群馬県連の事例………………………………………………208
　　　3．静岡県連の事例………………………………………………210

# 第10章　第3期以降の自民党組織 ……………………………… 215
　第1節　党中央と県連との「対立」の表面化…………………… 215
　第2節　党中央における地方組織に対する
　　　　　関心の強化と県連の自律性 ………………………… 222
　（1）地方組織の意向を重視した公募 ………………………………226
　（2）地方政治学校 …………………………………………………227
　（3）ローカルマニフェスト …………………………………………230
　第3節　県連における変化…………………………………………234

おわりに……………………………………………………………… 243

＜参考文献＞
　邦語文献………………………………………………………………252
　英語文献………………………………………………………………257
　一般資料………………………………………………………………259
　自由民主党関係資料…………………………………………………261
　新聞……………………………………………………………………261

　あとがき………………………………………………………………263

　索引……………………………………………………………………268

## 図表一覧

| | | |
|---|---|---|
| 表1-1 | 3つの「顔」からみる政党組織の「変容」過程 | 33 |
| 表3-1 | 党則上における自民党本部各機関の変更回数 | 82 |
| 表3-2 | 役職定員数の変化 | 86 |
| 表3-3 | 当選7回時に未入閣の議員数 | 90 |
| 表3-4 | 第1期における大臣別複数回入閣者数 | 92 |
| 表4-1 | 各内閣別政調副会長人数 | 101 |
| 表4-2 | 第1期・第2期における国対副委員長複数回就任者の平均初入閣当選回数・大臣未経験者数・部会長経験率 | 119 |
| 表5-1 | 1964年における地域支部の設置単位(沖縄県連を除く) | 126 |
| 表5-2 | 非国会議員による会長職就任者数 | 133 |
| 表5-3 | 支部設置率(1987年) | 134 |
| 表5-4 | 会長・幹事長交代回数 第1期×(第1期+第2期) | 134 |
| 表5-5 | 会長交代回数×幹事長交代回数 | 139 |
| 表5-6 | 衆院選の全県1区での選挙結果 | 148-149 |
| 表7-1 | 太田市議会会派 | 173 |
| 表8-1 | 掛川市議会会派 | 194 |
| 表8-2 | 予算過程に対する掛川・京都市議の働きかけ | 195 |
| 表10-1 | 地方政治学校設置状況 | 228 |
| 表10-2 | 地方議員における自民党公認候補者の割合 | 233 |
| | | |
| 図2-1 | 国庫支出金における普通事業費の割合の推移 | 74 |
| 図3-1 | 副幹事長・総務副会長・政調副会長・国体副委員長の役職就任者数の変遷 | 88 |
| 図3-2 | 複数回入閣者数 | 90 |
| 図3-3 | 複数回入閣の議員数 | 90 |
| 図3-4 | 派閥別入閣率 | 94 |
| 図4-1 | 部会長歴任者の入閣・複数回入閣経験 | 105 |
| 図4-2 | 部会長平均在任期数 | 106 |
| 図4-3 | 幹事長就任前後の諸役職(正)平均就任回数 | 110 |
| 図4-4 | 幹事長就任前後の諸役職(副)平均就任回数 | 110 |

図 4-5　政調会長就任前後の諸役職(正)平均就任回数 ……………………………… 111
図 4-6　政調会長就任前後の諸役職(副)平均就任回数 ……………………………… 111
図 4-7　総務会長就任前後の諸役職(正)平均就任回数 ……………………………… 112
図 4-8　総務会長就任前後の諸役職(副)平均就任回数 ……………………………… 112
図 4-9　国会対策委員長就任前後の諸役職(正)平均就任回数 …………………… 113
図 4-10　国会対策委員長就任前後の諸役職(副)平均就任回数 ………………… 113
図 4-11　衆議院議院運営委員長就任前後の諸役職(正)平均就任回数 ………… 113
図 4-12　衆議院議院運営委員長就任前後の諸役職(副)平均就任回数 ………… 114
図 4-13　各内閣期における政調副会長・国対副委員長の
　　　　　初入閣までの平均当選回数 ……………………………………………… 117
図 4-14　各内閣期における政調副会長・国対副委員長経験者の平均当選回数 …… 117
図 5-1　全県議に対する党派別県議の割合 ………………………………………… 125
図 5-2　県連会長・幹事長の交代回数 ……………………………………………… 139
図 5-3　全国平均以上の面積を有する都道府県の県連 …………………………… 140
図 5-4　全県1区の衆議院選挙区を有する県連 …………………………………… 142
図 5-5　非国会議員による県連会長職占有率 ……………………………………… 144
図 5-6　支部設置率 …………………………………………………………………… 145
図 5-7　1964年から1987年にかけて支部設置率が
　　　　全国平均以上に上昇した県連(ただし沖縄県は除く) ……………………… 147
図 8-1　静岡県人口分布図 …………………………………………………………… 179
図 10-1　自民党総裁選における議員票数と地方票数 ……………………………… 220
図 10-2　党員数の推移 ………………………………………………………………… 224
図 10-3　党員数(新規党員・継続党員) ……………………………………………… 225

# 「自民党型政治」の形成・確立・展開

― 分権的組織と県連の多様性 ―

# 第 1 章
# 理論の検討

　これまでの日本の政党研究において，政党組織に対する関心は希薄であったように思われる。自民党の政党組織に着目する研究は1960年代にはじまったが，その後，自民党研究の焦点は，議員集団や派閥，後援会の分析に向けられた[1]。それは，自民党が国会議員を中心とする幹部政党的な性格を有していたことと，選挙での国会議員の後援会(以下，後援会)の役割が大きかったことなどに起因している。さらに，1980年代以降，サルトーリの研究が注目されたように，日本の政党研究においても政党システム論が隆盛を極めるようになり[2]，政党組織への関心は希薄化していった。このような研究動向のなかで，自民党の党組織については，十分な関心が払われてきたとは言い難い。近年，自民党内における中央－地方関係について優れた研究が相次いで出されているものの[3]，自民党組織の形成・確立

---

1　議員集団や派閥については，佐藤誠三郎・松崎哲久『自民党政権』(中央公論社，1986年)，野中尚人『自民党政権下の政治エリート』(東京大学出版会，1995年)，西川知一・河田潤一『政党派閥』(ミネルヴァ書房，1996年)など。これまでの後援会研究については，蒲島郁夫・山田真裕「後援会と日本の政治」(『年報・政治学　1994』，1995年)が簡潔に整理している。
2　代表的な研究として，的場敏博『戦後の政党システム』(有斐閣，1990年)，同『現代政党システムの変容』(有斐閣，2003年)，同『戦後日本政党政治史論』(ミネルヴァ書房，2012年)が挙げられる。
3　例えば，『レヴァイアサン』第51号(2012年)の特集「地方議員と政党組織」，上神貴佳『政党政治と不均一な選挙制度』(東京大学出版会，2013年)，建林正彦編著『政党組織の政治学』(東洋経済新報社，2013年)など。

過程にまで視野を及ぼすものは少ない。

しかしながら,「はじめに」でも述べたように,1990年代以降,政界再編が繰り広げられるなか,新進党や民主党などの対抗政党と比べて,はるかに強い組織的な統一性を保ってきたことが明らかになった現在,改めて自民党組織がどのように形成・確立してきたのか,分析が求められているのでないだろうか。

政党組織への関心の低さは,近年までの欧米の政党研究においても見られた。1960年代までは,デュヴェルジェやキルヒハイマーに代表されるように,政党の組織研究はさかんに行われてきた。しかし,1960年代末以降,政党の機能や地位の低下が強調され,政党の「衰退」論まで主張されるようになる。後述するように,この時期の政党組織論は,大衆政党モデルが提示した指導者－支持者の分析枠組の強い影響の下,政党が支持層を組織化できなくなっていったことを以て,政党の「衰退」と理解されたのである。そして,それとともに,政党組織への関心も失われていった。このような研究動向もまた,日本の政党研究における政党組織への関心を希薄化させる一因であったように思われる。

しかし,近年,欧米では改めて政党組織の研究がさかんになりつつある。この新潮流をリードしてきたのが,カッツとメアである。彼らは,従来の主要政党は,現在においても「強力で,支配的な位置を保っている」ことを指摘し,政党は「衰退」しているのではなく,むしろ「変容」(change)することで,環境の変化に「適応」(adaptation)しているのだと主張する[4]。そして,政党が「変容」と「適応」をすることができた理由として,その組織構造が変化を続けたことにあるとして,政党組織に注意を払うべきだとした。

本研究は,このようなカッツとメアの議論に示唆を得て,戦後,長期間にわたって中央・地方とも多数を占めてきた自民党という政党を組織という視点から分析を試みようとするものである。その第一歩として,本章では,カッツとメアの分析手法が如何に自民党の組織を分析するうえで有効なのか考えていく。具体的にはまず,第1節で欧米における政党組織研究

---

[4] Peter Mair. "Myths of Electoral Change and the Survival of Traditional Parties," in Peter Mair, *Party System Change*, Oxford University Press, 1997.

の系譜を辿ったうえで，第2節でカッツとメアの政党組織研究の全容を概観する。続いて，第3節で，これまでの日本の政党組織研究が，現実に自民党で議論されていた組織改革論も含めて，第1節で辿ったカッツとメア以前の政党組織研究の影響を強く受けてきたことを確認する。そのうえで，そうした日本の政党組織研究の蓄積に対して，カッツとメアの分析手法に基づいて自民党組織を研究することがどのような意義を持つのか第4節で考えていく。最後に，第5節で，本研究の主張を示していきたい。

## 第1節　欧米における政党組織研究の系譜

　本節ではまず，1970年代以降の欧米の政党研究において，なぜ政党が「衰退」しているとみなされるようになったのかを辿ることで，カッツとメア以前の政党組織研究が特定の視角に基づいて展開されてきたことを確認する。具体的には，指導者－支持者の枠組に捕われ過ぎたことによって，1970年代以降に各国の政党で生じた組織の変化を的確に説明できなくなっていたことを見ていく。そのうえで，カッツとメアが提示した，政党組織の「変容」と「適応」という分析視角の有効性を示したい。

　政党組織の研究は，20世紀に入って，政党が現実の政治過程で大きな役割を果たすようになったことから分析の対象となり，始まった。その先駆的な業績が，1902年に公刊されたオストロゴルスキーの *Democracy and the Organization of Political Parties* である[5]。

　この研究の画期性は，政党の地方組織に焦点があてられている点にある。オストロゴルスキー以前の研究においては，政党の地方組織に目を向けた研究は皆無に等しかった。そのような研究状況の下，彼が地方組織に着目し得たのは，そこにこそ政党内における支配－従属関係が凝縮して現れていると考えたからである。彼は，イギリスの政党の「コーカス」(Caucus)と，アメリカの政党の「マシーン」(Machine)という，2つの地方組織について検討を加えながら，政党を実質的に支配する少数の指導者

---

[5]　Moisei Ostrogorski, *Democracy and the Organization of Political Parties*, 2 vols, 1902, transaction edition, Edited and Abridged by Seymour Martin Lipset, Transaction books, 1982.

に，強い忠誠心・党派心を持った支持者が従属する，という二項対立的な図式を提示したのである[6]。

ただし，オストロゴルスキーは，後述するミヘルス以後の政党組織研究者とは異なり，指導者－支持者の枠組でのみ政党組織を見ることはなかった。当時のアメリカの政党には，まだ全国的な統一組織が形成されていなかったからである。そのため，彼は，イギリスの政党では議員集団の組織と地方組織の連合とが融合して全国的な組織が形成されていったのに対し，アメリカの政党ではそのような組織化は進展しなかったことに関心をもった[7]。その結果，指導者－支持者の枠組では捉えきれない，議員集団－党本部，党本部－地方組織の関係にまで視野が及ぶことになったのである。

こうした政党内における複数のアクター間の関係を視野に入れた議論は，シャットシュナイダーによって発展させられることになる[8]。彼は，アメリカ政治を決定する要因として二大政党，地方の「政党ボス」，圧力団体との間における「三角の綱引き争い」を重視し，アメリカの政党が議会における党の規律，全国的な組織統制を強めていく過程を描いた。すなわち，シャットシュナイダーは，ニューディールに代表される全国的な公共政策の展開と政権交代の本格化によって，全国的な政党組織が必要とされた結果，それまで名目的な存在でしかなかった地方組織が強化され，地方の「政党ボス」たちの権力が失われていく過程を明らかにしたのである。

しかしながら，これ以後，政党組織内における複数のアクターの間における相互関係に着目する研究は発展しなかった。それは，後述するように，ヨーロッパで大衆政党が台頭する中で，その組織的特徴とされた階統的な組織構造への関心が急速に高まっていったためであると思われる。

ヨーロッパでは，宗教改革，国民革命，産業革命という3つの社会的変動を通じて，社会的亀裂（social cleavage）が生じたと言われる。リプセッ

---

6 オストロゴルスキーのコーカス論については，成田博之「オストロゴルスキー研究」（『北大法学論集』第29巻第3・4号，1979年）。
7 このような観点からオストロゴルスキーの議論を整理したものとして，升味準之輔『現代政治と政治学』（岩波書店，1964年）176～193頁。
8 E・E・シャットシュナイダー（間登志夫訳）『政党政治論』（法律文化社，1962年）。升味『現代政治と政治学』206～210頁も参照のこと。

トとロッカンによれば，まず宗教改革によってプロテスタントとカトリックの亀裂が生じ，また，フランス革命によって宗教を持たない世俗派がカトリック支配から解放されると，世俗派と教会勢力との間で亀裂が生じる[9]。さらに，国民国家建設の過程で，国家建設を主導する支配言語・民族と被支配言語・民族との間で亀裂が生じた。そして，産業革命を通じて，農村と都市，資本と労働の対立関係が表面化するようになっていく。これらの社会的亀裂は，19世紀後半以降，労働者や農民など，それまで政治から排除されてきた人々が政治に関与するようになり，大衆政治化が進展していくなかで，政党間の対立・対抗関係として顕在化・固定化するようになる。すなわち，社会的亀裂によって分断された社会の各部分の利益を代表すべく政党が形成された結果，社会の基本構造に根付いた政党・有権者関係が成立したのである。各政党は，政党間の競争が展開されるなかで，経済利益団体や宗教団体，余暇組織などと密接な関係を持ちながら，日常生活に至るまで組織化していった。このような特定の社会層を高度に組織化し，その社会層の利益と結びついた理念やイデオロギーを掲げるような大衆政党が台頭したことは，政党組織論の関心を，政党が支持層をどれだけ組織化できているかという点に集中させることになった。

その先駆けとなったのがミヘルスの研究であった[10]。ミヘルスは，ドイツ社会民主党を素材にして，政党組織内における指導者－支持者の軸を注視することで，少数指導者による政党支配というオストロゴルスキーの主張を発展させた。彼は，次のように論じている。政党組織の拡大に伴って事務量が増加し，それを管理する少数の専門家に権力が集中していく。大衆の側も政治的無関心やカリスマへの願望のため，政党内における少数者の支配を容認していく。そして，このような寡頭制的な傾向が，保守政党

---

9 S. M. Lipset & S.Rokkan, "Cleavage Structures, Party Systems and Voter Alignments: An introduction," in S. M. Lipset & S. Rokkan, eds. *Party Systems and Voter Alignments*, 1967.

10 ロベルト・ミヘルス(森博・樋口晟子訳)『現代民主主義における政党の社会学Ⅰ・Ⅱ』(木鐸社，1974年)。ミヘルスの「寡頭制の鉄則」については，小松春雄「「寡頭支配の鉄則」について」(『法学新報』第65巻第5号，1968年)，金山準「『寡頭制の鉄則』の再考」(『政治思想研究』第5号，2005年)を参照。

だけではなく，デモクラシーの実現を標榜している社会主義政党にまで見られることから，政党組織に不可避な生理として「寡頭制の鉄則」の存在を主張したのである。

ミヘルスは，社会主義政党を対象とすることで，オストロゴルスキーが地方組織にしか適用できなかった指導者－支持者の分析軸を，政党組織全体にまで拡大して用いた。しかし，他方で政党内に存在する複数のアクターやその相互関係への視点は失われ，階統的な組織構造の下で指導者が支持者を組織するモデルが確立することになった。そして，この指導者－支持者の分析枠組は，デュヴェルジェの提示した大衆政党モデルと結合することで，その後の政党組織研究の視角を強く規定することになるのである。

前述したように，19世紀後半以降，大衆政党が台頭していったが，大衆政党は，幹部政党とは異なり，高度に組織化された構造を有していたため，ここに政党組織の研究が本格化することになる。その潮流の中心にあったのがデュヴェルジェである[11]。彼は，政党を1つの共同体ではなく，いくつかの共同体であり，全国にわたって散在する小集団が結合されている統合体であると捉え，その小集団を政党の「基礎的な構成要素」（elements de base）として，その相違から幹部政党・大衆政党という2つの類型を導き出した[12]。

「基礎的な構成要素」の重要性を指摘するデュヴェルジェの議論は，政党内に複数の部分が存在することに対して十分に注意を払わなかったミヘルスの研究とは一線を画すものであった。しかし，彼の議論においても，政党組織は「基礎的な構成要素」が階統的に積み上がっていくものであると認識されたため，結局は，ミヘルスの議論と同様に，指導者－支持者の軸に重点が置かれることになった。しかも，デュヴェルジェが提示した分析枠組は，党員数や地方組織の発達程度といった客観的な基準に基づいて行うことが可能であったため，その後の政党研究に強い影響を及ぼすことになった[13]。その結果，指導者－支持者の軸から外れた部分，例えば，大

---

11　モーリス・デュベルジェ（岡野加穂留訳）『政党社会学』（潮出版社，1970年）。
12　同上，33頁。
13　Steven B.Wolinetz. "Beyond the Catch-All Party: Approaches to the Study of

衆政党における国会議員，は重視されなかったように，政党組織内に存在する多様な要素への眼差しは失われていったように思われる。

このように，政党の支持者の組織化を通じて社会の利益を代表する機能に着目し，その組織化の程度を問題とする議論を，政党システム論から補強することになったのが，リプセットとロッカンの提唱した「凍結仮説」である[14]。「凍結」仮説の提示によって，各政党は特定の社会層を高度に組織化しており，そのことが現実に政党の勢力比を規定していると考えられたことで，指導者が支持者をどの程度組織しているのか，という分析視角の妥当性が高まることになったのである。しかし，1960年代末には，そのような分析視角では捉えきれない組織構造を有する政党が新たに出現するようになる。

そのことを指摘したのが，ドイツの憲法・政治学者キルヒハイマーの包括政党論である[15]。彼の定義によれば，包括政党とは，大衆をイデオロギー的信条によって統合するのではなく，選挙での勝利を最優先の目的とし，そのために広範な有権者へ直接訴えかける政党のことである。キルヒハイマーは，ドイツの政党を素材にして，第二次世界大戦後の政党は，多かれ少なかれ包括政党への変貌を余儀なくされていると主張した。そして，包括政党化によって政党組織も次のような変容を受けると論じている。第一に，政党活動が有権者を志向するようになるため，党員の役割は

---

Parties and Party Organization in Contemporary Democracies," *American Review of Politics* 14, 1993.「個人代表の政党」・「民主的統合の政党」の分類を提示したS・ノイマンの研究は，その代表的なものである（S・ノイマン編（渡辺一訳）『政党Ⅱ』みすず書房，1961年）。

14 S. M. Lipset & S. Rokkan, "Cleavage Structures, Party Systems and Voter Alignments: An introduction". リプセット・ロッカンの「凍結仮説」については，河田潤一「社会的クリーヴィッジと政党システムの変化」（西川知一編『比較政治の分析枠組』ミネルヴァ書房，1986年に所収），白鳥浩『市民・選挙・政党・国家』（東海大学出版会，2002年），的場『現代政党システムの変容』244〜248頁を参照。

15 Otto Kirchheimer. "The Transformation of the Western European Party Systems", in J. Lapalombara & M. Weiner, *Political Parties and Political Development*, Princeton University Press, 1966. なお，キルヒハイマーの包括政党論については，氏家伸一「包括政党」（西川『比較政治の分析枠組』に所収）を参照にした。

減少し，周縁的位置に追いやられる。その結果として，第二に，幹部グループへの権力集中が進展していく。

キルヒハイマーが提示した包括政党論は，デュヴェルジェが提示した大衆政党モデルでは把握できない，新たな組織形態を持つ政党の出現を予期させるものであった。しかし，その後，「包括政党」概念は，大衆政党から現代の政党を区別するのに効果的な概念として，操作可能な概念にまで高められないうちに広く浸透してしまう[16]。例えば，ツォイナーは，キルヒハイマーが「包括政党」が共同体全体で抵抗の少ない争点へと努力を集中すると主張したのに対し，現代の「包括政党」が「多様な社会的利害」に個別に対応する側面を持っていることを重視し，「包括政党」よりも「多目的政党」と呼ぶべきだと主張した。また，スーザン・バーガーは，キルヒハイマーが「包括政党」の脱イデオロギー性を主張したのに対し，フランスのド・ゴール派とイタリアのキリスト教民主党を分析の対象にして，むしろイデオロギーが包括政党化に大きな役割を果たしていると論じている[17]。

このように論者によって重点の置き方が大きく異なったため，「包括政党」の概念は多様化していき，操作可能な概念として一般化する段階には至らなかった[18]。その結果，デュヴェルジェが提示した大衆政党モデルを支えていた条件が失われつつあるにもかかわらず，それに代わるモデルは提示されないという状況に政党組織研究は陥ることになった。その帰結が，1970年代以降に台頭した政党の「衰退」論である。指導者－支持者の軸を重視する大衆政党モデルに照らし合わせて，政党が有権者を直接的に組織化する志向を失い，有権者の側も党派心を低下させていく状況は，政党の「衰退」と見なされるようになっていったのである。そして，このような見解が浸透する中で，政党組織への関心が失われていった。

政党組織の研究が衰退していく中で，その重要性を改めて主張したのが

---

16　Steven B. Wolinetz. "Beyond the Catch-All Party: Approaches to the Study of Parties and Party Organization in Contempory Democracies."

17　ツォイナー，スーザン・バーガーの議論については，氏家「包括政党」を参考にした。

18　この点については，Krouwel, Andre, "Party Models", in Richard S. Katz and William Crotty eds. *Handbook of Party Politics*. Sage, 2014.

パーネビアンコであった[19]。パーネビアンコは，指導者－支持者の分析軸に基礎を置きながらも，大衆政党モデルとは異なった観点から政党組織の分析を行った。彼は，次のように「不等価交換」(unequal exchange)という概念を用いて，政党組織内における権力関係を説明している。指導者は，支持者にインセンティヴを与えることで，支持者の参加とともに行動の自由（「白紙委任」）を獲得することができる。そして，支持者にとって指導者の分配するインセンティヴに匹敵するだけの便益を他で獲得する機会が少ないほど，「それに替わりうる報酬の源泉をもたない活動家はますます組織に依存せざるをえなくなる」[20]。このようにして「不等価交換」が成立し，指導者は組織の中で特権を獲得していくのである。しかし，反対に組織のインセンティヴが外部でそれに代わる報酬が見つけやすくなると，指導者の行動の自由は制約されていく。パーネビアンコは，政党組織内におけるインセンティヴの配分のあり方によって，政党組織の秩序は異なるものとなると論じたのである。そして，彼は，早くから強固な支持基盤を有し，党官僚が中心的な役割を果たす階統的な組織構造を持つ「官僚制的大衆政党」(mass-bureaucratic party)と，党員の政治的比重が低く，不特定の有権者に広く訴えるために専門家が中心的な役割を果たす「専門職的選挙政党」(electoral-professional party)の2つの政党組織の類型を示した[21]。

　このようなパーネビアンコの議論は，デュヴェルジェが提示した大衆政党モデルでは捉えきれない多様な組織構造が政党内に存在することを示すものであった。そして，そのような相違をもたらすものとして，パーネビアンコは政党組織の発展過程に着目した。すなわち，「組織にその痕跡を残したり，その遺伝的な性格を決定」したりするような要因を意味する「発生期モデル」という概念を提示し，その相違が多分に党本部の構造や地方の組織化の程度を異なるものにすることを論じたのである。

---

19　パーネビアンコ（村上信一郎訳）『政党』（ミネルヴァ書房，2005年）。同書には，山田真裕による書評がある（山田「政党組織の動態力学」『レヴァイアサン』1996年冬号）。
20　パーネビアンコ『政党』39頁。
21　「専門職的選挙政党」(Electoral-professional Party)は，「選挙－プロフェッショナル政党」とも訳される。

しかし，彼の議論の枠組では，「包括政党」以後の政党組織については十分に説明することができなかった[22]。彼の「専門職的選挙政党」という類型は，キルヒハイマーの「包括政党」論の影響を受けて提示されたものであるが，この類型の政党は，安定した集合的アイデンティティを構築することはできないとして，最終的には「政党の融解」を主張している。指導者－支持者の軸に沿って構築された彼の議論では，支持者（党員）の政党への参加を前提とし，彼らへの指導者によるインセンティヴの配分のあり方が党の組織構造にとって決定的に重要であるとされ，党員よりも有権者を志向する「包括政党」以後の政党組織を安定的なものとして論じることはできなかったのである。結局，パーネビアンコは，最終的には「政党の融解」を主張せざるを得ず，政党の「衰退」論を超えることができなかったのである。

　このパーネビアンコの議論の限界が示すように，政党組織論が指導者－支持者の分析軸にその視野を固定してしまった結果，政党の「衰退」が主張されるに至ったのである。

## 第2節　政党組織研究の新展開

　これまで見てきた政党の「衰退」論を批判して新しい政党組織研究を展開したのが，カッツとメアの研究である。カッツとメアの研究については，すでに日本においても「カルテル政党」論を中心に紹介されている[23]。しかし，彼らの政党組織の分析枠組については十分に論じられていない。そこで，以下，議論の骨格である政党組織の3つの「顔」論を中心に，彼らの政党組織の分析枠組について検討していきたい。

　メアは，1980年代から1990年代にかけて，精力的にヨーロッパの政党システムを研究してきた。彼は，1976年から，ヨーロッパ政治学会を

---

22　パーネビアンコ『政党』，第14章。
23　岩崎正洋「政党組織の諸形態」（青木一能ほか編『比較政治学への視座』新評論，1998年に所収），高崎明「ピーター・メアの政党システム理論」（『早稲田政治公法研究』第73号，2003年），同「ピーター・メアの政党研究」（同，第75号，2004年），河崎健「政党研究における『カルテル政党』概念形成の分析」（『上智大学外国語学部紀要』第45号，2011年）など。

母体にして組織された西欧政党システムの変容を検証するプロジェクトに参加している。同プロジェクトによる成果の1つに，1983年に出版された*Western European Party Systems*という論文集がある[24]。この書物は，サルトーリ以来，政党システムの分類に力が注がれたのに対して，政党システムの変容に重点を置いた点で画期的な研究であった。そのなかで，多くの論文が批判の対象としているのが，リプセットとロッカンの「凍結仮説」である。

「凍結仮説」に対して，*Western European Party Systems*の著者たちは，1970年代以降，政党システムはもはや「凍結」ではなく，新たな段階へと進んでいると論じた。すなわち，この時期，第一次世界大戦前から存在する伝統的諸政党の多くが得票率を減らしていることから，政党システムが流動化の過程にあるとして，リプセットとロッカンの「凍結仮説」は1970年代以降には適用できないと主張したのである。例えば，マグアイヤーは，1960年以降，伝統的諸政党の80パーセントが支持を減らしており，政党システムの変動が見られると論じている。こうした伝統的諸政党の支持の後退は，社会的な流動性の増大や価値観の多様化によって，個々人の特定の集団への帰属意識が薄れたことによって，亀裂構造が緩んだことに基づくものであった。

その後，伝統的諸政党が得票率を低下させているという指摘は，「新しい政党」（ドイツの緑の党など）[25]が出現したことやネオ・コーポラティズム論と結び付けられ，伝統的諸政党が環境の変化に対応できなくなっていると主張されるようになっていく[26]。しかし，メアは，このような見解をとることに慎重であった。メアは，同書の中で，社会主義政党ブロック，ブルジョア政党ブロックといったブロックごとに，伝統的諸政党が得票率を低下させていることを論じている。しかし，メアは，1960年代初頭に

---

24　Hans Daalder and Peter Mair, eds. *Western European Party Systems: Continuity and Change*, Sage Publications, 1983. 同書は，阪野智一による紹介がある（『国家学会雑誌』第99巻第5・6号，1986年）。

25　「新しい政党」については，丸山仁「『新しい政党』と政党論の新展開」（『Artes liberales』第60号，1997年）。

26　Peter Mair. "Myths of electoral change and the survival of traditional parties," in Peter Mair, *Party System Change*, Oxford: Oxford University Press, 1997.

存在していた伝統的諸政党が，1990年代初頭においても，依然として高い得票率を有しているという事実を見逃さなかった。実際，メアによれば，西欧14カ国[27]では，伝統的諸政党は，1980年代後半から1990年代初頭の選挙において，平均84パーセントの得票率を上げていた。しかも，この時期，都市化の進展や，第二次・第三次人口の増加，有権者の増加という大きな社会変容が起きていた。それにもかかわらず，伝統的諸政党は高い得票率を維持し続けているのは，政党が環境変化に適応する能力を有しているからだとメアは考えたのである。

さらに，メアはカッツとともに，伝統的諸政党がリソース・スタッフ・党財政のいずれの面をとっても従来よりも充実してきていることから，政党は「衰退」しているのではなく，「変容」(change)・「適応」(adaptation)が進んでいると主張するに至った。このことを明らかにするために，彼らは，従来の政党組織研究が重視してきた政党－社会の関係に加えて，政党－国家の関係にも視野を広げようとする。

カッツとメアは，これまでの政党論が政党と社会の関係に依存していたことを「大衆政党モデルが権威的地位を占めており，現在でも社会との関係の文脈で，政党組織が評価される傾向が残っている」と批判している[28]。その結果，党員数の減少ばかりに注目が集まり，政党組織内において発展している側面，特に資金・職員数の増大，については見落とされてきたとするのである。

この研究史上の欠陥を克服するために，カッツとメアが注目したのが政党と国家との関係である[29]。彼らは，「政党は，公的機関へ実際に，または潜在的に接近することで，職員や資金などの組織的リソースを集める能力を高めた」と指摘している[30]。すなわち，国家が，リソースの供給源と

---

27 オーストリア，ベルギー，デンマーク，フィンランド，フランス，西ドイツ，アイスランド，アイルランド，イタリア，オランダ，ノルウェー，スウェーデン，スイス，イギリスの14カ国である（Mair. "Myths of electoral change and the survival of traditional parties,"）。

28 Richard S. Katz & Peter Mair eds. *How Party Organize,* Sage publications, 1994, p. 3.

29 Ibid., pp. 7-13.

30 Ibid., p. 7.

して，政党が存続する手段となっているのである。このことを重視して，カッツとメアは，政党組織の「変容」と「適応」を理解するためには，少なくとも政党－社会の関係と同じぐらいに，政党－国家の関係も注意を払わなければならないとする。さらに，1980～90年代以降においては，その政党－国家の関係が特に重要になってきていると主張している。カッツとメアはこの主張を，19世紀の幹部政党の時代から，政党－社会，政党－国家の各関係がどのように変化してきたのか図式化することで説明しようとしている[31]。

幹部政党の時代において，社会と国家は，概念上では区別されていたが，実態面としては区別されていなかった。すなわち，社会の政治的部分を構成する人々と，国家権力を独占する位置にある人々とは，血縁や共通の利益による紐帯によって密接に結びつけられていたため，政党は，社会の側に位置しつつも，社会と国家が重複した部分も含んでおり，社会と国家との両者に接点を持っていたのである。

20世紀に入って，大衆政党が台頭する時代になると，このような社会と国家の間に重複部分はなくなっていく。政党は，社会の側に位置しながら，国家との橋渡しをするものとして位置づけられ，社会の部分的利益の「交渉人」（negotiator）として国家と交渉する役割が重視されるようになる。

さらに，第二次世界大戦後の包括政党が登場する時代になると，政党は社会から距離を置き，国家の側へと近づいていく。政党は，「仲介者」（broker）として，社会のあらゆる要求を集約しながら，国家の一機関として，それらの要求を政策化し，実現する役割が重視されていくようになるのである。

そして，1980年代以降，政党は新たな段階に入ったとカッツとメアは主張する。彼らは，その新しい政党組織のモデルとして「カルテル政党」を提示した。「カルテル政党」の最大の特徴は政党間で「共謀」（conspiracy）を行うことである。すなわち，表面上は競争相手である政党同士が協力して国家を運営していくようになっていくというのである。

このような「カルテル政党」の形態が登場するのは，政党にとって社会

---

31　Richard S. Katz & Peter Mair. "Changing Models of Party Organization and Party Democracy," *Party Politics*. Vol. 1, No. 1, 1995.

との関係よりも国家との関係の方がはるかに重要になってきたからであるとし，その原因をカッツは次の2点から説明している[32]。第一に，政党が財政の緊縮を考慮せざるを得なくなったことである。かつて，大衆政党や包括政党は，教育や福祉の充実・諸利益の配分などを通じて，党員・支持者を政党に繋ぎとめようとした。しかし，グローバリゼーション，高齢化社会の到来，公的債務の急増によって，政党も財政緊縮を求められることになる。そのため，実際に統治を担っている政治家は，他党と協力して国家を運営する必要性が高まった。

第二に，個々の国会議員にとって落選が大きな痛手となるようになったことである。議員の専門職業化が進んだことと，個々の議員が世襲していた地位や財産を失っていたことによって，政治家は議員職にあることで生計をたてるようになる。その結果，議員たちにとって落選のリスクが高まっていき，それを回避するために，選挙で他党と「カルテル」を組むようになるのである。

政党－国家の関係から「カルテル政党」が要請されたとしても，政党組織の運営に必要なリソースを社会に依存している限り，「カルテル政党」は出現しない。そのため，カッツとメアは，リソースの面でも「カルテル政党」が出現するに至った原因を2点挙げている。第一に，政党に対する国家からの助成である。国家からの助成は，資金源としての支持者の役割を低下させる。第二に，テレビを中心とするマス・メディアの発達である。マス・メディアを利用することで，政党は有権者に直接訴えかけることができるようになり，有権者とのコミュニケーション・チャンネルとしての支持者の役割は低下する。

これらの要因は，政党にとって党員の必要性を低下させるものであった。このことを端的に表現しているのが，党員数の減少である。カッツとメアによれば，1960年から1980年にかけて，ヨーロッパの主要政党の全有権者中に占める党員の割合は，軒並み減少している[33]。党員数の減少は，政党－社会の関係を重視する大衆政党モデルから見れば，政党の「衰

---

32　Katz Richard S,"The Problem of Candidate Selection and Models of Party Democracy", *Party Politics*. Vol. 7, No. 3, 2001.
33　Katz and Mair, eds. *How Party Organize*, pp. 4-5.

退」に他ならない。しかし，政党－国家の関係を重視する「カルテル政党」モデルからすれば，党員数の減少は，党員よりも国家が供給するリソースの方が重要になった結果であり，政党の「変容」と「適応」を示す現象となる。すなわち，カッツとメアは，「カルテル政党」のモデルの提示を通じて，国家をめぐる環境の変化に対して，政党が柔軟に「変容」し「適応」していることを示したのである。

　政党の「変容」し「適応」は，国家や社会といった外部との関係だけでなく，政党の内部においても生じている。カッツとメアは，政党内での「変容」と「適応」を論じるために，政党組織内の変容に着目している。

　ここで彼らは，これまで多用されてきた指導者－支持者の分析軸では，政党の組織面における「変容」と「適応」の過程を十分に捉えられないとして，新たな分析枠組を採用している。それが，「公職としての政党」（the party in public office），「地方における政党」（the party on the ground），「党本部における政党」（the party in central office），の3つの「顔」（faces）である[34]。「公職としての政党」とは，議会や政府における側面のことである。当初，彼らは「統治組織における政党」（party as governing organization）としていたが，野党の指導者が概ね国会議員であることを考慮に入れて，「公職としての政党」に改めたという。また，「地方における政党」は，後述するように，それが持つリソースを的確に把握するために，正式な党員に加えて，活動家，財政的な支援者，「忠実な投票者」（loyal voters）なども含めて広く捉えている。「党本部における政党」は，中央執行委員会のメンバーと党本部の職員で構成されている。

　この3つの「顔」が，どの程度まで操作可能な概念に高められているかについては，若干の疑問が生じる。特に，「党本部における政党」については，中央執行委員会のメンバーが，国会議員で構成されることもあれば，地方代表で構成されることもあり，他の2つの「顔」との境界がかなり曖昧である。この点について，カッツとメアも，3つの「顔」に重なる部分があることには相当の注意を払っている。しかし，政党組織の変容過程を見ていくうえで，各段階で「党本部における政党」がどのように構

---

34　Richard S. Katz & Peter Mair, "The Evolution of Party Organizations in Europe," *American Review of Politics*, Vol. 14, 1993, pp. 595-601.

成されているのかについて，十分に配慮されているとは言えない。その結果，それぞれの段階で，「党本部における政党」が，他の「顔」に対してどのような関係にあるのか，必ずしも明確ではない。

　しかし，たとえこのような概念上の曖昧さがあったとしても，政党組織を３つの「顔」として分析することには大きなメリットがあるように思われる[35]。第一に，それぞれの「顔」が持つリソースが特定できることである。例えば，「公職としての政党」は，国家からの補助金や公職などのリソースを有している。それに対して，「地方における政党」は，票，政党・選挙活動での労働力，「地方」についての情報といったリソースを独占的に持っている。また，「党本部における政党」は，組織管理上の専門性や，政党組織の頂点としての正統性をリソースとしている。

　第二に，「顔」間の関係が，それぞれ相互依存の関係なのか自立的な関係なのか，あるいは，支配－従属関係なのか対等の関係なのか，区別できることである。その際に，前述したそれぞれの「顔」が有しているリソースと照らし合わせることで，それらが他の「顔」との関係にどのような影響をもたらすのか明らかにすることが可能になる。

　これらのメリットによって，政党組織が複数の「要素」（elements）で構成され，その「要素」間で多様な相互関係が生じていることに視野が広がることになる。そして，その結果，政党の「衰退」論の要因となった政党組織を指導者－支持者の視角のみで捉えることから脱することができたのである。

　続いてカッツとメアは，この３つの「顔」の関係が，幹部政党，大衆政党，包括政党，カルテル政党の４つの段階でどのように変化したのか，次のように論じている（表1-1）[36]。

　19世紀において代表的な政党類型である幹部政党においては，「地方における政党」は地方有力者のみで構成されている。そして，その代表者が国会議員に選出され「公職としての政党」の一員となるが，その選出過程は完全に「地方における政党」のコントロール下に置かれている。そのため，「公職としての政党」が「地方における政党」の意に沿わない行動を

---

35　Ibid., pp. 601-602.
36　Katz and Mair, "Changing Models of Party Organization and Party Democracy."

表1-1 3つの「顔」からみる政党組織の「変容」過程

| | 「公職としての政党」<br>the party in public office | 「党本部における政党」<br>the party in central office | 「地方における政党」<br>the party on the ground |
|---|---|---|---|
| 幹部政党 | メンバーが「the party on the ground」の代表者で構成されるため、「the party on the ground」の意に沿わない行動はしない | ほとんど存在しない | 「the party in public office」と融合 |
| 大衆政党 | 「agent」として「the party on the ground」のコントロール下に置かれている | 「the party on the ground」を統合・調整するために強化される | 「the party in central office」の統制下、「the party in public office」をコントロール |
| 包括政党<br>(幹部政党→包括政党) | 他の2つの「顔」に対する優位 | 「the party in public office」のサポート機関として整備 | 「the party in public office」によって整備(「数」の確保や、有権者とのコミュニケーション・チャンネル) |
| 包括政党<br>(大衆政党→包括政党) | 他の2つの「顔」に対する優位(ただし、幹部政党由来ほどではない) | 大衆政党モデルの規範化の下で表面的に尊重される | 「数」の確保や、有権者のコミュニケーション・チャンネルとして表面的に尊重される |
| カルテル政党 | 「the party in public office」へのリソースの集中(国家からの助成金)→優位の確立、「the party on the ground」への関心の喪失 | 「the party in public office」の完全な支配下 | 衰退するが、地方政治の問題については「the party in public office」から自律性を高める(「stratarchy」) |

出典：Richard S. Katz and Peter Mair, "Changing Models of Party Organization and Party Democracy," *Party Politics*, Vol. 1, No. 1, 1995 より筆者作成。

とることはほとんどない。「党本部における政党」は概して未発達であり、あったとしても、「地方における政党」が同意して初めて機能するぐらい弱体なものでしかなかった。

　20世紀に入って選挙権が拡大すると、大衆政党という新たな政党類型が出現する。大衆政党は、資産や地位などのリソースを有する地方有力者を構成員とする幹部政党に対抗するために、唯一のリソースである「数」を最大限に利用する必要があった。そのため、「地方における政党」ごとに、社会の特定部分に属する有権者の組織化が進められるとともに、それを統制するために強力な「党本部における政党」が設置される。この両者の間には相互依存的な結合関係が築かれる。そのなかで「党本部における政党」は、公式には「地方における政党」の「仲介者」(agent)として位置づけられている。しかし、実際には、ミヘルスが主張するように、「党

本部における政党」は「創設者」（creator）または「管理者」（master）として支配的な地位を有するようになっていく。

このような両者の関係は、国会議員の候補者選定過程によく現れている[37]。大衆政党において、候補者の選定権は公式には「地方における政党」に残されている。しかし、実際には、厳格な候補者の資格要件や選定後の承認手続きなどによって、「党本部における政党」が大きな影響力を持っていることが多い。その結果、実質的には「党本部における政党」が候補者の選定を支配しているのである。そして、このような経緯で選出される「公職としての政党」は、「地方における政党」、あるいは「党本部における政党」のコントロールの下に置かれることになる。

さて、選挙権の拡大は、幹部政党の指導者たちにも「数」の重要性を感じさせる。そこで、彼らも大衆政党と類似した制度（党大会や党員制度）を導入して、支持層を拡大しようとする。大衆政党の方でも、階級差の縮小や政権参加への可能性の増大によって、従来の支持層以外にも支持者の獲得に動くようになる。その結果、幹部政党・大衆政党ともに、包括政党化が進んでいく。包括政党の段階では、有権者全体の支持を獲得することが重要となるため、「地方における政党」、「党本部における政党」の重要性は低下する。それに対して、有権者全体を相手にする「独立した仲介者（independent entrepreneur）」としての性格が強めた「公職としての政党」は政党組織内での地位を高めていく[38]。

ただし、どちらの政党類型に由来するのかによって、包括政党内における「公職としての政党」の位置づけは異なったものとなる。幹部政党由来の包括政党では、「公職としての政党」が「地方における政党」を組織化する。同様に「党本部における政党」も「公職としての政党」のサポート機関として設置される。そのため、相対的に「公職としての政党」の地位が高いものとなる。それに対して、大衆政党由来の包括政党では、すでに「地方における政党」、「党本部における政党」の地位が確立されているため、「公職としての政党」の地位は上昇するものの、幹部政党由来の包括政党ほどではない。

---

37　Katz, "The Problem of Candidate Selection and Models of Party Democracy."
38　Katz and Mair, "Evolution of Party Organization in Europe."

他方,「地方における政党」の重要性は相対的に低いものとなるが,その必要性が全く失われる訳ではない。大衆政党の場合と同様に,「数」は依然として重要なリソースであったし,有権者とのコミュニケーション・チャンネルとしても「公職としての政党」は重要だったからである。また,大衆政党モデルが規範として浸透していることも「地方における政党」の存在価値を残すことになる。すなわち,「公職としての政党」は自らの正統性を主張するために,強い組織を持っていることを示す必要があり,「地方における政党」を重視する姿勢を見せたのである。同様の理由で,「党本部における政党」も「公職としての政党」によって重視される。

　ただし,「地方における政党」,「党本部における政党」はともに,「公職としての政党」にとって表面的に重視されただけであって,実質的には必要とされていなかった点には注意しておかなければならない。このような表面的な尊重と,他党との政策的な隔たりが大きかったこと,政党への忠誠心が残っていたことによって,実質的には「公職としての政党」への権力集中が進んでいるにもかかわらず,「公職としての政党」と,「地方における政党」,「党本部における政党」との間の対立が表面化することはなかったのである。

　1980年代以降の「カルテル政党」の段階になると,政党組織内における「公職としての政党」の優位が明確になる。前述した国家からの助成によって,資金・職員などのリソースは「公職としての政党」に集中していく。表面的には「党本部としての政党」の職員数も増加している。しかし,その多くは「公職としての政党」が国家から得た助成金によって雇用されており,「党本部としての政党」の地位が高まったことを意味する訳ではない。むしろ,党職員が「公職としての政党」に雇用されているという事実は,「党本部としての政党」が「公職としての政党」の完全な支配下に置かれたことを意味している。

　前述したように,国家からの助成とマス・メディアの発達は,「地方における政党」が果たす役割を失わせる。その結果,「公職としての政党」は「地方における政党」への関心を失っていく。その結果,「地方における政党」への統制は弱くなり,その自律性が高まっていく。「地方における政党」の側も,地方政治の問題に介入してこない限り,「公職としての政党」に対して反発することはない。

ただし，国会議員候補者の選定権が「地方における政党」にある限り，「公職としての政党」も「地方における政党」に介入せざるを得ない。それを回避するために，「公職としての政党」は，国会議員候補者の選定過程における「地方における政党」の影響力を弱めようとする。カッツによれば，その際に，「公職としての政党」は次のような二段階の戦略をとるという。第一に，「地方における政党」の有力者の話し合いによって選出されていたのを投票による選出へと改める。第二に，その投票権者の資格を緩和して，正式な党員から支持者，さらには一般の有権者へと拡大する。その結果，「地方における政党」の有力者はさらに弱まることになる。これらの改正を通じて，「公職としての政党」は，表面的には党内民主化を進める一方で，実質的には候補者の選出過程における「地方における政党」の影響力を弱めることに成功する[39]。こうして「公職としての政党」は「地方における政党」に対して介入する必要がなくなるのである。

　このような「公職としての政党」が「地方における政党」を統制する関係から，「公職としての政党」，「地方における政党」が相互に介入するのを避けようとする関係へと変容していったことを，カッツとメアは，政党組織が「ヒエラルキー」（hierarchy）から「ストラターキー」（stratarchy）に変化したと表現している。この「ストラターキー」構造によって「公職としての政党」は行動の自由を与えられ，「カルテル政党」化は組織面からも可能になったのである。

　カッツとメアの「カルテル政党」論に対してはいくつかの批判がある[40]。このうち，「カルテル政党」の組織構造にまで立ち至って批判を展開したものに，クーレとスキャロウの議論を挙げることができる。

　クーレによる批判の要点は，カッツとメアが指摘するように，たとえ「公職としての政党」にとって「地方における政党」が持つリソースの価値が減ったとしても，「ストラターキー」は成立しないという点にある[41]。国政での政党イメージが地方選挙の結果にも影響を与えるため，地方議員

---

39　Katz "The Problem of Candidate Selection and Models of Party Democracy."
40　カッツとメアの「カルテル政党」論に対する諸批判については，高崎「ピーター・メアの政党研究」を参照。
41　Rund Koole. "Cadre, Catch-All or Cartel?," *Party Politics*, Vol. 2, No. 4, 1996.

は中央の指導部に対して口出しせざるを得なくなるからである。この点を重視して、クーレは「ストラターキー」ではなく、「フェデラライゼーション」（federalization）が成立しているのだと主張する。すなわち、中央の政党エリートは、国政の問題について地方からの圧力を受け続けているのに対して、地方の政党エリートは、地方の問題について相対的に中央からの干渉を受けなくなっているとするのである。

　スキャロウの批判は、より実態に即したものである。スキャロウは、イギリスとドイツの主要4政党の比較分析を通じて、現在においても、党中央は依然として党員を確保し続けようとしていることを明らかにした[42]。また、党支部数に関する長期的なデータが存在する8カ国において、1959年から1989年にかけて、単位自治体あたりの党支部数が増加した政党が9割を超えていることを指摘している[43]。これらの事実は、マス・メディアの発達や国家からの助成金によっても、カッツとメアが主張するようには「公職としての政党」は「地方における政党」に対する関心を失っていないことを示している。その理由として、スキャロウは、地方レベルにおける党活動が依然として集票のための重要な組織的リソースであると党中央で考えられていることを挙げている。例えば、政党の地方組織は、地域の住民との日常的な接触を通じて、党への支持の拡大や、地方レベルでの世論への接触を行う重要なチャンネルとなっている。また、人材のリクルート源や選挙運動の担い手としても依然として重要な役割を果たしている。さらに、多くの党員を有することは、一般に有権者の支持が流動化しているなかで安定的な支持基盤を確保するとともに、多くの有権者から支持を得ているという党の正統性も高める。スキャロウは、これらのメリットによって党中央は地方組織を依然として重視しており、このことは候補者選定などの重要な決定に一般党員の関与を強める方向で党内のルールが変更されていることにも表れているとした。

---

42　Susan E. Scarrow, *Parties and their Members*, Oxford University Press, 1996. スキャロウの政党組織論については、阪野智一「イギリスにおける政党組織の変容」（『国際文化学研究（神戸大学国際文化学部紀要）』第16号、2001年）を参照。

43　Susan E. Scarrow, "Parties without Members?" in Russell J. Dalton and Martin P. Watttenberg, eds. *Parties without Partisans*, Oxford University Press, 2000.

このようなスキャロウの議論に対して，カッツは，党中央にとって，実利面での地方組織のメリットはすでに大きなものでなくなっているとして，あくまで党の正統性の確保という観点から党員が重視されているに過ぎないと主張した[44]。すなわち，カッツは，政党は「カルテル政党」化することで，国家のリソースを特権的に利用することができるようになった一方，社会から乖離してしまったため，党員を有することで社会と国家の「連鎖」(linkage)としての大衆政党のイメージを維持しようとしているのだと論じている。また，スキャロウが党内における地方組織重視の動きの証拠として挙げた，候補者選定などにおける一般党員の関与を強める党内改革についても，一般党員に党内決定過程への参加の機会を拡大することで，それまで党中央と一般党員との間で仲介者としての役割を果たしてきた地方レベルにおける党活動家の影響力を低下させ，党中央の権限を強めることを目的とするものであったと主張している。カッツは，党中央が地方組織を重視しているのは，社会と国家の「連鎖」としての正統性を確保しながら，地方での党活動家の影響力を低下させることで，「公職としての政党」への集権化を目指すものであると結論づけたのである。

このようなスキャロウとカッツとの見解の相違は，カッツとメアが言う「地方における政党」が持つリソースの捉え方の違いに起因しているように思われる。カッツとメアは，「地方における政党」が持つリソースについて，党員が提供する票・労働力・資金を中心にして捉えられている。それゆえ，マス・メディアを通じて訴えかけることで有権者全体から票を調達することが可能となり，また党員が提供する労働力や資金が，国家からの補助金によって補うことができるようになると，「公職としての政党」にとって「地方における政党」の重要性は大幅に低下すると考えられたのである。そして，1970年代以降における党員数の大幅な減少は，この傾向に拍車をかけているとした[45]。

---

44　Richard S. Katz, "Reflection: Party as linkage," *European Journal of Political Research*, Vol. 31, No. 1-2, 1997.

45　この点については，Richard S. Katz et al., "The Membership of Political Parties in European Democracies, 1960-1990," *European Journal of Political Research*, Vol. 22, No. 3, 1992. 及び，Peter Mair and Ingrid van Biezen, "Party Membership in Twenty European Democracies, 1980-2000, *Party Politics*, Vol. 7, No. 1, 2001

これに対して，スキャロウの議論では，前述したように，「地方における政党」が持つリソースとして，票や労働力，資金だけでなく，地域社会とのコミュニケーションや人材のリクルート源など，他では代替しにくい性質のものまで含めて考えられている。その結果，たとえマス・メディアの影響力が拡大し，政党への補助金制度が導入されても，「公職としての政党」にとって「地方における政党」が持つリソースの重要性は失われていないとされた。また，スキャロウは，党員数が大幅に減少していることについても，地域社会とのコミュニケーションや人材のリクルートは，現実には，一部の活動的な党員によって担われており，必ずしも「地方における政党」の活動が衰退していることを意味するのではないと主張している[46]。

　クーレやスキャロウの批判は，カッツとメアが提唱した「カルテル政党」概念に政党組織論の観点から再検討を促すものである。しかし，その批判は，マス・メディアの影響力増大や政党助成制度の導入によって，「公職としての政党」と「地方における政党」との距離が広がっているとするカッツとメアの認識を共有したうえで，「公職としての政党」と「地方における政党」との間で新たにどのような関係が形成されようとしているのか探求するものである。その意味においては，彼らの批判は，カッツとメアが切り拓いた視角を発展させるものであったと言えよう。

## 第3節　これまでの日本における政党組織研究

　日本の政党組織研究も大衆政党モデルの影響を多分に受けながら発展してきた[47]。日本における本格的な政党組織研究は，升味準之輔によって始められた。升味は，オストロゴルスキーやシャットシュナイダーらの議論を念頭に置きながら[48]，自民党の党組織に焦点をあてている[49]。升味が対

---

　　も参照。
46　Susan E. Scarrow, "Parties without Members?."
47　日本における政党組織の研究史は，待鳥聡史『政党システムと政党組織』（東京大学出版会，2015年）第4章を参照。
48　升味「政党制と官僚制」（升味『現代政治と政治学』に所収）。
49　升味準之輔「自由民主党の組織と機能」（升味『現代日本の政治体制』岩波

象とした1960年代前半の自民党内は，県連や市町村支部などの地方組織を整備・強化しようとする動きが見られた時代であった。この時期の自民党内では，オストロゴルスキーやデュヴェルジェ，マッケンジーらの政党組織論を参考にしながら，大衆政党化が目指されていた[50]。その際に，イギリスの保守党がモデルとされ，多数の党員，地方支部を基礎とするピラミッド型の政党組織の導入が検討された[51]。例えば，県連などの地方支部の整備が行われ，党本部から県連に組織拡充の要員として地方駐在員が送り込まれたのは，そのような意図に基づくものであった。自民党の組織強化への努力は並大抵のものではなかったのである。

しかし升味は，これらの動きを丹念に追いながらも，これらの大衆政党モデルに基づいた組織化が実現する兆しとは見ていない。むしろ，実現しなかったとの結論の下に，それを阻害した要因として派閥や後援会の存在を取り上げている。当時，自民党内において派閥の弊害が地方にまで及んでいるといった認識が持たれていたが[52]，升味は，自民党の地方組織は，実質的には後援会での活動に依存せざるを得ないこと，県連は「個人後援会の連合体としてしか存在しえず，それに代位する機能をもたない」ことを指摘したのである[53]。

地方における後援会の強さは，松下圭一によっても主張された[54]。松下は，山梨県を事例に，保革それぞれの地方政党組織を分析している。その

---

書店，1969年，に所収）。

50 例えば，1963年にいわゆる三木答申を出す第三次組織調査会では，オストロゴルスキーやデュヴェルジェの政党組織研究が検討され，大衆政党モデルの導入が目指されていた（早川崇『党近代化のための一考察』自由民主党組織調査会）。

51 森本哲郎「政治における『理念』の運命」（『奈良法学会雑誌』第8巻第3・4号，1996年），中北浩爾「自民党型政治の定着」（『年報・日本現代史』第13号，2008年），同「日本型多元主義の時代へ」（『同時代史研究』第4号，2011年）。この点については，第2章でも検討を加える。

52 自由民主党組織調査会『自由民主党近代化に対する世論調査』（自由民主党組織調査会，1963年）。

53 升味『現代日本の政治体制』389〜390頁。

54 松下圭一「保守・革新」（『朝日ジャーナル』1960年5月29日号，のちに松下『現代日本の政治的構成』第2版，東京大学出版会，1972年，に所収）。

中で自民党については，県連などの地方組織の組織化が進んでいるとしながらも，「自民党の中核は，依然として後援会とみなければならない」と結論づけている。

　升味や松下らによって主張された，後援会組織の発達と県連をはじめとする自民党の公式的な地方組織の脆弱性を強調する議論は，その後もセイヤーや居安正らの研究に継承されていった[55]。そして，これらの研究で指摘されている地方組織の脆弱性は，日本の政党が有する組織的な欠陥として捉えられてきた[56]。すなわち，日本の学界では，デュヴェルジェやノイマンらの影響を強く受けたことによって，大衆政党モデルが理想として捉えられ，党員数や地方組織の充実度が重視された結果，後援会優位の自民党の党組織は，近代化が遅れた組織として見なされてきたのである。

　しかしながら，このような大衆政党モデルに照らし合わせて自民党の党組織の非近代性を指摘する議論は，それまで否定的に捉えられてきた後援会を積極的に評価しようとする研究の登場によって後退していくことになる。そのさきがけとなったジェラルド・カーチスの研究は，国会議員が有権者の支持を直接組織化しようとした後援会が政党の地方組織の機能を果たしていることを指摘した[57]。さらに，北岡伸一は，それまで「自民党の非近代性・非合理性に対する批判」が繰り返されてきたのに対して，「二五年間政権を維持しえた力の背景には，少なくともその社会の現状に即した合理性が存在していたはず」だとして，その原動力として後援会を挙げている[58]。

---

55　セイヤー（小林克己訳）『自民党』（雪華社，1968年），居安正『政党派閥の社会学』（世界思想社，1983年），同「地域組織と選挙」（間場寿一編『地域政治の社会学』（世界思想社，1983年），間場寿一・居安正・高島昌二『日本政治を読む』（有斐閣，1987年）など。

56　この点については，森本哲郎「政党論と日本の政党」（森本編著『システムと変動の政治学』八千代出版，2005年）。

57　ジェラルド・カーチス（山岡清二訳）『代議士の誕生』（サイマル出版会，1971年）。この点については，大嶽秀夫『高度成長期の政治学』（東京大学出版会，1999年）129頁。

58　北岡伸一「自由民主党」（神島二郎編『現代日本の政治構造』法律文化社，1985年に所収）。

その後，これらの研究を受けて，後援会について相当の研究蓄積がなされていくことになる。カーチスに代表される事例研究は，後援会を通じて選挙民へのサービス・利益誘導が行われていることを明らかにした[59]。さらに，その後援会が選挙で果たす役割の大きさについても研究が進められた。例えば，三宅一郎は，自民党の候補者が「個人後援会を中心に数多くの支持団体で固める方式」で選挙運動を展開していると論じている[60]。また，蒲島郁夫・山田真裕は，投票などの消極的な政治活動しか行っていなかった有権者が，後援会加入によって，政治的集会への参加や議員・政党への依頼といった積極的な政治活動を行うようになることを明らかにしている[61]。これらの研究の進展によって，後援会を通じた「草の根」の集票活動によって，自民党は支持基盤の拡大に成功したことが明らかになっていったのである。

　こうした後援会を積極的に評価する研究が現れたことは，結果として自民党組織の研究を停滞させることになってしまった面がある。多くの研究において，後援会は国会議員が保持する個人的な組織としてしか捉えられておらず，後援会を自民党組織との関連の中で位置付けるという視点を見出すことはできない。さらに，後援会が積極的に評価されるにつれて，大衆政党モデルを引証基準にして政党組織の近代性の程度を論じる視角が大きく後退し，それとともに，党組織への関心も急速に失われていくことになってしまったのである[62]。

---

59　カーチス『代議士の誕生』，福岡政行『日本の政治風土』（学陽書房，1985年），五十嵐暁郎「代議士後援会の精神的組織的構造」（『思想』第779号，1989年）など。
60　三宅一郎『政治参加と投票行動』（ミネルヴァ書房，1990年）31頁。
61　蒲島・山田「後援会と日本の政治」。
62　他方，大衆政党モデルを理想とする立場から自民党組織の非近代性を指摘する研究においても，候補者が有権者に物質的利益を提供し，それの見返りとして有権者から政治的支持が与えられるという「恩顧関係(clientelism)」が凝縮されているとして，後援会に関心が集中していくことになる。日本における「恩顧関係」の研究としては，小林正弥『政治的恩顧主義（クライエンテリズム）論』（東京大学出版会，2000年），Ethan Scheiner, *Democracy without competition in Japan*, Cambridge University Press, 2006などがある。

その後，自民党を組織として捉えようとする視角は，佐藤誠三郎・松崎哲久『自民党政権』(中央公論社，1986年)によって復活することになる。佐藤・松崎は，従来の研究が政党組織の「近代化」を尺度として論じてきたことを批判し，「多様な集団や階層から支持を調達するためには，ゆるやかな組織の方がより適切」だとする見方を提示している[63]。そして，自民党は，その組織構造が「分権的でゆるやか」であることによって，多様な集団や階層から支持を調達することができたと主張された。

このように自民党組織の分権性が肯定的に捉えられたことで，その後の研究において自民党組織のいわば「パーツ」である議員集団や派閥，族議員について精力的に研究が進められた[64]。そのなかで，自民党はなぜ，極めて分権性の高い組織構造を有しているにもかかわらず，統一性を保つことができたのかについても種々の見解が示されていった。例えば，リードは，「組織というものは長く存続すればするほど分裂しにくくなる」として，国会議員集団を中心に，自民党組織における「固定化」の過程を分析した[65]。また，野中尚人は，国会議員個人の党依存の深化や経歴上のリスク構造の大きさ，派閥の集権性などを背景として，党全体では階統的な権力構造が形成されていると主張している[66]。建林正彦も，自民党組織では，国会議員の間で「調整」を行うことで高い統一性が確保されていると説明する[67]。

これらの研究は，国会議員集団を対象とする点で共通している。その背景には，各国会議員は，自前の支持基盤，すなわち後援会を有しているため，高い自律性を持っているにもかかわらず，なぜ国会議員集団は一体性を保つことができたのかという問題関心が存在している。こうした問題関心は正当なものであるが，自民党の地方組織については，その分析枠組自

---

63　佐藤・松崎『自民党政権』32～34頁。
64　例えば，野中『自民党政権下の政治エリート』，西川・河田『政党派閥』，猪口孝・岩井奉信『「族議員」の研究』(日本経済新聞社，1987年)など。
65　スティーブン・R・リード「自由民主党の固定化」(『レヴァイアサン』第9号，1991年)。
66　野中『自民党政権下の政治エリート』291～292頁。
67　建林正彦「政権政党の組織的特徴」(服部民夫・張達重編『日韓政治社会の比較分析』慶應義塾大学出版会，2006年)。

体は大衆政党モデルに基づくものであり、依然として低い評価しか与えられていない。

確かに党員数など大衆政党モデルが重視する指標に基づけば、自民党の地方組織に対する評価が低くなるのは当然である。しかしながら、近年の欧米の政党論では、社会的な流動性の増大や価値観の多様化によって社会的亀裂が緩んでいくなかで、政党にとって、党員よりも、むしろ中長期的な支持層をどれだけ確保しているのかが重要になっているという議論が出されている。例えば、スキャロウは、前述したように、社会的な流動性が著しく高まった現在において、政党にとって重要なのは党員数ではなく、地域社会に絶えず支持を働きかけることで中長期的な支持の確保に大きな役割を果たしている一部の運動家や支部組織であるとの見方を提示している[68]。ハーシュマンもまた、固定的な支持層が、それ自体は数が少ないかもしれないが、「有権者のなかの無関心層」のなかから支持を掘り起こすのに大きな役割を果たしていると主張した[69]。これらの議論に基づけば、自民党組織を論じる場合においても、地方組織が安定的な支持基盤を確保している機能にも目を向けるべきだと思われる。

その点で注目すべきなのが、これから見ていくように、県連を中心にして保守系地方議員や後援会、さらには地域社会の隅々にまでネットワークが張り巡らされていることである。このネットワークは、後述するように、1970年以降、各県連が、要望吸収の回路形成を通じて、保守系地方議員や後援会などとの関係を強めることで形成されたものである。そして、それは、県連運営の主たる担い手である県議が中心となって支えられ、現在においても、弱まりつつではあるが相当に残存している。このことは、地方レベルで自民党が安定的な支持基盤を確保していることを示すものであり、財政リソースが大幅に減少し、いわゆる利益誘導による集票メカニズムが弱体化した現在においても、自民党の集票力自体はそれほど低下していないことの説明になるであろう[70]。

---

68 Susan E. Scarrow, *Parties without Members?* Oxford University Press, 2000.
69 A・O・ハーシュマン(矢野修一訳)『離脱・発言・忠誠』(ミネルヴァ書房、2005年)第6章。
70 2000年代以降、自民党の集票力がそれほど低下していないことについて

こうしたネットワークが現在に至るまで維持されてきたのは，自民党が，国会議員集団だけでなく，地方組織においても強い統一性を保ってきたからである。よく知られているように，1990年代以降，国会議員レベルでは，自民党からの離党者が多数見られた[71]。それに対して，地方レベルでは，離党した国会議員の系列下にあった地方議員が自民党にとどまったケースも多く見られ[72]，大半の県議会では，現在においても，自民党が多数を占め続けている。また，現在に至るまで，全ての都道府県で，県連組織は維持されてきた。民主党の地方組織が，「反自民」という纏まりでしかなかったのを見れば[73]，自民党の地方組織に見られる強い統一性は注目される。

　また，近年大きく進展した地方議会に関する研究では，全国の都道府県議会において国政での政党数よりもはるかに多数の会派が形成されてきたことが明らかになっている[74]。そして，その理由として，二元代表制の下にある地方政治において，政党規律が作用しにくいために政党は分裂しやすいことが挙げられている[75]。このように地方議会で見られる分裂が自民党の地方組織でほとんど見られなかったのも注目に値する。

　このような地方組織での統一性は，結党時の自民党から見れば，必ずしも自明のことではない。自民党結党時には，地方には中央政治から自律的

---

　は，森裕城「二〇〇九年総選挙の得票分析」（『同志社法学』第63巻第1号，2011年）。
71　この点については，山本健太郎『政党間移動と政党システム』（木鐸社，2010年）を参照。
72　この点については，谷聖美「ポスト五五年体制期における地方レベルでの政治的再編」（大嶽秀夫編『政界再編の研究』有斐閣，1997年）。
73　新進党については，谷「ポスト五五年体制期における地方レベルでの政治的再編」，民主党については，堤英敬・森道哉「民主党地方組織の形成過程」（上神貴佳・堤編著『民主党の組織と政策』東洋経済新報社，2011年）を参照。
74　曽我謙悟・待鳥聡史『日本の地方政治』（名古屋大学出版会，2007年），馬渡剛『戦後日本の地方議会』（ミネルヴァ書房，2010年），辻陽『戦後日本地方政治史論』（木鐸社，2015年）。
75　砂原庸介「地方における政党政治と二元代表制」（『レヴァイアサン』第47号，2010年），曽我謙悟「都道府県議会における政党システム」（『年報・政治学2011―Ⅱ』，2011年）。

に形成されてきた政治秩序が存在していたからである[76]。この秩序は，町内会や部落会などの近隣組織を中心にして形成された非政治的なネットワークによって維持されており[77]，自民党結党時には，地元選出の国会議員ですら，地方首長や地方議員らの「役職名望家」を通じて，間接的にしかアクセスすることができなかったという[78]。このように中央から高い自律性を持っていた地方に対して，自民党がどのように浸透し，統一性を確保してきたのか，明らかにされるべき問題であろう。

　そこで，本研究が採用したいのが，カッツとメアの政党組織の分析手法である。彼らは，前述したように，大衆政党モデルの下では，過度に党員や公式の政党組織に重点が置かれ，政党は「衰退」していると考えられてきたのに対し，政党が有するリソースは以前よりも充実しており，むしろ政党は「変容」と「適応」をしていると捉えるべきだと主張している。そして，ヨーロッパの主要な政党は，環境の変化にうまく「変容」と「適応」することによって，現在に至るまで支配的な位置を保ってきたと論じている。

　このようなカッツとメアの議論は，大衆政党モデルから乖離しており，脆弱な党組織しか持っていないと指摘されつつも，前述のようにヨーロッパ以上に優位な立場を維持し，ごく短い期間を除いて半世紀以上にわたって一党優位体制を維持してきた自民党を分析する際に大きな示唆を与えるものと思われる。そして，カッツとメアが，政党組織を複数の「要素」に分け，各「要素」が持つリソースの重要性の変化から，「要素」間の関係性の変容を説明するという手法は，次に見ていくように，自民党が分権的な組織構造を持ちつつも，これまで中央・地方を通じて，どうして統一性

---

[76]　例えば，1950年代から1960年代初頭にかけての千葉県では，中央での政党関係とは無関係に保守系地方議員のグループが形成されていた（伊藤隆「戦後千葉県における選挙と政党」，東京大学社会科学研究所編『京葉地帯における工業化と都市化』東京大学出版会，1965年）。

[77]　三宅一郎『投票行動』（東京大学出版会，1989年）42～45頁。この点については，居安「地域組織と選挙」，岩崎信彦ほか編『町内会の研究』（御茶の水書房，1989年），喜志麻孝子「町内会と後援会」（『レヴァイアサン』第21号，1997年）も参照。

[78]　北岡「自由民主党」。

## 第4節　自民党の組織研究への示唆

　カッツとメアの政党組織に関する分析手法は，自民党の組織研究にも新たな光をあてる可能性を有していると思われる。しかし，彼らの政党組織研究，特に「カルテル政党」論を，日本の自民党にそのまま適用できる訳ではない。その主な理由として，次の2点を挙げることができる。

　第一に，日本では，カッツとメアの政党組織研究が対象としている西欧諸国とは異なる政治制度が採用されていた点である。特に，選挙制度と政党助成制度については，1990年代まで，西欧諸国とは異なる制度が採用されていたため，日本では，カッツとメアが指摘するようには政党組織が「変容」と「適応」をしなかったように思われる。

　まず，選挙制度については，多くの西欧諸国で，小選挙区制か比例代表制が採られていたのに対して，日本では，1996年まで衆議院議員総選挙は中選挙区制が採用されていた。中選挙区制の下では，自民党の候補者は特定の支持層を固めれば当選する可能性は高かったため[79]，カッツとメアが「ストラターキー」化の要因として挙げたマス・メディアの影響力は相対的に弱くなったと思われる。また，もう一つの「ストラターキー」化の要因として挙げられた国家による政党助成も1994年になってようやく導入されている。このように，1990年代まで，日本では西欧諸国と異なる政治制度が採用されていたため，自民党組織は，カッツとメアが指摘する「ストラターキー」化とは異なる方向で，「変容」と「適応」の過程を進んでいったと想定される。

　こうした日本と西欧諸国との政治制度の違いは，現在，大きく解消されている。しかし，第二の，より本質的な理由によって，カッツとメアの政党組織研究をそのまま自民党に適用することは困難であると考えられる。すなわち，日本とヨーロッパでは，社会的亀裂のあり方が大きく異なっていたため，特に幹部政党的な特徴を受け継いでいる保守政党において，政

---

[79] 建林正彦『議員行動の政治経済学』（有斐閣，2004年）は，中選挙区制の下で，自民党議員は支持基盤の棲み分けを行っていたことを明らかにしている。

党の組織化の過程が異なるものになったことが想定されるからである。

ヨーロッパでは、前述したように、1960年代までは、宗教や言語、階級など明確な社会的亀裂が存在したため、特定の社会層を固定的な支持基盤とし、その少なからざる部分を党員として組織化する政党が発達した。しかも、多くの西欧諸国で比例代表制が採用されていたため、政党は選挙を通じて多数派形成を目指すというよりも、社会の勢力・意見分布を反映するという性格を持つようになっていった[80]。その結果、社会主義政党だけでなく、保守政党も固定的支持層を党員として組織化する傾向が強く、「公職としての政党」と「地方における政党」とが密接に結合した形で政党組織は発展していったのである。

これに対して、日本では、ヨーロッパのように、多様かつ明確な社会的亀裂は存在していなかった。あえて言うならば、的場敏博の「自前層」（自営・商工業者、農林漁業者）－「非自前層」（労働者、事務職）の区別が政治的に意味を持った亀裂に該当するかもしれない[81]。そして、この区別に概ね基づいて、保守－革新の対立軸が形成され、自民党－社会党を中心とした政党分布が形成されることになる。このうち、社会党は労働組合を組織化し、ヨーロッパの社会主義政党と同じく、大衆政党としての性格を色濃く持つようになっていた[82]。それに対して、自民党は農村部や商工業者などを支持基盤としていたが、その組織化の程度は低かった。その理由として第一に挙げられるのは、中選挙区制下で発達した後援会の存在である。しかし、ヨーロッパの保守政党との違いを考えるのであれば、村上泰亮が指摘するように、自民党のイデオロギー的色彩は全般的に希薄であり、その依存する「伝統主義」が、「人間関係や集団のあり方についての共通理解の総体、あるいは無定形な社会的雰囲気」に基づくものであった

---

80 この点については、網谷龍介「ヨーロッパ型デモクラシーの特徴」（網谷・伊藤武・成廣孝編『ヨーロッパのデモクラシー』ナカニシヤ出版、2009年）が簡潔にまとめている。

81 的場『現代政党システムの変容』266～271頁。「自前」、「非自前」の概念については、三宅一郎『投票行動』（東京大学出版会、1989年）85頁。

82 社会党の組織については、森裕城『日本社会党の研究』（木鐸社、2001年）、岡田一郎『日本社会党』（新時代社、2005年）を参照。

ことが大きい[83]。その結果，カトリックやプロテスタントなどを背景として，日常生活に至るまで支持層を組織することができたヨーロッパ諸国の保守政党とは異なり，そのようなバックボーンを持たない自民党は別の形で組織化を進めていかなければならなかったのである。

その自民党が組織化を進めるにあたって大きな壁となったのが，前述したように，中央政治から自律的に形成されていた地域社会の伝統的な秩序であった。後述するように，自民党結党直後において，46都道府県に都道府県支部連合会(県連)が結成され，保守系県議の大半は自民党に入党するが，その実態は，各地方に多様に存在する政治的な繋がりが自民党という政党ラベルの下で全国的に緩やかに結合したものに過ぎなかったのである。

この時期の自民党組織は，同時期のアメリカの二大政党の組織と類似しているように思われる。アメリカの統治制度は極めて分権的な連邦国家として発足し，連邦，州，地方の各レベルに選挙で選出する公職が数多く設けられたため，公職を獲得すべく各地方に党派が形成された[84]。こうした各地方に独自に形成された党派が，大統領を選出するために，共通の地域的・階級的利害に基づいてまとまり，全国政党へと発展したのが共和党と民主党であった。こうした経緯から，アメリカの政党は，極めて分権的な組織構造を有することになる。ライトは，このようなアメリカの政党組織を，下位組織が高い自律性を持ち，党組織全体の組織的統合とコントロールが極めて限定されている「ストラターキー」(stratarchy)として特徴づけている[85]。すなわち，アメリカの政党は，その初期からすでに，カッツとメアが言う「ストラターキー」的な組織的特徴を持っていたのである。

その後，1970年代以降，国民の政党への帰属意識の低下や，選挙運動技術の高度化・専門化という環境の変化によって，広く国民に支持を訴えるような選挙運動が展開され，それに必要な資源(資金や専門知識)を独占

---

83　村上泰亮『新中間大衆の時代』(中央公論社，1984年) 227～228頁。
84　以下，アメリカの政党組織の発展過程については，砂田一郎「現代政党組織の変容とその分析視角の再検討」(白鳥令・砂田一郎編『現代政党の理論』東海大学出版会，1996年)を参照にした。
85　William E. Wright eds. *Comparative Study of Party Organization*, Charles E. Merrill Publishing Co, 1971, p. 5.

的に有した党中央の全国委員会が地方組織への統制を拡大させていった。他方，地方組織においては，党活動家が積極的な選挙運動を展開するとともに，例えば，レーガン政権下の共和党で，保守主義イデオロギーを持った活動家によって同党の政策路線が右寄りに修正されたように，党中央の政策路線にも影響を及ぼすようになった。アメリカの政党においては，カッツとメアが対象とした西欧諸国の政党とは異なり，結成当初から「ストラターキー」が見られたが，1970年代以降，党中央と地方組織との間に新たな結びつきが形成されることで，限定的ではあるが，「ストラターキー」が解消される現象が見られたのである。

　自民党もまた，前述したように，結党当初においては，アメリカの政党ほどではないかもしれないが，党中央と地方組織との関係は弱く，「ストラターキー」的な組織的特徴を持っていたと言える。このような結党当初から党中央と地方組織との関係が弱い政党の存在は，結党時には党中央と地方組織とが密接な関係を有していたことを前提とし，その間の距離が広がっていくことを強調することで，政党組織の「ストラターキー」化を主張したカッツとメアの政党組織研究の限界を示すものである。また，彼らの議論への批判として提起されたクーレやスキャロウの議論もまた，元々，密接な関係であった党中央と地方組織との距離が広がったという点においては，カッツとメアの議論と理解を同じくするものであり，自民党組織に適用することはできない。自民党と西欧諸国の保守政党とは発展過程が大きく異なるため，カッツとメアやクーレ，スキャロウらが西欧諸国の政党組織の分析を通じて構築したモデルを，自民党に適用するのは困難なのである。

　しかし，このことは，カッツとメアによって切り拓かれ，クーレやスキャロウによって批判的にではあるが受け継がれた分析手法自体が，自民党の組織研究に適用できないことを意味するものではない。むしろ，彼らの分析手法を用いることで，自民党の組織研究に新たな可能性をもたらすものと考えられる。すなわち，彼らの分析手法を用いることで，以下の2点において，自民党組織に対して新たな見方を提示できるように思われる。

　第一に，カッツとメアが，現代の政党を論じるにあたって，政党−社会の関係だけでなく，政党−国家の関係も視野に入れていることである。彼

らは，伝統的諸政党が，国家から得られるリソースを独占的に利用することで，現在でも高い得票数を維持していることを明らかにした。この視角は，結党以来，ほとんどの時期を政権与党として，いわゆる利益誘導という形で国家のリソースを独占的に利用することができた自民党にも適用することができる。民主党が国家からのリソースを調達することができなかったことによって地方組織の形成が困難になったことは[86]，この視角の重要性を示唆しているように思われる。

　しかし，本研究にとってより重要なのは，カッツとメアが，政党組織が「変容」する要因の一つとして，政党が国家から得られるリソースが変化したことに着目していることである。彼らは，1970年代以降，高齢化社会の到来や公的債務の増加によって，政党が支持者に利益誘導を行うことが困難となり，政党助成金やマス・メディアへの依存を強めたことが，「公職としての政党」の「地方における政党」への関心を喪失させた要因の1つになったとしている。これから見ていくように，こうした変化は，自民党には明確に表れることはなかった。日本の高い経済力を背景にして，自民党は，1970年代以降も，利益誘導政治を継続することができたからである[87]。しかし，自民党も環境の変化に対して利益誘導のあり方自体を変化させようとしており[88]，それに対応して自民党の組織も「変容」と「適応」したと推測される。この点を明らかにすることは，自民党が長期政権を維持することができた要因を考えるうえでも大きな意味を持つであろう。

　第二に，カッツとメアが，大衆政党モデルから解放されたことによって，政党組織を，指導者が支持者を組織する階統的な組織として捉えるの

---

86　上神貴佳・堤英敬「民主党の形成過程，組織と政策」（上神・堤編著『民主党の組織と政策』東洋経済新報社，2011年）。
87　この点については，広瀬道貞『補助金と政権党』（朝日新聞社，1981年），石川真澄・広瀬道貞『自民党』（岩波書店，1989年），ケント・E・カルダー（淑子カルダー訳）『自民党長期政権の研究』（文芸春秋，1989年）などを参照。
88　例えば，本研究で対象とする1970年代の社会・経済状況の変化に対して，自民党が都市政策や国土開発に重点を置くことで対応しようとしたことによって，利益誘導のあり方が変容したことについては，下村太一『田中角栄と自民党政治』（有志舎，2011年）を参照。

ではなく，政党内に存在する複数の「要素」やその相互関係に着目できたことである。この視角は，自民党の組織研究に新たな光を当てるものと思われる。

前述したように，自民党は極めて分権性の高い組織構造を有しているが，他方で，自民党としての統一性は，中央・地方を通じて，今日に至るまで概ね保たれてきた。このことは，分権性の高い自民党の組織が，どのようにして半世紀以上にわたって統一を保つことができたのかという問いを生じさせる。この問題を考えるうえで，カッツとメアの，政党内に複数の「要素」が存在しているとし，その相互関係の変化を，各「要素」が持つリソースの重要性がどのように変化したのかという点を通じて説明する方法は有効であると思われる。すなわち，自民党組織の各「要素」がそれぞれどのようなリソースを持っており，そのリソースを通じて，「要素」間でいかにして密接な関係が形成されてきたのか分析することによって，自民党の強い組織的粘着力の淵源を明らかにすることができよう。

この点を踏まえて，本研究は各「要素」が持つリソースについて論じていくが，その際に，各「要素」がどのようなリソースを持っているのか的確に把握するために，従来の自民党研究よりも，政党組織を広く捉えていることを予め断っておきたい。前述したように，カッツとメアは，各「顔」が持つリソースを的確に把握するために，「地方における政党」を，正式な党員に加えて，活動家や財政的支援者，「忠実な投票者」なども含めて，できるだけ緩やかに捉えている。本研究においても，自民党の「地方における政党」を論じるにあたって，県連を中心とした保守系地方議員，利益団体，後援会などを含む緩やかなネットワークによってもたらされるリソースを重視している。これは，次章で述べるように，1970年代以降，自民党が，「政党色」を薄めて柔軟性を高めることで，潜在的な自民党支持者と多様な形で関係を取り結ぶ方針に転じた結果，各県連が，これらのアクターと密接に連絡しながら，政策形成や選挙活動を行うようになっていったことを踏まえたものである。ただし，この措置は，あくまで自民党の「地方における政党」が持つリソースを論じる場合に限り，県連の役職人事や意思決定構造など，組織運営に関係する部分については，その公式的な部分を中心に論じていきたい。

## 第5節　本研究の主張

　本研究は,「自民党型政治」の形成・確立・展開の過程を政党組織研究の観点から分析しようとするものであるが,その際に,ヨーロッパ諸国やアメリカの政党組織と比較して,自民党組織のどの点に特徴があるのか考えていきたい。

　ヨーロッパ諸国では,前述したように,国内に宗教や言語,階級などで明確な社会的亀裂が存在し,政党は,その亀裂によって分けられた部分社会を固定的な支持基盤としていた。これまで,これらの政党は,支持層の利益に基づいた理念やイデオロギーを掲げている点で,自民党とは本質的に異なっているものと理解され,両者の間の比較は行われなかった。その結果,ヨーロッパ諸国においては,社会主義政党だけでなく,保守政党も固定的支持層を党員として組織化されていると見なされてきた。そしてそこでは,カッツやメアの言うように,「公職としての政党」と「地方における政党」とは密接に結合して政党組織を形成しているものと考えられていた。しかし,例えば,イタリアのキリスト教民主党が政権を失って分裂したように[89],ヨーロッパの保守政党による組織化の程度は,実はそれほど高くなかったように思われる。

　しかし,カッツとメアの議論が有益なのは,各国の財政赤字の拡大が顕著になった1970年代の政党変化を的確に把握していることである。彼らによれば,ヨーロッパの諸政党は,これ以後,他党と協調して,すなわち「カルテル」を組んで,政権を獲得し運営するようになった。従来の政党が,支持層の利益に基づいて政策活動を行ってきたとすれば,「公職としての政党」が他党との「カルテル」を重視し,「地方における政党」と距離を置くようになったことに対して,支持層から批判が噴出することになる。それでも「公職としての政党」が「カルテル」を組むことが可能になったのは,前述したように,一つはマス・メディアの影響力拡大であり,もう一つは,政党に対する国家からの補助金である。その結果,カッ

---

[89] キリスト教民主党の分裂と第一共和制の終焉については,村上信一郎「イタリア『第一共和制』の終焉」(『国際研究』第11号,1995年)。

ツとメアによれば,「公職としての政党」と「地方における政党」の間に離隔が生じ,そこに相互に自律的な関係(「ストラターキー」)が形成されているとした。

　筆者は,カッツとメアの分析手法は,自民党分析にも有効であると考えている。もちろん,彼らの議論が,即座に自民党の分析に有効な枠組になっているわけではない。むしろ,カッツとメアの政党組織研究の方向性は,本研究のような自民党県連を党組織の重要な一部とする見方には逆行していると考える人がいるかもしれない。しかし,前述したように,カッツとメアが,従来の政党組織研究とは異なり,政党組織をいくつかの側面に分けて論じている点は,本研究においては極めて有益であると考える。彼らの研究によって,政党組織が複数の「要素」で構成され,その「要素」間で多様な相互関係が生じていることに視野が広がった結果,自民党のように,明確な「指導者－支持者」の階統的な組織構造を持たない政党でも組織分析が可能になるからである。

　カッツとメアの研究手法を手掛かりにして政党組織研究を進めたクーレやスキャロウらの研究もまた,自民党の組織を分析する上で有効である。彼らが指摘した「公職としての政党」と「地方としての政党」の関係は,自民党内の中央－地方関係を分析する上で示唆するところが大きいからである。

　クーレによれば,たとえ「公職としての政党」が「地方における政党」への関心を失ったとしても,「地方における政党」が「公職としての政党」の動向の影響を受けることには変わりない。そのため,「地方における政党」は「公職としての政党」に対して,その「カルテル」行動が政党の理念やイデオロギーに反しているとして異論を述べることになる。しかし,中央はこれに応えない傾向がある。こうした離隔の状態にあっても,中央・地方とも同じラベルを持つ同一政党でありうることの背景には,1960年代になって言われ始めた「イデオロギーの終焉」があったという解釈が存在する[90]。

　また,スキャロウは,たしかに,カッツとメアが指摘したように,マ

---

90　イデオロギーの終焉については,ダニエル・ベル(岡田直之訳)『イデオロギーの終焉』(東京創元新社,1969年)。

ス・メディアの影響力拡大や国家からの補助金の導入は,「地方における政党」の重要性を失わせるが,それでも「地方における政党」が独占的に有しているリソースは残されており,「公職としての政党」は依然として「地方における政党」を重視しているとした。

　これらの批判は, 1970年代以降,「公職としての政党」と「地方における政党」との関係が弱まったという点では,カッツとメアと理解を同じくしているが,自民党内における党中央と地方組織の取引関係の一部を明らかにする手掛かりとなる。

　自民党は,ヨーロッパの保守政党のような発展過程を辿ることはなかった。これは,前述したように,日本の社会構造がヨーロッパと大きく異なっていたからである。日本では,ヨーロッパのように,多様かつ明確な社会的亀裂は存在していなかった。そのため,自民党は,ヨーロッパの保守政党のように,政党が特定の社会層を理念やイデオロギーによって組織化することが困難であった。むしろ,地方には,戦前から続く強固な地域秩序が存在しており,中央政治とは無関係に政治秩序が形成されていた。その結果,結党時の自民党は,「公職としての政党」と「地方における政党」との関係が弱い「ストラターキー」的な組織的特徴を有することになったのである。これは,カッツとメアが主張する「カルテル政党」下にみられる「ストラターキー」とは別種の「ストラターキー」構造であったと言える。

　しかし,自民党においてもまた,ヨーロッパの政権党と同様に, 1970年代以降,財政赤字の拡大のなかで与野党伯仲を背景にして他党との協調の必要性が高まった[91]。いわゆる国対政治の展開がそれに該当している。ただし,この「変容」は,ヨーロッパの保守政党の「カルテル化」とは異なり,「公職としての政党」が「地方における政党」と距離を置くことを前提にしてなされたものではなかったように思われる。むしろ,自民党では,この時期から,「公職としての政党」は「地方における政党」と密接な関係を積極的に構築しようとする動きが見られる。

　スキャロウは,ヨーロッパの政党で,党中央が,地域社会とのパイプなど地方組織が持つリソースを重視する動きが見られることを指摘してい

---

91　佐藤・松崎『自民党政権』第6章。

る[92]。しかし、カッツとメアが主張するように、ヨーロッパの政党においては、「地方における政党」を主導しているのが、党の理念やイデオロギーを信奉している活動家である限り、他党との「カルテル」を維持・発展させたい「公職としての政党」は、「地方における政党」に依存するには限界があった。これに対して、自民党の場合、理念やイデオロギーによって組織化された程度が弱かったことによって、地方組織の自律性を尊重しつつも、それが持つリソースを効率的に利用することが可能だったと思われる。このことは、自民党が、1980年代以降、支持を回復していくことの説明になるであろう[93]。しかし、ここで注意したいのは、ヨーロッパ諸国の政党では、中央と地方の関係が弱まっている時代に、自民党では、中央と地方が組織的に密接化していったのはなぜかについてである。

　日本においても、カッツとメアが「ストラターキー」化の要因として挙げた、マス・メディアの積極的利用や国家からの補助金制度の導入などがなされ、党中央が地方組織よりも、国家からのリソースを重視することはあり得たのではないかと思われる。しかし、自民党では、むしろ、1970年代に、地方組織は党中央への支持を強くし、党中央も地方組織への依存を弱めなかったのである。

　初期の自民党は、アメリカの組織と「ストラターキー」的な組織的特徴を有していた点で類似している。アメリカにおいても、日本と同様に、地方の政治秩序は、中央政治から自律的に形成されていたからである。しかし、自民党の「変容」過程は、アメリカの二大政党とも異なるものであった。前述したように、アメリカの二大政党では、1970年代以降、国民の政党帰属意識の低下や、選挙運動技術の高度化・専門化という環境の変化によって、広く国民に支持を訴えるような選挙運動が展開されるようになり、それに必要な資源（資金や専門知識）を独占的に有した党中央の全国委員会が地方組織への統制を拡大させていった。アメリカの二大政党においては、1970年代以降、「地方における政党」の「公職としての政党」が持つリソースへの依存度が強まり、自民党とは異なり、「公職としての政党」

---

92　Susan E. Scarrow, *"Parties without Members?"*.
93　自民党が、ヨーロッパ諸国の主要政党と異なり、1980年代以降、支持を回復したことについては、的場『現代政党システムの変容』117〜118頁。

の「地方における政党」に対する統制が強まったのである。

　以上の考察を踏まえて，本研究では，自民党が，党中央が他党と「カルテル」を組みつつも，他方で，地方組織との間にも，その自律性を尊重しながら密接な関係を築いているという，ヨーロッパ諸国の主要政党にもアメリカの二大政党にも見られない組織的特徴を有していることを主張していきたい。

　それではなぜ，自民党は，党中央レベルにおいて他党と「カルテル」を結びながら，他方で地方組織の自律性を尊重する道を選んだのか。また，1990年代の政党助成制度の導入やマス・メディアの影響力拡大は，党中央の地方組織への依存を弱くするものであると思われるが，現在においても依然として党中央と地方組織との間に密接な関係が見られるのはなぜか。すでに述べてきたことではあるが，これらを可能にする条件として考えられるのは，次の4点である。

① 日本には，戦前から続く強固な地域秩序が存在しており，地方は中央に対して自律的であった。
② 自民党はヨーロッパの政党のように，特定の社会層を固定的な支持基盤として形成された政党ではなく，地域秩序を緩やかではあるが包括的に内包した組織構造を持つ政党であった。
③ 自民党組織は，イデオロギーや理念によって組織化されている程度が低かったため，価値観の多様化や社会移動の増大に対して，組織を柔軟に変容させることができ，「公職としての政党」は「地方における政党」が持つリソースを効率的に利用することが可能だった。
④ 日本では，ヨーロッパで見られる政党間のイデオロギー的対立が少ないため，中央レベルでの「カルテル」に対して地方組織（党員）の反発が少なく，党中央は，地方組織と密接な関係を築きつつ，他党と「カルテル」を組むことが可能であった。

　これらの結果，自民党は，カッツとメアが主張する「カルテル政党」とはならず，「公職としての政党」が他党と「カルテル」を組みながらも，「地方における政党」の自律性を尊重しながら密接な関係を築くような組

織に「変容」したと思われる。本研究では，この点を明らかにするために，1960年代までは大衆政党化を組織化の方針としていた自民党において，1970年代以降，地域秩序の中に浸透するために，地方組織の自律性を尊重しながら，きめ細かな民意吸収が行える態勢が中央・地方ともに整えられていった過程を論じていく。具体的には，地方レベルでは，①中央から自律的に運営されている地方組織の形成，②地方組織における要望吸収の制度化，が進展する過程を辿っていく。党中央で，この時期に進展した③政調会部会の比重の増大，④年功序列・派閥均衡型人事の定着も，こうした地方組織での変化に対応するものであったことを示す。そのうえで，同時期，自民党が他党との「カルテル」を重視していたことを⑤国対委員会の比重の増大，を通じて明らかにしていきたい。その議論をここで簡単に要約すれば，次の通りになる。1970年代以降，自民党では，党中央が地方組織に対して，その自律性を尊重しながら，きめ細かな民意吸収ができるように要望吸収の回路の形成を求めるとともに，それに対応する部局（政調会部会）が重視されるようになった。その結果，社会の諸圧力は党内に流入することになるが，それを統合・制御するメカニズムとして，1970年代以降に進展した人事の制度化が機能した。また，他党と「カルテル」を形成するにあたって，他党との交渉を担当する部局（国対委員会）に重点が置かれるようになったのである。

　これらの点が実際にどのように進展していったのか，次章以降で明らかにしていきたい。

# 第2章
# 自民党における組織化の方針の展開

　本章では、自民党組織の「変容」と「適応」過程を構想面から明らかにしていくため、結党以来の自民党内における組織化の方針の変容過程を検討していく。これから見ていくように、自民党内で議論された組織論もまた、第1章で見た日本での政党組織研究と同じく、多分に欧米の政党組織研究の影響を受けてきた。しかし、実際の組織改革において、欧米の政党組織研究がそのまま適用された訳ではない。各時代の自民党が直面していた中央・地方の社会・経済状況に応じて、柔軟な組織的対応が目指されたからである。このような環境の変容に対して党本部における組織化の方針がどのように変化していったのか見ていくことで、次章以降で検討する自民党の中央・地方組織における「変容」と「適応」の過程の理論的背景を明らかにしていきたい。

　本書では、中央・地方を通じて自民党組織を分析していくとき、北岡伸一の議論を参考にして、3つの時期区分を設けたい[1]。北岡は、自民党に対する支持の変化やリーダーの交代などに着目して、鳩山一郎内閣から岸信介内閣までを「自民党政治の確立期」、池田・佐藤内閣を「自民党の黄金期」、1970年代の自民党を「自民党に対する支持が後退していった時期」、鈴木・中曽根内閣を「自民党の再生」、竹下登内閣以降宮沢喜一内閣までを「自民党の解体」としている。

　筆者は、この5つの時期区分を参考に、次のように3つの時期区分を設けたい。まず、北岡の言う「自民党政治」が確立し「黄金期」を迎えた鳩

---

1　北岡伸一『自民党』（読売新聞社，1995年）。

山，石橋，岸，池田，佐藤の各内閣の時期を，自民党が組織として安定するまでの時期として，第1期としたい。この時代に，党中央では党内からの人材供給が確立し，地方では県連や地域支部などの地方組織が設けられるなど，第2期に直面する環境の変容に対して，組織的に対応できるような基盤が形成された。

　次の田中角栄内閣以後の時期において，高度経済成長が終焉し，自民党に対する支持が後退する中で，自民党は国民に対する新たなアプローチを模索することになる。その結果，こうした環境の変化に対応すべく，自民党の組織は，第1期で形成された組織的基盤を活かしながらも，中央・地方を通じて大きく「変容」し，「適応」していくことになる。この時期において，自民党はいったん国民の支持を取り戻すが，その後，リクルート事件や佐川急便事件など汚職事件の発生によって支持が徐々に後退し，1993年に下野することになる。北岡の自民党論はここまでを対象としているが，本書においても田中内閣以降，細川護熙内閣成立までを第2期としたい。

　最後に，細川内閣以降を第3期とし，この時期をシステムの「変容期」とした。この時期には，選挙制度改革や財政リソースの減少，マス・メディアの影響力拡大といった複合的な環境の変化によって，自民党の組織構造は，中央・地方ともに動揺していった。そのなかで，中央・地方の対立と呼べるような現象も見られるようになった。

　しかし，こうした流れは，2009年の政権交代以後，新たな段階に入ったように思われる。野党転落後の自民党では，第2期を通じて社会の中に広く浸透し，現在にまで根強く残存しているネットワークを，他党にはないリソースとして積極的に活用しようとする動きが見られるようになったのである。ただし，そのあり方は現在，地方組織の尊重なのか，地方組織への統制強化なのか，模索が繰り返されている段階である。この点を踏まえて，2009年の政権交代以後を第3期'としたい。

　この3つ(+α)の時期のうち，本書では，第1期と第2期を主たる分析対象とし，第3期以降については，第10章で展望していきたい。

## 第1節　第1期における組織化の方針

　第1期における自民党の組織化の方針は，農林業就業者の減少・労働者人口の増加によって，自民党の得票が減少していくという党内での危機意識に基づくものであった。例えば，この時期の自民党の組織化の方向性を決定づけた「三木答申」を出した第三次組織調査会で中心的な役割を果たした石田博英は，労働者人口の増加によって社会・民社両党が得票を増加させた結果，自民党は野党に転落するという見通しを示していた[2]。こうした野党転落に対する危機意識の下で，自民党内では，戦前からの名望家秩序に依存した支持基盤構造を脱して，どのように支持基盤を拡大するのかが課題とされた。

　その際に，自民党がモデルとしたのがイギリスの保守党である[3]。当時の自民党の認識によれば，イギリスの保守党は幹部政党的性格から脱して，支持基盤を拡大することに成功した政党であった。例えば，石田博英は，自民党の組織調査会で，1950年代に行われたマクスウェル・ファイフ委員会をはじめとするイギリスの保守党での組織改革を例に挙げながら，自民党も組織化を進めて支持基盤を広げる必要性があることを述べている[4]。また，自民党の機関誌である『政策月報』では，R・T・マッケンジーのイギリス保守党に関する議論が紹介され[5]，1965年には組織調査会のメンバーであった早川崇らによって，マッケンジーの *British political parties* の翻訳が行われている[6]。

　このようにイギリスの保守党をモデルにしながら大衆政党化が目指されていたため，この時期の自民党においては，まず地方組織の整備が目指さ

---

[2]　石田博英「保守政治のビジョン」(『中央公論』第78巻第1号，1963年)。
[3]　自由民主党組織調査会『基本・組織合同小委員会速記録』(自由民主党組織調査会，1963年)5〜7頁の石田の発言。
[4]　自由民主組織調査会『基本・組織合同小委員会速記録』における石田の発言。
[5]　R・T・マッケンジー「イギリスの政党政治」(『政策月報』第115号，1965年)。
[6]　R・T・マッケンジー(早川崇・三沢潤生訳)『英国の政党』全2巻(有斐閣，1965〜1970年)。

れた。カッツとメアの議論に基づけば、「公職としての政党」の主導によって「地方における政党」の組織化が進められていったのである。その結果、結党後1年以内には全都道府県に支部連合会(県連)が設置されるに至っている。その下で、地域支部も徐々にではあるが設置されていった。

　この時期の自民党において、これらの地方組織は、ピラミッド型組織の末端部分として位置づけられていた。このことは、結党直後の1956年4月に全国組織委員会が発行した『いかに組織するか』というパンフレットに明確に現れている。これは、支部結成のマニュアルとして配布されたものであるが、これによれば、地方組織は「階級闘争を指導理念とする社会主義と対決するため」[7]の基礎組織であり、党の掲げる政治理念を広く国民に浸透させるための基盤となることが期待されている。支部組織の構成役員としては支部長、副支部長、幹事長、会計監督などを置き、その下に総務、組織、選挙対策、宣伝教育、青年、婦人の各部を設けるように指示されている。支部での活動として挙げられているのは、グループワーク(学習活動、研究会、討論会など)や奉仕活動など、党の理念や方針の浸透に関するものが中心であり。第2期において積極的に展開される政策活動については言及されていない。こうした組織像は、地方問題の取り上げ方が、次のように述べられていることからも読み取れる。

　　これらの問題(地方問題－筆者注)はいずれも具体的で身近なことが多いだけに大局的判断を誤る場合が少くない。われわれは社会党と違つて現実に政局を担当している責任ある政党であるから一部の階級や一地域の利益のみにとらわれるわけにはゆかないのである。したがつて、党の方針は基本的な骨格を示すものであるから、表面的にはこれら地方問題は党の政策と合致しないようにみえるが、大きく国家的観点よりみると十分に理解できるのである。いずれの場合も党の指導的立場の人は地方の人々をよく納得させるだけの説明ができなければならない。

---

[7] 自由民主党組織委員会編『いかに組織するか』(自由民主党全国組織委員会、1956年)。

上記のように，結党直後の自民党では，党の方針を浸透させることに重点を置いたピラミッド型の党組織が志向されていたのである．その後，この方向性に沿って，1961年に設置された，第一次組織調査会（益谷秀次会長）・第二次組織調査会（倉石忠雄会長）で，地方組織での指導者の育成・配置の提言が行われ[8]，各県連に党中央から派遣された地方組織駐在員・農村指導組織員が置かれることになった[9]．

　しかし，すでにかなりの程度まで発達していた国会議員の個人後援会の存在によって，支部数や党員数が伸び悩むなど地方組織の発達は阻害された[10]．その結果，各県連は後援会の解消を主張していくことになる[11]．

　他方，党中央においては派閥が深刻な問題として意識されるようになった．それは，結党以来，総裁を中心とする集権的な組織の確立が目指されていたためである．例えば，自民党は，党の成立にあたって，総裁のリーダーシップ確立のため幹事長や政調会長の指名権を総裁が握るように党則によって定められていた[12]．また，戦後の保守政党ですら実施されることが稀であった総裁公選が自民党の党則に導入されたことも，総裁に正統性を付与し，そのリーダーシップを強化する目的があった[13]．

　このような総裁への集権化の流れを阻害したのが派閥であった．そのため，結党直後から派閥の解消，およびそれをもたらす制度的要因として考えられていた中選挙区制の改正が目指された[14]．しかし，鳩山一郎・岸信介内閣で小選挙区制の導入は失敗に終わり[15]，その後は選挙区制度の改正

---

8　自由民主党編『自由民主党五十年史』資料編（自由民主党，2006年）798〜799頁．

9　地方組織駐在員・農村組織指導員制度については，升味準之輔「自由民主党の組織と機能」（升味『現代日本の政治体制』岩波書店，1969年，に所収）を参照．

10　同上．

11　松下圭一「保守・革新」（『朝日ジャーナル』1960年5月29日号，のちに松下『現代日本の政治的構成』第2版，東京大学出版会，1972年，に所収）．

12　小宮京『自由民主党の誕生』（木鐸社，2010年）233〜246頁．

13　同上，273〜278頁．

14　中北浩爾「自民党型政治の定着」（『年報・日本現代史』第13号，2008年），中北浩爾『自民党政治の変容』（NHK出版，2014年）第1章．

15　同上．

を棚上げにして，派閥の解消を目指すことになる。

　この派閥の解消を「党近代化」として提案したのが，1963年に第三次組織調査会(三木武夫会長)によって出された答申(いわゆる「三木答申」)である。よく知られているように，「三木答申」が提案した派閥解消自体は党内の反発が強く，実現には至らなかった。そのこともあって，これまでの研究で「三木答申」の内容が本格的に検討されることはなかった。しかし，「三木答申」は単に派閥解消にとどまらず，中央集権的な組織を確立するため中央・地方の組織について多様な提言が行われていた。そして，その一部は，後述するように，実際に実現に移されている。また，「三木答申」は，その後，1960年代を通じて，自民党の組織改革論を規定していくことになる。よって，以下，「三木答申」のなかで中央・地方の組織がどのように論じられていたのか確認していきたい。

　まず，党中央の組織であるが，1963年7月に出された中間答申で，派閥の弊害を是正し総裁のリーダーシップを確立するために役職人事の改善が求められている[16]。その一環として，例えば，それまで派閥代表制が採用されていたため8〜10名程度任命されていた副幹事長や政調副会長の人数を3名程度にとどめることで，それぞれ幹事長・政調会長の「真の補佐役」にすることが提案されている。この提案は，次章で述べるように，実際の役職人事で採用されている。また，同年10月に出された組織小委員会の答申では，政調会の政策統合機能の強化が目指され，特に，重要政策の審議決定機関・立法審議機関として，政策審議会の機能強化が図られている[17]。これらの政調会の組織改革は，第4章で見るように，効率的な財政リソースの配分が優先されていた高度経済成長期の状況に対応しようとしたものであった。

　次に，地方組織であるが，組織小委員会の答申で「本部中心主義から地方組織重点主義へ」のスローガンが掲げられているように，地方組織を充実させていこうとする姿勢が見られる[18]。しかし，それは，党本部に対する地方組織の自律性を高めるという意味ではなく，前述した『いかに組

---

16　自由民主党編『自由民主党五十年史』資料編，801〜802頁。
17　同上，807頁。
18　自由民主党編『自由民主党五十年史』資料編，808〜809頁。

織するのか』と同様に，あくまでピラミッド型の組織整備の文脈で主張されている。すなわち，各段階での「機関決定が，組織から組織へと伝達され，血の通った系統組織の確立」が目指され，その骨格となる「郡市町村，部落，町内会等の地区，都道府県，中央をつなぐ」存在として，地域組織の整備とその担い手の育成が謳われたのである。これに対して，第2期に重視される職能組織は補助的な位置付けしか与えられていなかった。

しかし，実際の地方組織の活動は「国民各層との接触に欠ける憾み」があって依然として低調であった。組織小委員会が県連の幹事長や支部長172名に対して行ったアンケートによれば，35名が，地方組織が脆弱なため十分な日常活動が行えていない，25名が資金不足で活動できていない，と回答している[19]。また，18名が支部の活動は選挙の時だけしか行われていないと答え，しかも同じ自民党内でも特定の候補者しか支援しないような，実質的には政治家の後援会的存在になっている支部も存在していると述べられている。

このような地方組織の低調な活動に対して，組織小委員会の答申では，その強化策が示されている[20]。具体的には，支部の事務局長及び駐在員2名程度を「本部と地方支部の連絡を密にし，地方組織の体質改善，活動強化をはかるため」本部直轄とすることが挙げられている。また，地方組織の発展を阻害していると考えられていた後援会については，「個人的活動に終始し，党活動の面から支障を来たす点も少なしとしないので将来は，党組織に包括する方途を講じねばならぬ」が，暫定的な措置として，後援会と党組織との協力関係を確保するために，地域支部に後援会の主要メンバー，および500名以上を入党させることが提案されている。後述するように，この後援会の主要メンバーの入党は実現することになる。

この「三木答申」を受けて，全国組織委員会では組織の強化が検討され，1967年には「組織の強化策について」が出されている[21]。この中で，

---

19　自由民主党組織調査会『自由民主党近代化に対する世論調査』（自由民主党組織調査会，1963年）65〜105頁。
20　自由民主党編『自由民主党五十年史』資料編，808〜809頁。
21　自由民主党『党改革（党近代化）に関する提案資料集』（自由民主党，1977年）237〜247頁。

組織強化の方策については，①系統組織の強化，②組織広報員制度の推進，③党員数の増加，の3つが挙げられている。

このうち，①では，全市町村に支部を設置することが目指され，未組織支部の解消や郡支部を町村単位の支部に切り替えることが挙げられている。また，支部の下に，町内会や部落・字などを単位とする「班」，小学校区を単位とする「分会」などを設置することも指示されている。

このようにピラミッド型の組織の基底部として支部の拡充が目指されたが，その指導者として期待されていたのが②の組織広報員である。1966年10月から設置された組織広報員は，「党活動の行動的中核体」として位置づけられ，合併前の旧町村地域には少なくとも1名は置かれることが指示されている[22]。その任務は，支部の役員と密接に連絡を取りながら，党員獲得，党費徴収，党報購読者募集のほか，党の組織・広報面における日常活動に積極的に取り組むこととされた。組織広報員は，1968年までに1万5000名が委嘱されたが，実際には高齢者が多く，また地域偏在が多かったため活動は停滞していたという[23]。

③については，1969年度までに党員数を50万人にすることが目標とされ，具体的に県連ごとに党員獲得目標が割り当てられている[24]。この県連の党員獲得目標数は，人口の0.5％または県連所属の国会議員数に1000を乗じた数のいずれか多い方とされている。その後，各県連は，この目標の実現に向けて党員獲得運動を進めていった結果，党員数は1969年度には56万に達している。その後も，数度にわたって全国組織委員会が党員獲得キャンペーンを展開した結果，1970年度—75万，1971年度—84万，1972年度—96万と順調に党員数は増加していった[25]。

しかし，実際には，党費納入者が30万〜40万にとどまっており，後述するように，全党員参加の総裁公選制度や参院選での比例代表制の導入によって，党員が大幅に増加した1970年代以降に比べれば，そこまで党員数が増加したとは言えない。むしろ，この時期において重要だったのは，

---

22　同上，240〜241頁。
23　『自由民主党年報　昭和45年度』52頁。
24　自由民主党『党改革（党近代化）に関する提案資料集』242頁。
25　同上，275頁。

「三木答申」に沿って「組織の強化策について」で国会議員の後援会と党組織の連携が謳われ，その一環として各衆議院議員の後援会員500名を入党させることが指示されたことである[26]。その結果，彼らの入党は実現し，地域支部を運営するにあたって最低限の構成員は確保されることになったのである[27]。

国会議員の後援会を党の系統組織に組み込もうとする動きは，その後も，第六次組織調査会(早川崇会長)の大衆組織整備に関する小委員会が出した答申にも見られる。しかし，実際には，中選挙区制下における自民党候補者間の激しい競争を背景にして，「支部活動は，党活動というより，特定個人の勢力拡張に利用され」，「他の候補者あるいは議員は支部組織以外の個人活動に依存せざるを得ない実情」であったため[28]，後援会を党組織へと転化させることは容易なことではなかった。そのため，1967年に設置された第七次組織調査会(根本龍太郎会長)では，再度，小選挙区制の導入に重点が置かれて検討が進められたが[29]，野党の強い反発が予想されたこともあって，構想段階にとどまったのである。

これまで見てきたように，第1期の自民党においては，大衆政党化を進めるイギリスの保守党をモデルとして，系統組織を強化することで支持基盤の拡大を図る動きが見られた。具体的には，運動指導者の定着や後援会の党組織への転化などが目指されたが，このような党中央主導による画一的な組織化の方法では，地域ごとに独自に形成されていた秩序のなかに浸透することは容易ではなく，その試みの大半は失敗に終わった。しかし，自民党はこの間，第5章でも述べるように，地域支部が全市町村の9割に設置され，後援会の主要メンバーが入党するなど，地域支部の最低限の基盤を整えることに成功している。そして，次節以降で見ていくように，1970年代(第2期)以降の自民党は，この地域支部を組織的基盤として社

---

26 自由民主党『党改革(党近代化)に関する提案資料集』245頁。参議院議員の後援会員の入党目標は，基本的には衆議院議員と同じく500名とされたが，状況に応じて例外を認めることができるとされている。
27 辻寛一組織活動調査会長の発言(自由民主党編『自由民主党五十年史』資料編，827〜828頁)。
28 第七次組織調査委員会の組織再建小委員会の答申(同上，824〜826頁)。
29 同上。

会の多様化に対応することで，地域社会のなかに浸透していくのである。

## 第2節　第2期における組織化の方針

　第2期に入ると，自民党は大きな社会変容に直面することになる。第一に，「70年安保」を最後に保革イデオロギーの対立は希薄化し，多党化の進展や無党派層の増加が進んだ[30]。その結果，自民党に対する支持は後退し，与野党伯仲状況が出現するに至った。第二に，都市化が進展し，公害や社会福祉の問題がクローズアップされたように住民意識の高まりが見られた。所得水準の上昇によって経済成長を優先すべきだとする国民のコンセンサスが崩れ始めたことは，この傾向に拍車をかけた。こうした住民意識の高まりを背景にして，1960年代末頃から革新自治体が全国に登場した。第三に，コミュニケーション手段や交通手段の発達，兼業農家の増加などによって，自民党の地盤であった農村部にも外部の情報と価値観が持ち込まれ，従来の「役職名望家」[31]による地域支配が崩れ，それに伴って地域社会全体を自民党支持へと動員するメカニズムが動揺した[32]。そして，第四に，高度経済成長の終了によって，国民の多様化する要求に満遍なく応えるような財政支出が困難になった[33]。これらの環境の変化を背景にして，自民党は，限りある財政リソースをいかに効率的に支持基盤の拡大に利用するのかが新たな課題となったのである。

　このことは，自民党の組織化の方針が転換するという形でも表れることになる。まず，第1期において解消が謳われた派閥が，第2期になると，党組織の運営にあたって暗黙の前提とされるようになっていく。派閥の効

---

30　的場敏博『戦後の政党システム』（有斐閣，1990年），同『現代政党システムの変容』（有斐閣，2003年）。

31　「役職名望家」とは，松下圭一の定義によれば，町内会や農協，教育委員会などで一定の役職を占めることで，地域社会を取りまとめる影響力を獲得した人物のことである（松下『現代政治学』東京大学出版会，1968年，89頁）。

32　北岡伸一「自由民主党」（神島二郎編『現代日本の政治構造』法律文化社，1985年）。

33　ジェラルド・カーチス（山岡清二訳）『「日本型政治」の本質』（TBSブリタニカ，1987年）第2章。

用を積極的に認める声さえも出されるようになった[34]。このように派閥の存在が肯定的に捉えられるようになった背景として、安倍晋太郎が「党内をまとめるうえでも効用がある」と述べていることが示唆するように[35]、統合メカニズムとして位置づけ直されるようになったことが挙げられる。すなわち、派閥が「領袖の首相への擁立というかつての目的を失って、資金と地位のために集まった議員のための集団」[36]へと性格を変化させたことによって、それまで党内対立の根源として捉えられていた派閥が、ポスト配分などを担う「党の機関」と化すことで、党内の秩序維持に一定の役割を果たすようになったのである。1970年代における与野党伯仲状況の出現によって、離反者を出さないことが重要な意味を持つようになり[37]、徐々にではあるが、派閥対立が抑制されるようになったことは[38]、この傾向に拍車をかけるものであったと思われる。

　地方組織についても、この時期、自民党の組織化の方針が大きく変化している。それが顕著に表れたのが、1971年7月に設置された組織活動調査会（亡寛一会長）である。同調査会は、前述した社会構造の変化を認識した点で、それまでの七次にわたって設置された組織調査会とは明らかに一線を画すものであった。組織活動調査会の依頼によって設置された党基本問題懇談会（吉村正代表）は、1972年1月に「二十一世紀を準備する新しい型の政党へ」と題する提言を行っている[39]。この提言は「有権者の多様性、流動性、価値志向の多元性」を指摘し、自民党組織の改革を求めるも

---

34　例えば、大平正芳は、派閥を楽器に例えて「いろいろな楽器が、それぞれ独自性をもちつつ、各種の音色を有機的に結びつけることで立派なコーラスとなり、交響楽を奏することができる」と述べている（井芹浩文『派閥再編成』中央公論社、1988年、189頁）。
35　井芹『派閥再編成』5頁。
36　居安正「自民党の派閥」（西川知一・河田潤一編著『政党派閥』ミネルヴァ書房、1996年に所収）。同様の指摘は、佐藤誠三郎・松崎哲久『自民党政権』（中央公論社、1986年）第3章でもなされている。
37　河野勝「自由民主党」（『レヴァイアサン』第9号、1991年）。
38　第2期に派閥対立が抑制されていく過程については、居安「自民党の派閥」を参照。
39　自由民主党『党改革（党近代化）に関する提案資料集』97〜199頁。

のであった。

　その内容は，第一に，従来の党の方針を浸透させることに力点を置いた組織構造を，「党員および党に対する支持者の種類を，目的・機能・関心別に種別化し，多様化させて，党活動への参画のありかたに柔軟性をもたせる，多重的な構成集団を組織化」する構造へと改めることである。具体的には，従来の党員のほかに，準党員や党友の制度を導入することが提案されている。

　第二に，日常の政治活動やコミュニケーション活動を通じて，農業団体や職業集団，地域団体などの党外組織と密接に連携することが挙げられている。その際に，「脱政党化時代ともいわれる今日の社会的状況」においては，「直接"政党色"を強くうち出すことは賢明ではなく，柔軟性をもって，しかも有機的な連携をはかる」ことに留意すべきだとされている。

　この提言に沿って，1970年代の自民党では，"政党色"を薄めて柔軟性を高めることで，潜在的な自民党支持者と多様な形で関係を結ぶ方向で組織面での改革が進んでいくことになる。具体的には，次のように組織改革が進められていった。

## 1．全党員参加の総裁公選制度の導入

　自民党内で全党員参加の総裁公選制度が議論されるようになるのは1960年代後半のことである。それまでは，派閥の弊害が生じる原因であるとして，総裁公選自体をいかにして実質的に行わないようにするのか議論されていた。例えば，「三木答申」では，その方法として，衆参両院議長の経験者や永年勤続議員によって構成された「顧問会」で選考を行い，そこで候補者を実質的に一本化することが考えられていた[40]。その後，1966年に設置された第六次組織調査会以降，党員数を増やす方法として，党員への権利付与が議論されるなかで，全党員参加の総裁公選制度は検討されていくことになる[41]。しかし，この段階では，党内の反発も強く，あ

---

40　結局，この構想は党内の反対によって実現しなかった（『読売新聞』1964年1月11日朝刊）。

41　「大衆組織整備に関する答申」（自由民主党編『自由民主党五十年史』資料編，823～824頁）。

くまで構想の段階にとどまっていた。

　全党員参加の総裁公選制度が本格的に議論されるようになるのは，第2期に入ってからであった。1972年の衆院選，1974年の参院選の敗北を背景にして，自民党の支持基盤を拡大する必要性が認識され，その一環として具体的に検討されるようになったのである。この変化を体現しているのが，全党員参加の総裁公選を置き土産として首相を辞任した三木武夫である。前述したように，彼は，「三木答申」の段階では総裁公選自体に否定的であったが，1970年代には全党員参加の総裁選挙導入の旗振り役になっていた。この変貌の背景には，アメリカの二大政党で行われている予備選挙がモデルとされていたように[42]，三木の中で，系統的な組織が発達しているイギリスの保守党から，各級選挙の候補者選定において広く党支持者を参加させる点を大きな特徴とするアメリカの二大政党へとモデルが変化していたことが挙げられる。このモデルの変化は，前述したような，1970年代以降の，政党組織の柔軟性を求める方向性に沿うものであったと言えよう。そして，実際に導入された全党員参加の総裁公選制度にも，この方向性を見ることができる[43]。

　第一に，従来の党員制度に加えて，新たに党友制度が導入されたことである。党友は，党活動への参加の義務を有している党員とは異なり，自民党の政策に賛同して会費を払えば，誰でも総裁公選に参加することができた。

　第二に，従来の総裁公選では，国会議員とともに，各県連も代議員2名を通じて投票に参加するようになっていたのが，改正後，予備選挙では党員が直接投票し，本選挙では国会議員のみが投票することになったため，県連が組織として関与できる範囲は大幅に縮小することになった。すなわち，党員は，地方組織とは直接的な関係を持たないで総裁公選に参加できる途が開かれたのである。その結果，実際に，1970年代後半から1980

---

[42] 三木武夫出版記念会編『議会政治とともに』下巻（同会，1984年）273～275頁。三木武夫の思想形成や政治理念については，明治大学史資料センター監修・小西德應編『三木武夫研究』（日本経済評論社，2011年）を参照。

[43] 全党員参加の総裁公選制度の導入については，田中善一郎『自民党のドラマツルギー』（東京大学出版会，1986年）を参照。

年代前半に行われた総裁予備選で見られたように、地方組織の運営にはほとんど関与しないが総裁公選にだけは参加する、その意味においては消極的な自民党の支持者を党員として組織化することができたのである。

## 2．地域社会の要望吸収の重視

　潜在的な支持者を掘り起こす方法として、第2期の自民党では、地域の要望をきめ細かく吸収することが重視されるようになる。その結果、以下に見るように、組織方針・政策の両面において変化が生じることになった。

　まず、地方組織の位置づけが大きく変化した。地方組織の機能として、第1期においては、党の方針を地域社会に浸透させることが重視されていたのが、第2期には、多様化した社会の要望を効率よく吸収することに重点が置かれるようになったのである[44]。そして、その具体的な方法として、第5章で述べるように、党中央によって、県連と、地方議員や後援会との関係の強化、職域支部の拡充、地域支部での政調活動の強化などが挙げられた。

　きめ細かな地域社会の要望吸収が重視されるようになったことは、この時期における政策の変化にも明確に表れている。前述した、1970年代前半に顕在化した社会変容に対して、自民党内では、支持基盤の動揺に直結するとして危機感が強まり、都市対策や地方開発に取り組む必要性が主張されるようになったが[45]、その際に、市町村レベルのニーズに応えることが重視されたのである。

　例えば、1977年に策定された第三次全国総合開発計画(以下、三全総)は、それ以前の計画がいわゆる「開発官僚」が中心になって策定されたのに対して[46]、アンケートや公式・非公式の意見交換など「地方の声」に重

---

[44] 全国の都道府県議会の政策選好を検討した曽我謙悟・待鳥聡史は、1970年代後半に「開発に偏重した『土建国家』の性格」が完成したとの見通しを述べているが(曽我・待鳥『日本の地方政治』名古屋大学出版会、2007年、214頁)、その背景には、本研究が示すように、自民党の地方組織が要望吸収の媒体として活用されるようになったことがあると思われる。

[45] 下村太一『田中角栄と自民党政治』(有志舎、2011年) 12～18頁。

[46] 御厨貴「国土計画と開発政治」(『年報・政治学 1994』、1995年)。

きが置かれることになった[47]。また，それまでの国土計画では，「開発官僚」が計画策定の中心であったのに対して，三全総では，できるだけ住民の意向を反映させることができるように，市町村の主体性に任せる方針が示された[48]。開発方式についても，それまで太平洋ベルト地帯構想や，新幹線や高速道路の整備計画など大規模プロジェクトの推進に重点が置かれていたのに対し，三全総では，生活環境の整備に重点が置かれ，数市町村単位で構成された「定住圏」が計画圏域に定められている。

　この時期の自民党政権が，市町村の意向を重視するようになったことは，国家財政の動向にも明確に表れている。図2-1は，社会資本整備に関する国庫支出金である普通建設事業費の市町村への配分率と，普通建設事業費の国庫支出金の中で占める割合の推移を示したものである。この図が示すように，昭和47年度から昭和51年度にかけて，国庫支出金に占める普通建設事業費の割合は減少しているものの，市町村に配分される普通建設事業費の割合は増加している。昭和52年度からは，三全総の開始によって，国庫支出金に占める普通建設事業費の割合は反転していくが，その際においても，市町村に配分される普通建設事業費のシェアは落ちていない。このように，昭和47年度以降，市町村に対する普通建設事業費は拡大していったのであるが，このことは，第1期から第2期にかけて，自民党政権が市町村レベルのニーズへの対応を拡大させたことを示している。

　これまで見てきたように，自民党は，第1期から第2期にかけて，組織化の方針を大きく変容させた。

　第1期の自民党では，イギリスの保守党をモデルとしながら，党の理念や方針を浸透させることに重点を置いてピラミッド型の系統組織の確立が目指された。その結果，地方組織への運動指導者の定着や国会議員の後援会の党組織への転化が課題として挙げられたが，その大半は失敗に終わっている。しかし，その過程で，地域支部が全市町村の9割に設置され，後援会の主要メンバーが入党するなど，地方組織の基盤が量的に拡大したこ

---

[47] 北原鉄也「国土計画」（西尾勝・村松岐夫編『講座行政学』第3巻，有斐閣，1994年）。

[48] 国土庁『第三次全国総合開発計画』（国土庁，1977年），本間義人『国土計画の思想』（都市出版社，1992年）120頁。

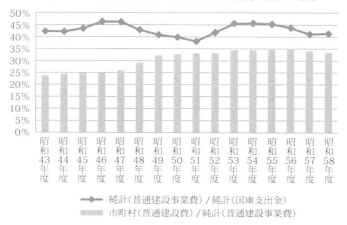

図2-1　国庫支出金における普通事業費の割合の推移

とは，第2期に新たな組織化の方針が進められるにあたって，大きな役割を果たすことになる。

　第2期に入って，自民党は，価値観の多様化や無党派層の増加を背景にして，国政選挙での得票数の低下に直面する。また，所得水準の上昇によって，経済発展を最優先すべきだとするコンセンサスが崩れ始めたことは，社会福祉や環境問題に対する国民の要望を噴出させた。しかし，他方で，高度経済成長の終了によって，多様化する民意に満遍なく応えるような財政支出は困難になった。そのため，自民党は，限りある財政リソースを効率よく支持基盤の拡大に利用するために，潜在的な自民党支持層の要望をきめ細かく吸収できるような回路を形成しようとしたのである。その際に，従来の大衆政党モデルを意識した硬直的な組織から脱し，これら支持層と緩やかに関係を構築する方向で組織を発展させることが議論された[49]。そして，その一環として，前述したように第1期を通じて最低限の

---

[49] この点について，村松岐夫は，自民党の地方組織とは「自民党県連・諸支部＋議員＋後援会のネットワーク」であると述べている（村松『政官スクラム型リーダーシップの崩壊』東洋経済新報社，2010年）184頁。やや政党組織を柔軟に捉えすぎているきらいがあるが，これまで検討してきた第2期の自民党内で議論されていた政党組織論には沿っている側面もある。このような村松の政党組織理解に対する批判としては，土倉莞爾「現代日本における政権交代論

基盤が整えられていた地方組織をその「受け皿」として積極的に活用することが考えられたのである。1980年代における自民党の支持回復の背景には，このような支持基盤拡大を目的とした組織化の努力が存在していたように思われる。

　このような組織化方針の変化によって，自民党の組織は実際に，どのように「変容」と「適応」をしていったのか。次章以降では，この点を中央・地方組織を通じて考えていきたい。

---

　の個人的考察」(『関西大学法学論集』61－2，2011年)がある。

# 第3章
# 自民党の党中央組織における「変容」

　本章では，前章で見た自民党の組織方針の転換が，実際にカッツとメアの言う「公職としての政党」の部分にどのような「変容」をもたらしたのか，中央組織の変遷，年功序列・派閥均衡型人事の確立，の2点を通じて明らかにしていく。

　自民党の場合，カッツとメアが事例として挙げたヨーロッパの幹部政党と同様に，「公職としての政党」の側面が大きく発達している点に特徴がある。実際，自民党には，党所属の国会議員が411名いるのに対して党本部の職員が180名と少なく（2017年現在），しかも党本部の運営に関わる主要な役職の大半を国会議員が占めてきた。そこで，本章ではまず，自民党の「公職としての政党」がどのように変容したのか，明らかにする手掛かりとして，中央組織について見ていきたい。

　自民党の中央組織は，その主要部分については，結党以来，現在に至るまでほとんど変化していない。総裁の下に幹事長，総務会，政務調査会が置かれる結党時の組織構成は，現在まで継承されている。また，幹事長や総務会といった主要な役職・機関の党則上の権限も大きくは変更されていない。

　しかし，主要機関の下部組織では，結党以来，環境の変化に対応して，新設・拡充が行われてきた。また，役職の定員数も増減が繰り返されてきた。しかし，こうした役職の新設や定員数の増加については，これまで国会議員に配分できるポストの増加を目的としていたと説明されるにとど

まっていた[1]。よって，本章ではまず，第 1 期から第 2 期にかけての党中央組織における機関の増設・改組の趨勢や役職の定員数の変化を検討することを通じて，環境の変化に対する自民党の組織的対応について考えていきたい。

　自民党の中央組織の規模拡大が進展するなか，役職人事面では，年功序列・派閥均衡型人事が定着していったことはよく知られている。例えば，佐藤誠三郎・松崎哲久『自民党政権』では，自民党の役職人事システムの存在が実証的・体系的に検討することによって明らかにされている。具体的には，議員の役職人事について，当選 1 回は見習い，当選 2 回で政務次官，当選 3 回で政調会部会長，当選 5 回以上で「入閣資格」が発生する，といった横並び・順送り人事(以下，年功序列型人事)が行われていること，初入閣後は再入閣を果たし閣僚や党の主要ポストを歴任していく政治家とそうでない政治家に二分化されていくこと，自民党の人事慣行は派閥と密接に関連して形成されていることなどが論じられている[2]。

　佐藤・松崎によって切り拓かれた自民党の人事システムの研究を，新制度論の立場から進展させたのが，野中尚人である[3]。野中は，自民党が上記のような年功序列型の人事制度を適用しながら，他方でポスト配分過程において議員間の激しい競争を行わせることで，人材の選抜・淘汰の機能も担わせていたことを新たに明らかにした[4]。さらに，川人貞史が，合理的選択理論を用いながら，現職議員の再選の観点から，議員経歴が長くなるにつれて徐々に影響力を持つようになり，その利益を享受することができる「シニオリティ・ルール」は現職議員にとって合理的なものであったとし，この観点から年功序列・派閥均衡型人事が第 1 期から第 2 期にかけて制度化されていく過程を分析している[5]。このように，先行研究では，役職人事を論ずる際に派閥均衡や年功序列などの人事システムが重視さ

---

1　川人貞史「自民党における役職人事の制度化」(『法学』第 59 巻第 6 号，1996 年)。
2　佐藤・松崎『自民党政権』32 〜 51 頁。
3　野中尚人『自民党政権下の政治エリート』(東京大学出版会，1995 年)。
4　同上，172 〜 179 頁。
5　川人「自民党における役職人事の制度化」，同「シニオリティ・ルールと派閥」(『レヴァイアサン』14 号，1996 年)。

れてきた。
　これに対して，本章では，結党直後から1980年代前半までの自民党の役職人事を分析することで，第1期においては，必ずしも優先されるべきものでなかった年功序列や派閥均衡の人事基準が，第2期以降，原則化していく過程を明らかにすることで，年功序列・派閥均衡型人事の定着が，第1期から第2期にかけての組織方針の転換に対応する側面を有していたことを述べていきたい。これは，次のような筆者の理解による。
　前章でも述べたように，第2期以降，自民党は組織方針を転換し，きめ細かな民意吸収に重点を置くようになるが，このことは党内的な圧力活動現象を拡大させるものであったと考えられる。この点は，次章で分析するように，第1期から第2期にかけて，政調会での審議の重点が，政策的統合を行う政調審議会から，圧力活動的な動きが展開される政調会部会へと移っていくことに明確に示されている。
　このように社会諸圧力が党内の政治過程に噴出するようになると，何らかの制御・統合メカニズムが必要となってくる。野中は，そのメカニズムの根幹として，年功序列・派閥均衡型人事を挙げている[6]。すなわち，年功序列型人事の制度化は，国会議員は党内部に留まることでしか人事上の経歴を蓄積することができなくなり，党依存を強めることになった[7]。また，派閥均衡型人事の定着は，人事権を握る派閥の会長を中心とした集権構造を確固たるものとした[8]。これらをうけて，きめ細かな民意吸収の結果として進展した党内の政策面での多元性を，人事を通じて統合・制御することが可能となったと思われる。第2期に定着した年功序列・派閥均衡型人事は，きめ細やかな民意吸収に重点を置くようになった自民党の組織化方針の転換に対応する側面を持っていたのである。
　以下，第1節では自民党の中央組織の変遷，第2節では年功序列・派閥均衡型人事の確立過程を明らかにしていきたい。

---

6　野中『自民党政権下の政治エリート』289～290頁。
7　同上，287頁。
8　同上，283～286，289～290頁。

## 第1節　自民党の中央組織の変遷

　本節では，第1期から第2期にかけて，自民党の中央組織の変遷を見ることで，環境の変化に対して，何に重点を置きながら組織的対応が行われようとしてきたのか考えていきたい。

　結党時における自由民主党の中央組織の構成には，前身政党である自由・民主両党の党組織が大きく影響を与えていた[9]。すなわち，吉田茂総裁時代に形成された，幹事長が党運営を一元的に担う自由党の組織運営のあり方と，日本民主党が組織政党論の影響を受けて独自に設置していた組織委員会などの組織を継承して，自民党の中央組織は形成されたのである。

　その結果，戦前の保守政党とは異なり，自民党は，元々執行機関としての役割も担っていた総務会が，その役割を議決機関に限定され，党運営は総裁の指名によって選任される幹事長を中心にして行われることになった。そして，幹事長の下には，総務局，経理局，国会対策委員会など直接党務に携わる機関が置かれた。他方，総務会は，党議の最高決定機関としての地位が確立され，党本部の役職人事や政策に関する決定は総務会の承認が必要とされるようになった。また，旧民主党系を中心にした組織政党への志向の強さを背景にして，全国組織委員会が独立した機関として設置され，その委員長は幹事長・総務会長・政調会長・党紀委員長とともに党五役の一角に位置づけられた。

　このような主要な役職・機関の構成や権限は，第1期を通じて，ほとんど変更が加えられずに継承され，確立していくことになる。その間，それぞれの役職や機関の強化を求める意見は絶えず出されていたが，それが役職権限の再配分を主張するものにまで発展することはほとんどなかった。自民党結党時には，執行機関としての役割を持たせるかをめぐって大きな議論となった総務会ですら，例えば，第三次組織調査会（三木武夫会長）の中間答申で，「名実共に党の最高機関」とするために「有力党員」を総務

---

[9] 以下，結党時における自民党の中央組織については，小宮京『自由民主党の誕生』（木鐸社，2010年）第4章。

とすることが提案されるにとどまるなど[10],権限の変更が議論に上ることはなかったのである。

このように主要な役職・機関の構成や権限について変更が加えられないなか,各機関の下部組織については改組・拡充が広く行われていた。その中心となったのが,第1期においては,これは,（組織関係の部局であった）派閥の解消を至上命題とし,大衆政党化を目指す「党近代化」路線が採られたことを反映するものであった。表3-1は,党則上における各機関の改組及び拡充の変更回数を示したものである[11]。いずれも,各機関の下部組織における変更も含めて回数を数えている[12]。

この表が示すように,第1期（1972年まで）において最も頻繁に改組・拡充が行われているのが,全国組織委員会の下部組織であった。実際,結党当初は,組織総局・産業組織局・労働組織局・文化局・青年局・婦人局の6局と,各局の下に計17部が設けられていたのが,第1期を通じて増設が繰り返され,1970年には10局22部が置かれるに至っている[13]。これは,前章で見たような「党近代化」路線の下,ピラミッド型組織の基底部として地方組織の強化が課題とされるなか,自民党は,それを担当する全国組織委員会を充実化させることで対応しようとしたものであると考えられる。

---

10 自由民主党編『自由民主党五十年史』資料編（自由民主党,2006年）802頁。
11 第1期及び第2期を通じて27回党則が改正されている。その中で,組織の定員の増減の改正を除き,組織の改組及び拡充の改正の回数のみを抽出したのが表3-1である。
12 ただし,「総裁・副総裁」についてはこの限りではない。結党時における各機関の下部組織は次の通りである。幹事長―副幹事長・総務局・経理局・宣伝局・出版局・国会対策委員会,政務調査会―政策審議会,全国組織委員会―組織総局,産業組織局,労働組織局,文化局,青年局,婦人局。その後,新設によって,幹事長の下部組織に広報委員会,国民運動本部,人事局,国際局,調査局が加わる。全国組織委員会の下部組織の増設については本文中で言及していきたい。なお,表中の「その他」は,最高顧問や参議院議員会長,同幹事長,同政審会長,同国対委員長などを指す。
13 2012年現在,全国組織委員会は組織本部に改組され,その下に団体総局,地方組織・議員総局,女性局,青年局,労政局,遊説局の6局が置かれている。

表3-1　党則上における自民党本部各機関の変更回数

|  |  |  | 総裁・副総裁 | 幹事長 | | 総務会 | | 政務調査会 | | 全国組織委員会 | | その他 | |
|---|---|---|---|---|---|---|---|---|---|---|---|---|---|
|  |  |  | 拡充 | 改組 | 拡充 | 改組 | 拡充 | 改組 | 拡充 | 改組 | 拡充 | 改組 | 拡充 |
| 第1期 | 第5回党大会 | 1958/1/24 |  |  | 1 |  | 1 |  |  |  | 1 |  |  |
|  | 第6回党大会 | 1959/1/24 |  |  | 1 |  |  |  |  |  | 1 | 1 |  |
|  | 第7回党大会 | 1960/1/27 |  |  |  |  |  |  |  |  | 1 |  |  |
|  | 第10回党大会 | 1962/1/18 |  |  | 1 |  |  | 1 |  |  | 2 |  |  |
|  | 第13回党大会 | 1964/1/17 |  | 1 | 2 |  |  |  | 1 | 1 | 1 |  | 2 |
|  | 第19回党大会 | 1967/3/9 |  |  | 2 |  |  |  |  |  | 2 |  |  |
| 第2期 | 第29回党大会 | 1974/1/19 |  | 1 | 1 |  |  |  | 1 |  | 1 |  | 1 |
|  | 第36回党大会 | 1979/1/24 |  |  |  |  |  |  |  | 1 |  |  |  |
|  | 第37回党大会 | 1980/1/23 |  |  |  |  |  |  |  |  |  |  | 1 |
|  | 党大会に代わる両院議員総会 | 1981/6/4 | 1 |  |  |  |  |  |  |  |  |  |  |
|  | 第42回党大会 | 1983/1/22 |  |  |  |  |  |  |  |  |  |  |  |
|  | 第49回党大会 | 1988/1/21 |  |  |  |  |  |  |  |  | 1 |  |  |
|  | 第56回党大会 | 1993/1/20 |  |  |  |  |  |  |  |  | 1 |  |  |

出典：自由民主党編『自由民主党五十年史』資料編（自由民主党，2006年）より筆者作成

　こうして充実化された全国組織委員会によって，党員獲得キャンペーンが数度にわたって展開され，党員数が大幅に増加することになる。その大半は名目的な党員であると思われるが，それでも党費を納入する党員が，1967年度の15万名弱から，1970年代初頭には30～40万台で推移するに至っていることから，一定の成果が認められる[14]。また，地域支部の整備についても，例えば，1970年度には，「党員増強組織拡大ブロック会議」が全国14ブロックで開催されるなど[15]，全国組織委員会から各県連に対して，全市町村への地域支部設置や，町内会や学区を単位とした分会・班の設置が指示されている。これを受けて，多くの県連で地域支部の設置が進められた結果，1970年代初頭には，全市町村の9割に地域支部が設置されるに至ったのである。

　全国組織委員会と同様に，第1期に多く見られる幹事長の下部組織の拡充も，その中心となったのは「党近代化」と密接に関係する機関であっ

---

14　この点については，第5章で詳細に検討したい。
15　『自由民主党年報　昭和45年度』51頁。

た。例えば，1959年には，幹事長の下に置かれていた宣伝局・出版局が統合され，広報委員会に格上げされている。また，1965年には，国民運動本部が設置されている。これら有権者への働きかけを目的とした機関の他に1966年には，第三次・第五次組織調査会の提案を受け，派閥に基づいた人事を解消し，人事の適材適所を進めるために「人事に関する公正な資料を整え，複雑多岐にわたる人事の円滑化」を目的として人事局が新設された[16]。他に，1966年の黒い霧事件を背景にして，党紀委員会の組織が充実したことも注目しておきたい。

しかし，このような「党近代化」に重点を置いた組織的対応は，第2期になると見られなくなる。これは，第2章で見たように，1970年代初頭に顕在化した都市化や価値観の多様化の進展，無党派層の増加などに対して，社会の多様化する要望の吸収に重点を置いた組織が志向されるようになったことを背景とするものであった。その結果，表3-1が示すように，第2期（1972年以降）になると，党本部でそれまでピラミッド型組織の構築を中心的に担ってきた全国組織委員会の下部組織の拡充・改組は大幅に減少している。

このうち，1970年代に全国組織委員会で唯一行われた拡充が，1974年の都市局・地方局・民情局の設置である。これは，多様化する住民意識に対応しようとするものであり[17]，それまでの党の理念・方針の浸透を目的とした組織とは性格が異なるものであった。また，第5章で見るように，第2期には，多様化する地方の要望吸収の担い手として地方議員が重視された結果，県連に地方議員連絡協議会が設けられるようになったが，それを指導したのも都市局と地方局であった。

しかし，これらの増設はあくまで例外的な事例であって，第2期において全国組織委員会の拡充は小規模にとどまった。実際，都市局など3局が新設された後，1988年に証券金融局，運輸局，通信情報局，建設局が新設されるまで，全国組織委員会の拡充は行われていない。同様に，幹事長の下部組織も，拡充は調査局（1974年）・国際局（1983年）の新設にとどまり，いわゆる「党近代化」関係の機関は新設されていない。

---

16　自由民主党編『自由民主党五十年史』資料編807，816〜818頁。
17　『自由民主党年報　昭和49年版』71頁。

この時期，全国組織委員会や幹事長の下部組織だけでなく，全般的に党則上の組織の変更回数は多くない。しかし，数は少ないが，重要な変更が行われている。第一に，幹事長・総務会長・政調会長の「代理」ポストが新設されている(1974年)。第二に，最高顧問制度が導入された(1980年)。そして，第三に，参議院幹事長・同政審会長・同国対委員長が設置されている(1979年)。このうち，前二者は，第2期に入って派閥を中心とした組織運営が確立した結果，派閥間を調整する機能を強化しようとするものであった。後一者は，1971年に河野謙三議長が誕生したことによって参議院の存在感が大きくなったことを背景とするものであった[18]。

　党則によって設置されるものではないため，表3-1には示されないが，第1期から第2期にかけて大きく発展したのが，政調会の下部組織であった。第2章で述べたように，第2期の自民党は，多様化する社会の要望に対して，あらゆる回路を用いて積極的にその要望を吸収しようとしていた。こうして吸収された社会の要望は，公害問題や住宅問題など，従来の省庁の枠組では対応できない新しい政策課題への対応を自民党に求めるものであった。その結果，これらの問題にきめ細かく対応するべく，政調会内では，調査会・特別委員会が多数新設されたのである[19]。政調会の調査会・特別委員会の数が，結党以来，増加してきたことはすでに指摘されている[20]。実際，結党直後には，調査会・特別委員会は9つしか置かれていなかったのに対し[21]，1960年代には，調査会が20前後，特別委員会が40前後，で推移するに至っている。

　しかし，他方で，この時期には，調査会・特別委員会の設置を抑制しようとする動きも見られた。例えば，1963年に第三次組織調査会の組織小委員会が提出した答申では，「部会と重複する各種調査会，特別委員会を極力整理解消する」ことが挙げられている[22]。また，1966年に出された第5次組織調査会(坂田道太会長)の答申でも，政調会内における政策審議を

---

18　竹中治堅『参議院とは何か』(中央公論新社，2010年)第3章。
19　佐藤誠三郎・松崎哲久『自民党政権』(中央公論社，1986年) 96～101頁。野中『自民党政権下の政治エリート』50～51頁。
20　佐藤・松崎『自民党政権』97～98頁。
21　福井治弘『自由民主党と政策決定』(福村出版，1969年) 97頁。
22　自由民主党編『自由民主党五十年史』資料編807頁。

部会に一元化するために，調査会・特別委員会の大幅な削減が提案されている[23]。具体的には，憲法・外交・安全保障・経済・税制・選挙・労働問題・国土開発の8調査会，科学技術・治安対策・対外経済協力・観光事業・青年婦人対策・同和対策・万国博・公害対策・災害対策の9特別委員会以外は全て廃止するように求められている。これらの提案が，実際に実現に移されることはなかったが，調査会・特別委員会の増加傾向を抑制するのには効果は持っていたと思われる。しかし，第2期になると，このような調査会・特別委員会の削減を求める議論は影を潜め，少なくとも公式の場では見られなくなる。その結果，1980年代前半には，調査会の設置数が30，特別委員会の設置数が60，へと急増するに至ったのである。こうして新しく設置された調査会・特別委員会が，例えば，1975年に設置された行財政改革特別委員会が党側から第二臨調を支えたように，新しい政策課題への自民党の柔軟な対応を可能にさせたと言われている[24]。

これまで検討してきたように，自民党中央組織については，主要な役職・機関の構成や権限はほとんど変化していないものの，その下部組織については，各時期の自民党が置かれた環境に対応して拡張が繰り返されてきたのである。具体的には第一に，地方との関係で言えば，第1期には地方組織の拡充，第2期には社会の要望へのきめ細かな対応，を目的とした機関が重点的に整備されている。第二に，派閥との関係では，第1期においては人事局が新設されるなど派閥の弊害の克服が目指されたが，第2期になると，幹事長・総務会長・政調会長の「代理」ポストの新設や最高顧問制度の導入など，派閥の存在を前提とし，その調整にあたる機関が増設されたのである。

これらの傾向は，役職の定員数の変化にも表れている。ここでは，第1期から第2期にかけて，機関の新設・改組とともに党役職の定員数が大きく変化している副幹事長や政調副会長などの「副」ポストについてみていきたい。表3-2は，第1期及び第2期における「副」ポストの定員数の推移である。

---

23　自由民主党編『自由民主党五十年史』資料編，818～820頁。
24　佐藤・松崎『自民党政権』98頁，飯尾潤『民営化の政治過程』（東京大学出版会，1993年）。

表3-2 役職定員数の変化

| | 副幹事長 | 総務副会長 | 総務 | 政調副会長 | 政審委員 | 国対副委員長 | 全国組織副委員長 |
|---|---|---|---|---|---|---|---|
| 結党時 1955/11/15 | 若干名 | 未設置 | 40 | 若干名 | 15 | 若干名 | 若干名 |
| 第5回党大会 1958/1/24 | | 3 | | | 25 | | |
| 第7回党大会 1960/1/27 | | 4 | | | | | |
| 第8回党大会 1960/7/14 | 7 | | 30 | 7 | | 7 | 7 |
| 第9回党大会 1961/1/27 | 若干名 | | | 若干名 | | 若干名 | 若干名 |
| 第13回党大会 1964/1/17 | 5 | | | 5 | 20 | 5 | 5 |
| 第19回党大会 197/3/9 | | | | | | 7 | |
| 第29回党大会 1974/1/19 | 10 | | | 6 | | 若干名 | |
| 第32回党大会 1977/1/26 | | | | | | | 若干名 |
| 党大会に代わる両院議員総会 1981/6/4 | | | | 7 | | | |
| 党大会に代わる両院議員総会 1981/12/21 | | 5 | | 8 | | | |
| 第46回党大会 1986/1/24 | | 7 | | | | | |

出典：自由民主党編『自由民主党五十年史』資料編（自由民主党，2006年）より筆者作成

　副幹事長，政調副会長，国対副委員長は，それぞれ幹事長，政調会長，国対委員長を補佐するポストである。いずれも，自民党結党当時においては，党則上では「若干名」，すなわち何名でも置くことが可能であった。その後，いったん1960年に7名以内に制限されたものの，翌1961年には，再び「若干名」に戻されている。そのため，次章で検討するように，この時期には，各役職とも10名前後が置かれている。

　他方，総務会については，結党時において，副会長は置かれていなかった。その後，1958年に副会長が置かれ，定員は3名とされた[25]。これは，

---
25　1960年には，参議院議員からも総務副会長を選任できるようにするため，定員4名に増員されている。

前述したように議決機関である総務会では、会長だけでなく副会長も、調整者としての役割を果たすことが求められ、相当の権威が必要とされたからだと考えられる[26]。他方、総務については、結党当初、40名置かれていたが、これは旧自由党・旧民主党から平等に20名ずつ出すためであったという[27]。その後、両派の対立は緩和され、1960年に総務の定員は30名に改められ、総裁指名によって8名、地方別の選出によって22名が選出されることになった。これは、戦前の保守政党（特に政友会）で行われていた選出方法を継承したものであるが、実際には、この時期にはすでに地域代表的性格は失われていた[28]。

このように、結党時から1963年までは、総務副会長を除いて、各「副」ポストには定員が定められておらず、多数の国会議員が就任している（図3-1）。しかし、1964年には、これらの役職の定員は5名に定められることになる。これは、1963年に第三次組織調査会によって池田勇人総裁に提出された人事関係事項の中間答申を受けたものであった[29]。すなわち、同答申で、「党の団結と規律を強化して、総裁の指導力を確立する」ために、派閥均衡人事を排することが目指され、実質的に派閥代表制となっていた副幹事長や政調副会長などを、それぞれ3名程度にとどめ、「真の補佐役」とすることが求められ、その結果、「副」ポストに定員が設けられることになったのである。

また、同年に出された組織小委員会の答申において、政調会の政策審議会を、重要政策の審議決定機関・立法審議機関として強化する方針が掲げられ、その人員を20名程度にすることが提案されている。この提案も実現に移され、政策審議会のメンバーである政審委員の定員は25名から20名に削減されている。その後、第1期においては、1967年に国対副委員長の定員が7名に増やされた他は、定員に変更は加えられなかった。

しかし、第2期になると、これらの「副」ポストの定員は大幅に増やされる。これは、次節で検討していくように、派閥均衡の人事慣行が全党

---

26　N・B・セイヤー『自民党』（雪華社、1968年）221～222頁。
27　福井『自由民主党と政策決定』103～104頁。
28　同上、104頁。
29　自由民主党編『自由民主党五十年史』資料編、801～802頁。

的に適用されるようになり，これらのポストもその対象となったからである[30]。具体的には，1974年に副幹事長が10名に増員されている。また，政調副会長の定員も徐々に増やされ，1981年には8名になっている。

また，国対副委員長の定員は，1974年の党則改正によって「若干名」，すなわち無制限に置くことができるようになった。これは，1970年代における与野党伯仲・野党の多党化という状況に対して，国会対策委員会の役割が大きくなったことに対応するものであった。この点については，次章での検討に譲りたい。

最後に，第1期から第2期(鳩山Cから田中D)にかけて，実際の就任者数の変遷をまとめておきたい(図3-1)。「三木答申」が出される池田Dまでは，副幹事長・政調副会長・国体副委員長とも8名以上就任されている。このような人事は，池田E以降，前述した「三木答申」によって派閥による政治の根源として批判され，これらの役職の少数精鋭化が進められた。その後，第2期(田中A以降)に入ると，これらの役職は再度，派閥均衡型人事が適用されることになり増員されるに至るのである。そのなかでも，国対副委員長については，前述したように，国会対策の必要性が増したこともあって，他の「副」ポストと比べて大幅に増員されている。これまで検討してきたように，第1期から第2期の自民党の中央組織において，主要

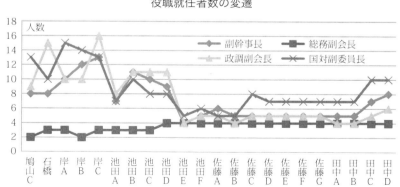

図3-1　副幹事長・総務副会長・政調副会長・国体副委員長の
役職就任者数の変遷

---

30　佐藤・松崎『自民党政権』63〜66頁。

な役職・機関の構成や権限には大幅な変更は加えられなかったものの，その下部組織については，各時期に重点が置かれていた機関の増設が行われていた。また，第2章で見たような各時期の組織化の方針に基づいて，役職の定員数も増減されていた。このように，自民党は，環境の変化に対して，全体としては組織の「固定化」が進展していく中[31]，下部組織の増設・拡充というマイナーチェンジによって対応しようとしていたのである。

## 第2節　年功序列・派閥均衡型人事の確立過程

本節では，年功序列・派閥均衡型人事の確立過程を見ていきたい。

### 1．年功序列型人事の確立過程

結党直後の自民党においては，公職追放の影響もあって，敗戦直後の総選挙（第23・24回総選挙）で初当選した議員が「団塊」となって存在していた。川人貞史は，こうした状況を背景に，1960年代において年功序列型人事を全党的に適用する可能性をなくしていたとし，これが解消されるにしたがって年功序列型人事が全党的に適用されていったと主張している[32]。こうした川人の主張と理解を同じくしたうえで，第1期から第2期にかけての自民党組織の「変容」を重視する本研究で議論していきたいのは，年功序列型人事が全党的に適用できない状況にあった第1期において，どのような人事傾向が見られるのかということである。以下，この点について見ていきたい。

表3-3及び図3-2は，第23回から第29回の衆議院総選挙において初当選した議員の中で，当選7回で入閣していない議員数（図3-2）と，当選回数が5回・6回・7回の段階で，すでに複数回入閣を果たしている議員数（図3-3）を示したものである。表3-3では，第23・24回総選挙の初当選組

---

31　自民党組織の「固定化」については，スティーブン・R・リード「自由民主党の固定化」（『レヴァイアサン』第9号，1991年）。

32　川人「自民党における役職人事の制度化」，同「シニオリティ・ルールと派閥」。

に未入閣者が多いことがわかる。これは，前述したように，これらの総選挙で初当選した議員が「団塊」となって存在しており，入閣適齢期と呼ばれる当選5～7回になっても入閣できない議員が出てきたためである。しかし一方で，図3-2によると，同じく23・24回総選挙初当選組で複数回入閣を果たしている議員もまた多くいることがわかる。「団塊」の議員の中には，何度も入閣している議員が少なからず存在していたのである。

このことは，第1期においては，年功序

表3-3 当選7回時に未入閣の議員数

| 選挙年 | 人数 |
|---|---|
| 第23回総選挙 | 14 |
| 第24回総選挙 | 16 |
| 第25回総選挙 | 7 |
| 第26回総選挙 | 3 |
| 第27回総選挙 | 2 |
| 第28回総選挙 | 2 |
| 第29回総選挙 | 0 |

図3-2 複数回入閣者数

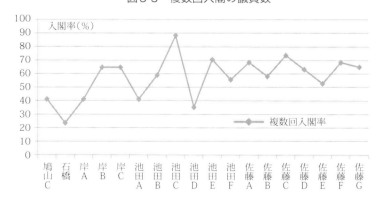

図3-3 複数回入閣の議員数

列の人事基準は，川人が言うように実現可能性がなかっただけでなく，優先されるべき基準でもなかったことを示している。なぜならば，「団塊」の議員の存在によって，ただでさえ大臣ポストが不足しているのに，複数回入閣はその貴重なポスト数を一層減少させてしまうからである。

では，なぜこのような複数回入閣が行われたのだろうか。その理由として，田中角栄や中曽根康弘（第23回総選挙初当選），前尾繁三郎（第24回総選挙初当選）といった政治的有力者が何度も入閣したことが考えられる。しかし，田中内閣期ぐらいまでは，各内閣で7割，すなわち14人前後と多数の閣僚が2回目以上の入閣者となっていることを見れば，派閥の領袖など政治的有力者のみが複数回入閣していたわけではないことがわかる。

それでは，第1期において複数回入閣はどのように行われていたのだろうか。表3-4は，池田A～佐藤Gの時期に分け，各時期での同一人物による入閣の状況（複数回入閣）を大臣ポスト別に見ようとしたものである[33]。各時期で区切って，同一の大臣ポストでの入閣回数別（1回，2回，3回，4回以上）に入閣者数をカウントした。なお，大臣間での比較を可能にするため，兼任ポストの時期が存在する国家公安委員長，北海道開発庁長官，行政管理庁長官，科学技術庁長官は検討の対象外とした。

この表から，外務・大蔵両大臣の複数回入閣の割合が高いことが確認される。例えば，池田・佐藤内閣期では，大蔵大臣が水田三喜男（6期），福田赳夫（4期），田中角栄（3期）の三人で，外務大臣が小坂善太郎（3期），大平正芳（2期），椎名悦三郎（3期），三木武夫（2期），愛知揆一（2期），福田赳夫（1期）の6人で占められている。このように，派閥の領袖や総裁候補などの政治的有力者が，外務や大蔵などの有力閣僚として何度も入閣するという現象は，例えば，中曽根内閣で竹下登が大蔵大臣を，安倍晋太郎が外務大臣をそれぞれ4期務めたように，第2期以降，現在においても決して珍しいことではない。

しかし，第1期において特異なのは，有力閣僚以外でも複数回・連続入閣が多く見られたことである。しかも，必ずしも派閥の領袖や総裁候補とは言えない人物が複数回入閣している。例えば，池田・佐藤内閣期の農林

---

[33] 以下，大臣・党三役の期数の算出方法は，佐藤・松崎『自民党政権』第2章を援用した。

表3-4 第1期における大臣別複数回入閣者数 (単位：人数)

| | 1回 | 2回 | 3回 | 4回以上 |
|---|---|---|---|---|
| 法務 | 14 | 1 | 1 | 0 |
| 外務 | 3 | 3 | 3 | 0 |
| 大蔵 | 1 | 2 | 3 | 1 |
| 文部 | 9 | 3 | 0 | 1 |
| 厚生 | 15 | 2 | 0 | 0 |
| 農林 | 10 | 1 | 1 | 1 |
| 通産 | 12 | 3 | 0 | 0 |
| 運輸 | 18 | 1 | 0 | 0 |
| 郵政 | 17 | 1 | 0 | 0 |
| 労働 | 10 | 2 | 0 | 1 |
| 建設 | 8 | 5 | 0 | 0 |
| 自治 | 16 | 2 | 0 | 0 |
| 防衛 | 15 | 3 | 0 | 0 |
| 経企 | 8 | 2 | 1 | 1 |

大臣では，赤城宗徳，倉石忠雄がそれぞれ3期を務めている。また，荒木万寿夫は池田内閣で文部大臣に4期連続で就任している。検討の対象外とした科技庁長官(木内四郎・2期)や総務長官(山中貞則・2期)でも同様の複数回入閣が見られる。このように，大臣の種類を問わず複数回入閣が幅広く見られたということは，いずれの大臣ポストの人事においても就任者の政策能力が重視されていたことを示唆するものである[34]。

こうした第1期で見られた複数回入閣の頻繁さ，広がりは第2期では見られなくなる。複数回入閣は外務や大蔵などの有力閣僚で集中的に見られるものとなり，その他の大臣では1回限りの入閣が主流となっていくのである[35]。こうした人事傾向の変化が，川人が指摘した国会議員における「団塊」議員の入閣問題が解消するのと相まって，年功序列型人事を全党的に適用することが可能になったのである。

## 2．派閥均衡型人事の確立過程

次に，派閥均衡型人事の確立過程を検討していきたい。川人貞史は，

---

[34] 例えば，労働大臣を通算5期務め「石田労政」の名を馳せた石田博英が，その起用を，「池田内閣の最初の仕事が三井三池の石炭争議であることを見ぬ」いた桜田武(日清紡社長)が池田に進言した結果，池田Aに入閣したのはよく知られている(伊藤昌哉『池田勇人　その生と死』至誠堂，1966年，79頁)。

[35] 野中『自民党政権下の政治エリート』207頁。

1960年代には，前述した「団塊」の議員数に比べて大臣ポストが不足していたため，主流派を選択的に入閣させた結果として主流派優遇人事が行われることになったことを指摘している[36]。マクロ面では，こうした指摘は的を射ているように思われる。そのうえで，本研究が主張したいのは，第１期においては，主流派のなかでも特に総裁派閥が人事面で優遇されていたことである。

図3-4は，1960年代前後，総裁派閥，主流派（総裁派閥を含む），非主流派の入閣率を各内閣別に見たものである[37]。この図から，確かに全体としては主流派優遇の傾向が見られるものの，それは総裁派閥の優遇の結果であり，総裁派閥以外の主流派の派閥は優遇されていないことが分かる。

総裁派閥以外の主流派派閥が優遇されなかったのは入閣者数だけではない。派閥の意向自体も軽視される傾向が強かった。例えば，第３次池田

---

36 川人「シニオリティ・ルールと派閥」。
37 本書では，内閣の区分を，佐藤・松崎『自民党政権』を参考にして，以下のように定義する。

| 内閣略号 | 通称 | 発足年月日 | 内閣略号 | 通称 | 発足年月日 |
|---|---|---|---|---|---|
| 鳩山C | 第３次 | 1955.11.22 | 佐藤E | 第２次再改造 | 1968.11.30 |
| 石橋 |  | 1956.12.23 | 佐藤F | 第３次 | 1970. 1.14 |
| （岸X） | 第１次岸 | 1957. 2.25 | 佐藤G | 第３次改造 | 1971. 7. 5 |
| 岸A | 第１次改造 | 1957. 7.10 | 田中A | 第１次 | 1972. 7. 7 |
| 岸B | 第２次 | 1958. 6.12 | 田中B | 第２次 | 1972.12.12 |
| 岸C | 第２次改造 | 1959. 6.18 | 田中C | 第２次改造 | 1973.11.25 |
| 池田A | 第１次 | 1960. 7.19 | 田中D | 第２次再改造 | 1974.11.11 |
| 池田B |  | 1960.12. 8 | 三木A |  | 1974.12. 9 |
| 池田C | 第２次改造 | 1961. 7.18 | 三木B | 改造 | 1976. 9.15 |
| 池田D | 第２次再改造 | 1962. 7.18 | 福田A |  | 1976.12.24 |
| 池田E | 第２次再々改造 | 1963. 7.18 | 福田B | 改造 | 1977.11.28 |
|  | 第３次 | 1963.12. 9 | 大平A | 第１次 | 1978.12. 7 |
| 池田F | 第３次改造 | 1964. 7.18 | 大平B | 第２次 | 1979.11. 9 |
| （佐藤X） | 第１次佐藤 | 1964.11. 9 | 鈴木A |  | 1980. 7.17 |
| 佐藤A | 第１次改造 | 1965. 6. 3 | 鈴木B | 改造 | 1981.11.30 |
| 佐藤B | 第１次再改造 | 1966. 8. 1 | 中曽根A | 第１次 | 1982.11.27 |
| 佐藤C | 第１次再々改造 | 1966.12. 3 | 中曽根B | 第２次 | 1983.12.27 |
|  | 第２次 | 1967. 2.17 | 中曽根C | 第２次改造 | 1984.11. 1 |
| 佐藤D | 第２次改造 | 1967.11.25 | 中曽根D | 第２次再改造 | 1985.12.28 |

図3-4 派閥別入閣率[38]

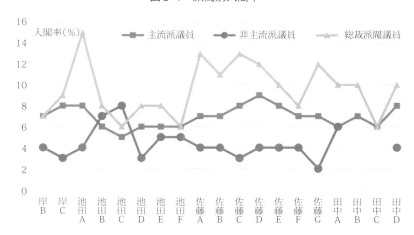

改造内閣（池田F）組閣の際に，旧大野派の代表[39]として交渉に当たった村上勇と船田中は，「わが派の序列」に従って川野芳満（当選9回），中村幸八（当選6回）の2名の入閣を求めたが，池田はいずれも拒否し，3番目の候補である徳安実蔵（郵政相，当選6回）の初入閣と，「もう一人は僕に任せて下さい」として神田博元厚相の再入閣（厚相，当選6回）を選んでいる[40]。

同様の事例は，佐藤内閣期にも見ることができる。例えば，1968年11月の第2次佐藤内閣の第2次改造（佐藤E）の際に，主流派である石井派は，田中伊佐次元法相を通じて佐藤首相に同派所属の広瀬正雄（当選7回，未入閣）の入閣を要求したが，佐藤は大学紛争問題に対処するため同派所属の坂田道太（当選10回，元厚相）の文相への登用を決めており「広瀬君尚辛棒する様」にと拒否している[41]。広瀬は，次の内閣改造でも坂田が留

---

38　田中B・Cにおいては総主流派人事となったため，非主流派入閣者が存在しない。

39　大野伴睦は組閣直前の1967年5月に死亡していた。この後，大野派は村上派と船田派に分裂する。

40　村上勇『激動三十五年の回想』（村上勇事務所，1981年）162〜165頁。

41　佐藤栄作著（伊藤隆監修）『佐藤栄作日記』第3巻（朝日新聞社，1998年），1968年11月30日の条。

任したため入閣できず，1971年の佐藤内閣最後の改造（佐藤Ｇ）でようやく郵政大臣として初入閣を果たす。同様に，村上派からは，佐藤内閣期を通じて１名しか大臣を出せていない（佐藤Ｅの原田憲運輸大臣）[42]。

このように，第１期においては，主流派全体が必ずしも大臣人事で優遇されているのではなく，総裁派閥に特化された形で優遇されていたのである。総裁派閥の優遇は，たとえそれが派閥の序列に基づくものであったとしても，自らの派閥から選ぶという点で，首相にとって使いやすい人材を大臣に登用したことを意味する[43]。このことは，第１期において，首相の意向が強く大臣人事に反映されていたことを示唆する。しかし，こうした総裁派閥の優遇は，田中内閣以降，派閥均衡型人事が定着するなかで見られなくなっていくのである。

本章では，第１期から第２期にかけての自民党の中央組織と大臣人事における変化について分析を行った。その結果，次のような変化が生じていることが明らかになった。

まず，党本部の組織構成について見れば，前章で見た組織方針の転換を背景にして，第１期においては，全国組織委員会や人事局など地方組織の統制強化と派閥解消に関係する部局が重点的に拡充されていたのだが，第２期になると，社会の要望に対応する部局（具体的には，政調会の調査会や特別委員会など）が大幅に拡充されるようになった。また，派閥の党機関化が進んだことを背景として，派閥間の調整を目的とした役職や機関が増設された。

次に，大臣人事について見れば，第１期においては，年功序列は必ずしも優先されるべき人事基準ではなく，また派閥の意向も尊重されていなかった。この時期の大臣人事の特徴として，総裁派閥の優遇と複数回入閣の多さが挙げられるが，このことは首相の意向が強く反映していたことを示している。前章で見たように，第１期においては，大衆政党モデルの下

---

42 佐藤Ｄの組閣時に，会長の村上勇会長が佐藤に対して自派からの入閣を求めたが，佐藤は断っている（同上，1967年11月25日の条）。その結果，村上派からの入閣は３年連続ゼロとなっている。

43 他派出身よりも自派出身の大臣の方が首相の統制が働きやすかった点については，大嶽秀夫『現代日本の政治権力経済権力』（三一書房，1979年）146～147頁。

で総裁への集権化が目指されたが，少なくとも大臣人事に関する限り，総裁の意向が重視されていたように思われる。

しかし，このような人事傾向は第2期になると見られなくなり，年功序列・派閥均衡型人事が定着していく。こうした人事の制度化は，第2期に入って，社会の要望吸収に重点が置かれたことに適合的であったと言える。きめ細かな社会の要望吸収を通じて，族現象に見られるように，多様化する社会的諸要求が党内政治過程に流入し，政策面での多元性が進んでいった。これに対して，何らかの形で制御・統合する仕組みが必要となるが，そうした仕組みとして年功序列・派閥均衡型人事が機能したのである。すなわち，年功序列・派閥均衡型人事の定着によって，人事面における派閥の集権性や個々の議員の党への依存が強まり，党全体としては階統的な権力構造が形成されたのである[44]。

このように，党中央は，第2期における組織方針の転換によって展開されるようになったきめ細かな民意吸収に対応できる態勢を整えたのである。次章では，党内の役職人事の特徴を分析することで，この点について，さらに理解を深めていきたい。

---

44 野中尚人『自民党政権下の政治エリート』（東京大学出版会，1995年）終章第1節。

# 第4章
# 1970年代初頭における国会議員役職人事の変容

　前章で述べたように，自民党では，第1期から第2期にかけて，主要役職・機関の公式の構成・権限については，大枠では変更を加えずに，下部組織の拡充や役職定員数の変更によって，環境の変化に対応しようとした。

　これに対して，本章では，自民党が，派閥均衡・年功序列型人事の適用範囲を徐々に広げながらも，環境の変化に対応して，役職間の位置関係を柔軟に変化させ，役職ごとに特徴的な人事が行われていたことを明らかにしていきたい。この課題に答えるために，本章では，結党時から1970年代にかけて，政務調査会と国会対策委員会の役職人事がどのように変容していったのか検討を加えていく。この2つの機関を取り上げるのは，次のような筆者の理解による。

　自民党政権は社会・経済状況の変化に対応して，経済政策の路線を柔軟に変更させてきた[1]。1960年代までは，自民党の政策の重点は経済成長に置かれ，「所得倍増計画」に代表される包括的な経済政策が展開された。その下で，政治家によって省庁の枠組を超えた政策の調整が試みられ，党内でも政務調査会での調整機能が重視されるようになったと思われる。例

---

1　Michio Muramatsu and Ellis Krauss, "The Conservative Policy Line and the Development of Patterned Pluralism in Postwar Japan," in Y. Yasuda and K. Yamamura eds., *Political Economy of Japan*, Vol. 1, Stanford University Press, 1987.（邦訳：村松岐夫・エリス・クラウス「保守本流と戦後日本におけるパターン化された多元主義の発展」国際文化会館編『現代日本の政治経済』第1巻，総合研究開発機構，1987年），北岡伸一『自民党』（中央公論社，1995年）。

えば，1962年に「所得倍増計画」の一環として制定された新産業都市建設促進法の地域指定をめぐって各省庁間の対立が生じたときに，政調会での調整活動が重要な役割を果たしていたという[2]。それとは対照的に，この時期における国会対策委員会の重要性はさほど高いものではなかった[3]。自民党は衆議院で議席の3分の2弱を占め，日本社会党を中心とする野党は妨害戦術や議会外での支持者の動員によって法案を「拒否」する形でしか政策に影響を及ぼせなかったからである。

　しかし，前章でも見たように，1970年代に入ると，自民党政権は内外の大きな変化に直面する。国内では，国民の間で環境保護や社会福祉拡大の要求が強まり，自民党政権の経済成長路線に異議が唱えられはじめた。このような国民意識の変化が無党派層の増大をもたらした結果，自民党の得票は落ち込み与野党伯仲時代が到来した。対外面でも，2つのニクソンショックとオイルショックに代表されるように国際政治経済システムは大きく変動し，日本の高度経済成長時代は終焉した。自民党が「日本列島改造論」に代表される分配政治を展開したのは，このような内外の環境変化への対応の一つの方法であった[4]。その結果，党・利益団体・官僚の「下位政府」が形成され，政調会内での重心も政調審議会から部会へと移っていった[5]。また，与野党伯仲時代の到来は，野党の政策への影響力を高めることになった。すなわち，国会での法案修正を通じて，野党は政策過程に自らの支持団体の要求を反映しようとするようになった[6]。このような野党のスタンスの変化に，自民党は野党との「話し合い路線」をとることで対応していった[7]。その結果，対野党折衝の重要性は増加し，政策過程におけ

---

[2] 升味準之輔『現代政治』上巻（東京大学出版会，1985年）113～114頁。

[3] 佐藤誠三郎・松崎哲久『自民党政権』（中央公論新社，1986年）132頁。

[4] 田中角栄の「日本列島改造論」については，米田雅子『田中角栄と国土開発』（中央公論新社，2003年），下村太一『田中角栄と自民党政治』（有志舎，2011年），早野透『田中角栄』（中央公論新社，2012年）。

[5] 佐藤・松崎『自民党政権』，91頁。

[6] 三原朝雄国対委員長は，日本社会党は以前に比べて「話し合いの空気」が高まってきたと指摘している（三原「定着した『話し合い路線』」，『月刊自由民主』272号，1978年）。

[7] 例えば，三原朝雄は，与野党伯仲や公明党や民社党などの中道勢力の躍進に

る国会対策委員会の比重は高まることになったのである。

　このような政調会・国対委員会の位置付けの変化を，各役職で見られた特徴的な人事慣行の形成・変容過程から説明することが本章の第一の目的である。次いで，1970年代後半以降，これらの役職にも年功序列・派閥均衡型人事が適用されていく過程を述べたうえで，それ以前の時期に見られた人事慣行と年功序列や派閥均衡のルールがどのような形で共存していったのか明らかにしていきたい。その際に，閣僚経験者のキャリア・パスを主たる材料としていくことにする。

## 第1節　政務調査会・国会対策委員会内での人事慣行

　本節では，第1期から第2期にかけて，政務調査会・国会対策委員会内での人事慣行がどのように変容したのか明らかにしていきたい。具体的には，政調副会長と国対副委員長の人事慣行を中心に検討していく。さらに，政調会内での政調副会長職の位置づけの変化を見るために，政調会の部会長にも検討を及ぼしていきたい。本節がこの3つの役職を検討の対象としたのは，これらが，政調会長や国対委員長に比べて，派閥間の力関係や総裁との人的関係によって左右される要素が小さく，それだけ人事慣行の存在を抽出しやすいと考えられるからである。

### 1．政調副会長・部会長

　政調副会長は，政調会長を補佐することが党則で定められた職務であるが，実質的には政調会に設置された政策審議会(政調会長，政調副会長，政審委員で構成)の中心的なメンバーであり，会長とともに党内でも「政

---

　　よって国会審議での「話し合い路線」が定着したと述べている(三原「定着した『話し合い路線』」)。また，安倍晋太郎も与野党伯仲の政治状況の下で「野党との"対話と協調"の議会政治」を実現したいと発言している(安倍「伯仲国会を乗り切る"正直国会"」，『月刊自由民主』262号，1977年)。三原・安倍の発言は，ともに国対委員長時代のものである。また，福元健太郎は，1970年代以降，国会運営をめぐる与野党の協調関係が強まっていくことを明らかにしている(福元『日本の国会政治』東京大学出版会，2000年，第4章)。

策通」の人物が配されていたという[8]。

　この政策審議会(後に政調審議会に改組)については，佐藤・松崎によって若干の言及がなされている[9]。それによれば，結党当初においては，政策審議会は第２期よりもはるかに頻繁に開催されていたが，60年代になると会議開催回数が減少していった。代わりに開催回数が急増していったのが調査会・特別委員会，部会の小委員会・正副会議である。佐藤・松崎は，この変化を「政調会の審議がより具体的，実質的となり，それとともに政策決定における派閥の役割が減少し，それぞれの領域での『専門家』がより大きな役割を果たすようになった」としている。

　この点については本研究も異存はない。しかし，同書における以下の柳沢伯夫(元大蔵官僚)による，1960年代後半における政策審議会についての回想[10]に対する評価については再検討の余地があるものと考えている。

> 政策審議会は，案件をかける各省庁の役人にとってはまさに試練の場であり，与党の最終的な了承を得るための重大な関門であった。(中略)このような政策審議会における審議は，組織だったものとは言えないものの，結果としてかなりの程度総合調整というか，総合的見地からの審査という機能を果たしていた。

　この柳沢の回想から，佐藤・松崎は政策審議会の「審議がアマチュア的であったこと」を示唆しているとし，「当時は具体的な政策の立案，決定は，各省庁に大幅に委任されていた」と結論づけている。しかし，本研究においては，たとえ当時の政策審議会が「アマチュア」的であったとしても，何らかの形で調整機能を果たしていた点を重視すべきだと考える。実際，ジョン・キャンベルの研究によると，1970年ごろまでは政調審議会は予算の復活折衝について，各部会からの要望を全党的立場から調整する機能をある程度果たしていたという[11]。この点を踏まえながら，以下，政

---

8　村川一郎『自民党の政策決定システム』(教育社，1989年) 140〜144頁。
9　以下，佐藤・松崎『自民党政権』89〜91頁。
10　柳沢伯夫『赤字財政の10年と4人の総理たち』(日本生産性本部, 1985年) 184頁からの引用。
11　ジョン・キャンベル(小島昭・佐藤和義訳)『予算ぶんどり』(サイマル出版会，1977年) 284〜319頁。原著は，John Creighton Campbell, *Contemporary*

調副会長の人事慣行について検討していきたい。

　表4-1は、結党当初から田中内閣までの政調副会長の当選回数と入閣経験の有無を見たものである。この表から明らかなことは、①結党当初には例外的にしかいなかった大臣経験者が池田Cからは必ず選ばれるようになったこと、②結党当初から池田Dまでは多人数の政調副会長が選ばれた

表4-1　各内閣別政調副会長人数

| 内閣 | | 当選回数 | | | | | | | | |
|---|---|---|---|---|---|---|---|---|---|---|
| | | 2回 | 3回 | 4回 | 5回 | 6回 | 7回 | 8回 | 9回 | 10回 |
| 鳩山C | 5 | 0 | 2 | 1 | 1 | 1 | 0 | 0 | 0 | 0 |
| 石橋 | 12 (1) | 1 | 5 | 2 (1) | 4 | 0 | 0 | 0 | 0 | 0 |
| 岸A | 8 (2) | 1 | 0 | 3 | 1 | 3 (2) | 0 | 0 | 0 | 0 |
| 岸B | 8 | 0 | 2 | 3 | 1 | 2 | 0 | 0 | 0 | 0 |
| 岸C | 13 | 0 | 3 | 4 | 4 | 2 | 0 | 0 | 0 | 0 |
| 池田A | 6 | 0 | 3 | 3 | 0 | 0 | 0 | 0 | 0 | 0 |
| 池田B | 9 | 0 | 0 | 2 | 7 | 0 | 0 | 0 | 0 | 0 |
| 池田C | 8 (2) | 0 | 1 | 1 | 3 | 2 (1) | 0 | 1 (1) | 0 | 0 |
| 池田D | 8 (4) | 0 | 1 | 2 | 0 | 3 (2) | 1 (1) | 1 (1) | 0 | 0 |
| 池田E | 3 (3) | 0 | 0 | 0 | 1 (1) | 0 | 0 | 2 (2) | 0 | 0 |
| 池田F | 4 (3) | 0 | 0 | 0 | 1 (1) | 1 | 1 (1) | 0 | 1 (1) | 0 |
| 佐藤A | 5 (3) | 0 | 0 | 0 | 0 | 0 | 4 (2) | 1 (1) | 0 | 0 |
| 佐藤B | 4 (1) | 0 | 0 | 0 | 0 | 2 | 2 (1) | 0 | 0 | 0 |
| 佐藤C | 4 (1) | 0 | 0 | 0 | 1 | 2 | 0 | 0 | 1 (1) | 0 |
| 佐藤D | 4 (1) | 0 | 0 | 0 | 0 | 2 | 1 | 0 | 0 | 1 (1) |
| 佐藤E | 4 (2) | 0 | 0 | 0 | 0 | 1 | 2 (1) | 1 (1) | 0 | 0 |
| 佐藤F | 4 (3) | 0 | 0 | 0 | 0 | 0 | 0 | 3 (2) | 1 (1) | 0 |
| 佐藤G | 4 (3) | 0 | 0 | 0 | 0 | 0 | 1 | 3 (3) | 0 | 0 |
| 田中A | 5 (2) | 0 | 0 | 0 | 1 | 1 | 1 | 1 (1) | 1 (1) | 0 |
| 田中B | 5 (2) | 0 | 0 | 0 | 0 | 1 | 1 | 1 | 1 (1) | 1 (1) |
| 田中C | 5 (2) | 0 | 0 | 0 | 0 | 1 | 2 | 1 (1) | 1 (1) | 0 |
| 田中D | 5 (1) | 0 | 0 | 0 | 3 | 0 | 2 (1) | 0 | 0 | 0 |

注：衆議院議員のみ。（　）内は既入閣者

---

*Japanese budget politics*," University of California Press, 1977．なお、結党直後の自民党政調会の状況については、奥健太郎「事前審査制の起点と定着に関する一考察」（『法学研究』第87巻第1号、2014年）、同「自民党結党直後の政務調査会」（『年報・政治学2016－Ⅱ』2016年）、同「自民党政務調査会の誕生」（奥健太郎・河野康子編『自民党政治の源流』吉田書店、2015年）。

が，池田Eからは4〜5人しか選ばれなくなったこと，③池田Dまでは当選4回以下からも頻繁に選ばれていたが，それ以後は少なくとも当選5回にならないと選ばれなくなったことである。

　これらの点は，以下のことを意味する。第一に，池田Eから副会長の少数精鋭化がはかられた点である。それまで，ほぼ8人以上いた副会長が5人以下に減っている。第二に，結党直後（岸Cまで）においては当選6回以下の閣僚未経験者がキャリアを積むためのポストとしての性格が強かった副会長ポストが，池田E以降は，当選5回以上の閣僚経験者と入閣直前の議員が選ばれるポストに変容したことである。これらの変化は，第2・3章で検討したように，1963年10月に出された「三木答申」に代表される「党近代化」の一環であった。同答申が「閣僚並びに党の主要役員については，派閥と情実とにとらわれることなく，総裁が全党的立場から，今後行わんとする施策に即応し適材適所主義に徹して選任することが必要である」とするものであったが[12]，党内では全面的な反発を招いた。しかし，政調副会長の人事は，派閥代表制を改め，3名程度にとどめるべきだとする答申の趣旨に沿って改革されたのである[13]。

　この変化は，前述した60年代に生じた部会，調査会，特別委員会での活動の活発化に対応するものでもあった。すなわち，部会・調査会などの専門性が進展していったのに対して[14]，政策審議会の審議能力を上昇させることで対応しようとしたのである。実際，三木答申においても「政務調査会においては，審議会を党則にあるごとく政策の審議決定機関として活用すべきである」と政策審議会の強化が求められていた[15]。本研究で重視したいのは，政策審議会を強化するために，この時期から「大所高所からものを判断でき」，「非常にバランスのとれた意見を持っている」ような副会長人事が志向された点である[16]。1964年に行われた歴代政調会長の座

---

12　升味『現代政治』上巻，123頁。
13　自民党組織調査会が池田総裁に提出した中間答申（自由民主党編『自由民主党党史』資料編（自由民主党，1987年）477〜478頁。
14　佐藤・松崎『自民党政権』90頁。
15　自由民主党編『自由民主党党史』資料編478頁。
16　「政調会十年の歩みを語る」（『政策月報』第100号，1964年）中の三木武夫の発言。引用箇所は直接的には政調審議委員のことを指しているが，政調副会

談会[17]では，近年の政調審議会では「部会である程度固まってしまうと，上がってきてからは根本的にくずすということは非常にむずかし」くなってきたが，これに対して「緩急よろしきを得て大局から見た政策が打ち出」す必要が語られ[18]，重量級の副会長人事もそれに応えるものとして位置づけられている[19]。同様の理由から政調会長・副会長の任期延長（具体的には2年以上）の必要性も述べられており[20]，副会長に関しては，その後，複数回就任が傾向として定着するようになる[21]。実際，池田E以降，佐藤内閣期を通じて，白浜仁吉，内田常雄，長谷川四郎の3名を例外として，副会長ポストは複数回経験者によって占められている。その代表例が，西村直己（6期，他に政調会長1期），小川平二（6期），坊秀男（8期），原田憲（5期）などである。ジョン・キャンベルが指摘した政調審議会の調整機能や，柳沢の回想中にある総合調整もこのような人事上の変化によって可能になったと言えよう。

　この人事面での政策審議会の強化を，別の観点から検証してみたい。第1期を通じて大臣経験者が政調副会長を就任した事例を見ると，南好雄，池田正之輔，重政誠之の3人を除いて全ての議員が複数回入閣している。さらに，この3人と結党前に2度入閣した竹山祐太郎を除く全員が，大臣後に副会長ポストを経た後，再度大臣に任命されている。平均すると，副会長就任後，平均2.51回大臣ポストに就任している。ちなみに，副会長就任前は平均1.79回の大臣経験を有している。これらの人事から，政調

---

長についても同様であると三木は発言している。
17　この座談会については，福井治弘『自由民主党と政策決定』（福村出版，1969年）100〜101頁で若干触れられている。しかし，「事態が改善されたことを示す徴候はまったく見当たらない」と評価されているように，その後の政調副会長の人事傾向の変化については全く看過されている。
18　「政調会十年の歩みを語る」中の中村梅吉の発言。中村の他に，福田赳夫，水田三喜男，賀屋興宣，三木武夫も同様のことを発言している。
19　「政調会十年の歩みを語る」中の三木武夫の発言。三木は，この新たな副会長人事を導入した時の政調会長であった。この時に選ばれた副会長は，水田三喜男，小坂善太郎，愛知揆一，高橋進太郎であった。
20　「政調会十年の歩みを語る」中の賀屋興宣の発言。
21　政調会長に適用されなかったのは，党三役である同ポストへの適用は実際問題として困難であったからだと思われる。

副会長ポストは「政策通」の大臣経験者を処遇する機能をも有していたと考えられる。

次に派閥との関係についてもみていきたい。この点については，すでに川人貞史の言及がある[22]。結党当初は，主流派優遇であったのが，1963年に定員が削減されて以降は，派閥と関係なく選ばれるようになった。しかし，第2期以降，田中・福田・大平・三木・中曽根の五大派閥から1人ずつ選ばれる「派閥代表型」の人事が確立するに至ったのである。

「派閥代表型」人事の確立と並行して，池田・佐藤内閣期における副会長人事の特徴であった大臣経験者の登用は大幅に減少し，第2期には大臣経験者は多くても1名しか就任しないことが通常化していった。その結果，政調副会長は当選4〜6回の未入閣議員がキャリアを積むためのポストとしての性格が強くなっていった[23]。また，長期間の連続・複数回就任も見られなくなる。このような副会長人事の「派閥代表」化，年功序列型人事の適用が示唆するように第2期になると，後述するように，政調審議会は部会の決定を取りまとめるだけになるなど，その役割は低下していったのである。

政調副会長とは対照的に，部会長ポストの重要性は，第2期になると上昇していった。次頁の図4-1を参照されたい。この図は，各内閣期における部会長経験者の中で，その後に入閣・複数回入閣を果たした議員の人数を時系列に沿って示したものである。ただし，時期的な変化を見ることを目的としているために，1972年2月15日に新たに設置された科学技術・環境の両部会はカウントしていない[24]。

図4-1が意味するところは，池田内閣期ぐらいまでは部会長ポスト経験

---

22 川人貞史「シニオリティ・ルールと派閥」(『レヴァイアサン』1996年冬号)。
23 野中尚人『自民党政権下のエリート』(東京大学出版会，1995年) 173頁掲載の図5-1。
24 それまでは，それぞれ科学技術特別委員会，公害対策特別委員会であった。前者の委員長を，元労相の小坂善太郎が2期，元科学技術庁長官の中曽根康弘が5期，後者の委員長を元経企庁長官の菅野和太郎が2期，元労相の山手満男が2期務めるなど，大臣経験者のポストとしての性格を有しており，大臣未経験者が就任する部会とは明らかに位置づけが異なるものであった。この点からも，科学技術・環境の両部会を検討から除外するのは適当だと考えられる。

図4-1 部会長歴任者の入閣・複数回入閣経験

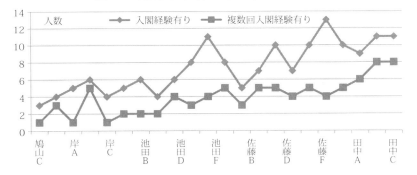

が入閣に有利に働かなかったのに対して，佐藤内閣期から徐々に有利な条件となっていったことである。部会長就任時から大臣任命時までのタイムラグを考慮に入れると，第2期に入ってから部会長ポストが重要視され始めたと考えられる。

また，第2期の部会長の在任期数も，政調副会長とは対照的に長期化する傾向にあった。図4-2は，第1期（鳩山C〜佐藤G）から第2期（田中A〜中曽根D[25]）にかけて，各部会の部会長の平均在任期数がどのように変化したのか示したものである[26]。これによれば，第2期の部会長ポストの大半で，第1期と比べて，就任者一人あたりの在任期数が長くなる傾向にある。前述した政調副会長をはじめとして党内のほとんどの役職でポストの回転率を高めるために短期間での交代が常態化していくのとは対照的である。従来の研究では，第2期の部会長は「全員参加型」のポストとして位置づけられてきた[27]。しかし，1969年（第32回総選挙）初当選で当選6回以上した自民党議員においても，22人（全体の71％）しか部会長に就任

---

25 本書では，第2期を田中内閣以降，細川護熙内閣成立までと定めているが，第1期に比べて第2期は長期間にわたっているので，ここでは，第1期とほぼ同期間となる，田中Aから中曽根Dまでの時期を分析の対象とした。

26 第1期（鳩山C〜佐藤G）と第2期（田中A〜中曽根D）のそれぞれの期間において，内閣期数を部会長就任経験者数で割ったもの。

27 佐藤・松崎『自民党政権』66頁。

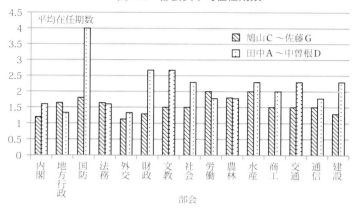

図4-2　部会長平均在任期数

しておらず[28]，必ずしも全員が就任する訳ではなかった。また，第1期においては，当選6回以上の未入閣議員を処遇するケースが多く存在していたが，第2期になると当選2～5回の議員が就任する人事慣行が厳格に守られている[29]。第2期の部会長人事では，このような人事手法が採られることによって，年功序列を適用しつつも複数回就任が行われ続けていたのである。

　第1期から第2期にかけての政調審議会と部会の役割変化は，新たな社会経済状況の出現に対応したものと言えよう。すなわち，池田・佐藤内閣期においては，「所得倍増計画」をはじめとする系統的・包括的な国内政策が立案され，その下で官庁間での政策対立を調整する必要が生じていた[30]。また，「所得倍増計画」をはじめとする経済政策は，社会的諸要求を多様化・増大させた結果，政調会の部会，調査会，特別委員会の活動が盛んになり始めていた[31]。この状況下で政策の総合化を政調会で有効に行うためには，政調審議会の総合調整の比重は高められることになった。

---

28　野中『自民党政権下の政治エリート』176頁。
29　同上，173頁。
30　Muramatsu and Krauss,"The Conservative Policy Line and the Development of Patterned Pluralism in Postwar Japan."
31　佐藤・松崎『自民党政権』91頁。

しかし，第2期に入って，「日本列島改造論」に代表されるような分配政治が展開され始めると，利益団体と自民党との関係は密接なものとなっていた。この状況に合理的に対応するために自民党が選択したのは，党，利益団体，官僚の「下位政府」による政策形成システムであった。このシステムの下では，政調審議会における総合調整の重要性は低下した。柳沢伯夫の回想によれば，第2期の政調審議会は，予算編成に対する基本方針である「予算編成大綱」を作成する際にも各部会から提出される要求政策項目を編集するだけの存在となり，復活折衝が行われる段階になっても専ら「復活要求に対する内示の報告を聞くだけの立場」に押し込められたという[32]。

かわって，政策審議の場として重要視されるようになったのが部会であった。部会長の在任期数が，第2期になってむしろ長くなる傾向にあるのは，部会の重要性の増大に対応したからであろう。これまで見てきたように，政調会をめぐる人事慣行の変化は，外在的な政治・経済状況の変化に柔軟に対応しようとするものだったのである。

## 2．国対副委員長

国対副委員長は，「自民党の国会対策に責任を持つ幹事長を補佐して実際の前線指揮の任にあたる」[33]国対委員長を，さらにその下から補佐する役職である。佐藤内閣期に国対副委員長を5期務めた竹下登によれば，副委員長は各党対策に1名ずつ宛てられた他に，「法案担当」の副委員長がいたという[34]。国対委員長ポストについては，佐藤・松崎によれば，自・社二大政党制下の第1期では，最初は閣僚経験者を処遇するためのポスト，次いで閣僚未経験者がキャリアを積むためのポストと見なされていた[35]。しかし，1960年代後半以降野党の多党化と70年代後半の与野党伯仲という状況の出現によって，非公式の折衝の当事者である国対委員長の比重が高まってきた。その結果，国対委員長は大臣級のポストとしての扱

---

32　柳沢『赤字財政の10年と4人の総理たち』185～186頁。
33　佐藤・松崎『自民党政権』131頁。
34　竹下登『政治とは何か—竹下登回顧録』（講談社，2001年）148頁。
35　以下，国対委員長の記述は，佐藤・松崎『自民党政権』130～135頁。

いを受けるようになったという。

　次に，国対副委員長のポスト数の変化と派閥との関係を見て行きたい。結党当初は主流派優遇であったのが，政調副会長と同様に党近代化の一環として池田Eから4〜5人に副委員長ポストが絞られることになり，派閥と直接的には関係のない人事が行われている。そして，池田E以降佐藤Gまで，副委員長ポストを長期間務める議員が出るようになっている。前述した竹下登の他に，渡海元三郎（6期）や毛利松平（5期），久野忠治（8期）などがその代表例である。前述したように，国対副委員長はそれぞれ交渉を担当する政党が決まっていたので，特定の人物が長期間にわたって務めることが求められたのであろう。ただし，政調副会長とは異なって，大臣経験者が国対副委員長に就任することはなかった。

　田中内閣以降になると，7〜10人に増員されるようになり，「派閥代表型」の代表的ポストとして扱われるようになった[36]。また，年功序列も厳格に適用され，当選3〜5回の議員のみが就任するポストになった[37]。しかし，定員が大幅に増やされたため，政調副会長とは異なり，複数回就任が比較的容易だったと思われる。実際，過半の議員が1度は国対副委員長に就任するが[38]，中村弘海（7期），綿貫民輔（5期），塩谷一夫（4期）など3期以上務める議員が，田中Aから中曽根Dまでの間に15人に達している。この点から，国対副委員長ポストに多くの議員を就任させ，その中から何期も就任する議員を選抜するような人事慣行の存在が示唆される。このように，国対副委員長ポストでは，第2期には，部分的にではあるが複数回就任が行われ続けたのである。

　これまで明らかにしてきたように，政調副会長と国対副委員長の人数は，池田Eから佐藤内閣期を通じて4〜5人に絞られた。その下で，複数回就任が頻繁に行われており，一部の議員によってそのポストの大半は占められ続けていた。この時期の複数回就任の多さは，基本的には，年功序列型人事が確立しておらず，議員の経歴が多様であったため，1期ごとに

---

36　佐藤・松崎『自民党政権』65頁。
37　野中『自民党政権下の政治エリート』173頁。
38　1969年初当選の自民党議員のうち，19人（全体の61％）が国対副委員長に就任している（野中『自民党政権下の政治エリート』176頁）。

役職の就任者を交代させるのが困難だった事情を反映したものだと考えられる。しかし，複数回就任は，この時期の役職人事に広く見られたものではなく，一部の役職に限定して行われたものであった。実際，副幹事長や総務副会長ではこのような人事慣行は見られない[39]。このことから，政調副会長や国対副委員長での複数回就任は選択的に行われたものだったと言えよう。

　第2期以降，派閥均衡・年功序列型人事が全党的に適用されるにしたがって，これらの役職においても，池田F～佐藤Gのような人事慣行は見られなくなっていく。しかし，部会長や国対副委員長では，派閥均衡・年功序列型人事と共存するかたちで複数回就任の人事慣行は残り続けた。そして，これらの役職は，第2期になって政調副会長に代わって重視されるようになったポストであった（国対副委員長については後述する）。これらのことは，党内で重点が置かれている役職では，第1期の人事慣行が，派閥均衡・年功序列型人事に沿うように修正されながらも残っていったことを示唆している。

## 第2節　役職間での人事慣行の変化

　第1節では，政務調査会・国会対策委員会の中での人事慣行の変化を検討してきたのに対し，本節では，他の役職との間での人事慣行の変化を中心に検討していきたい。具体的には，第1期と第2期の政調会長・国対委員長の経験者が，それぞれ他の党内役職にどれだけ就任したのか明らかにしていくが，比較のために幹事長，総務会長，衆議院議院運営委員長の経験者についても検討を加えていく。以下，分析に利用する図は，各役職の経験者が5つの役職における正・副いずれのポストに平均何回就任しているのかグラフで示したものである。なおグラフ内において，（前）・（後）となっているのは，分析対象となっている役職に就任する前・後に5つの役職に何回就任しているのかということを示し，田中以降となっている時期は，田中A～中曽根Dまでの時期をさしている。なお，鳩山Cから岸Cま

---

39　この時期の副幹事長・総務副会長人事では，いずれも就任回数は4期が最高であり，大半は1～2期で交代している。

での時期については検討を加えなかった。これは、民主党系を中心にして前身政党の党組織にしばしば変更が加えられたため、例えば、改進党には総務会長に相当するポストが設けられなかったなど、ここで取り上げるポストに対応するポストが見出せない場合が存在したことによる。ただし、池田・佐藤内閣期の就任者には前身政党でのポストを経験した者も存在するので、この点については必要に応じて言及する。

## 1. 幹事長

池田・佐藤内閣期においては、幹事長は他の4つの役職の中では政調会長経験者から選ばれる傾向が強かったことがわかる。それに対して、国対委員長や同副委員長の経験者が就任するケースは皆無である。この点は、前身政党のキャリアまで検討の対象を広げても同じである。ところが、田中内閣以降、国対委員長経験者が幹事長に就任するケースが見られるようになり、経験回数では政調会長経験者と肩を並べるまでになっている。国対副委員長の経験回数も増加しており、幹事長ポストへの国対系ポスト経験者の進出が拡大していると言えよう。

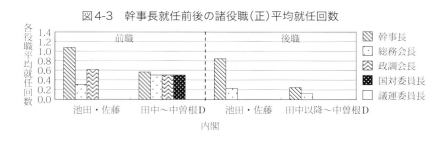

図4-3 幹事長就任前後の諸役職(正)平均就任回数

図4-4 幹事長就任前後の諸役職(副)平均就任回数

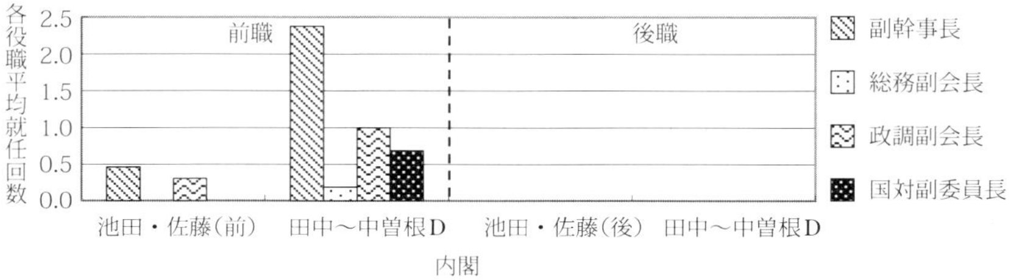

## 2．政調会長

　一見してわかるように，池田・佐藤内閣期において，政調会長は政調副会長経験者から供給されるケースが圧倒的に多い。この時期の政調会長就任者には前身政党で政調会長・副会長に就任した者も多く，それも加えれば12名中9名が政調会長・副会長経験者である。また，後で詳しく検討するが，政調会長就任後，同副会長に就任するケースも少なからず存在している。

　しかし，第2期になると，このような人事の傾向は大きく変化する。政調副会長の経験回数が減少する一方で，副幹事長，総務副会長，国対副委員長の経験回数が増加している。その中でも，国対副委員長の経験回数は0.1から1.0近くにまで急増している。国対委員長の経験回数も0から0.6へと増加している。このように，第2期になると，国対系ポスト経験者の政調会長ポストへの進出が急拡大したのである。

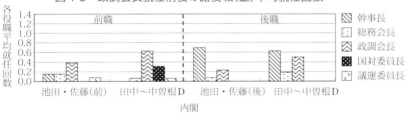

図4-5　政調会長就任前後の諸役職（正）平均就任回数

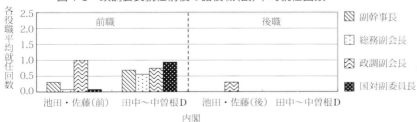

図4-6　政調会長就任前後の諸役職（副）平均就任回数

## 3．総務会長

　総務会長は，一貫して複数回の就任が多いことがわかる。特に，鈴木善

幸は通算で7期も務めている。また，総務会長経験者が他の三役ポストへ就任することは，幹事長－政調会長間と比較して圧倒的に少ない。第1期の総務会では，総務には「党の御意見番的な人物」が就任する傾向が強く，党運営上の基本事項について議論され，幹事長と対立することさえもあったという[40]。そのため，会長には鈴木のような「調整役」的な人物[41]が何期も務めることになり，複数回就任が他の役職よりも多く行われることになったのである。

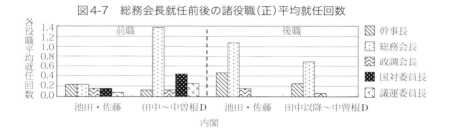

図4-7　総務会長就任前後の諸役職（正）平均就任回数

図4-8　総務会長就任前後の諸役職（副）平均就任回数

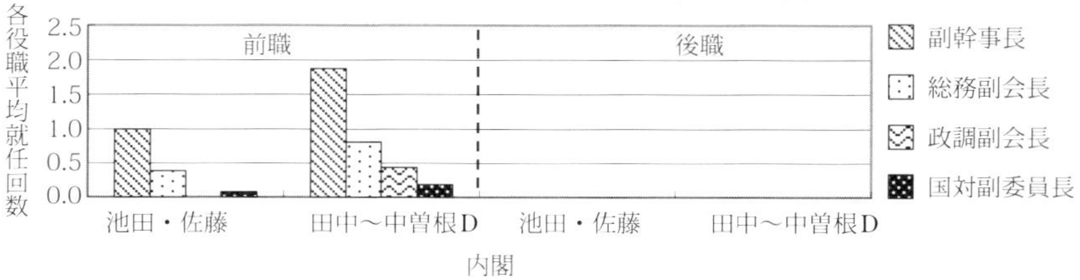

### 4．国対委員長

　第2期に入って，国対委員長就任後のポストが多様化したことが読み取れる。すなわち，池田・佐藤内閣期では議院運営委員長・国対委員長に特化していたのが，田中内閣以降は党三役にも就任するようになったのである。また，政調会長とは異なり，副委員長の経験回数が倍増している。こ

---

40　村川『自民党の政策決定システム』122～123頁。
41　田中善一郎「鈴木善幸」（渡辺昭夫編『戦後日本の宰相たち』中央公論社，1995年に所収）。

のような変化が生じた要因として、与野党伯仲・野党の多党化という政治状況を背景にして野党との交渉技術が複雑化したことが指摘できよう[42]。

図4-9 国会対策委員長就任前後の諸役職（正）平均就任回数

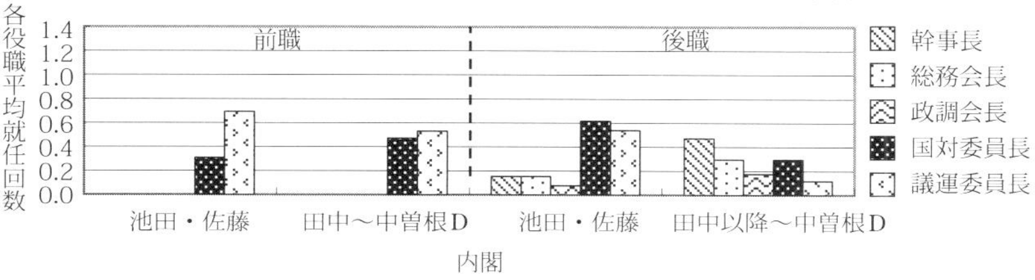

図4-10 国会対策委員長就任前後の諸役職（副）平均就任回数

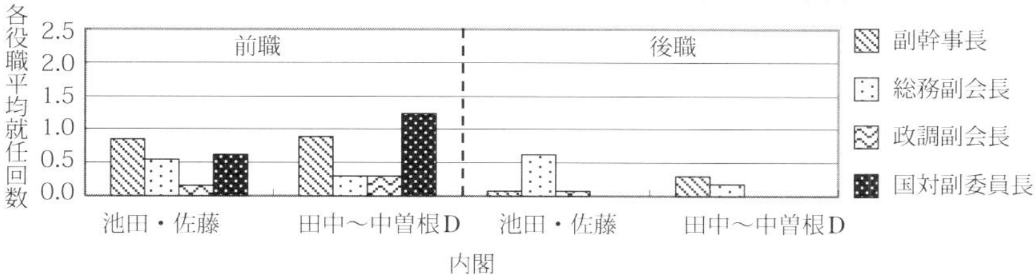

## 5．衆議院議院運営委員長

国対副委員長の経験回数が両時代を通じて多く、国対委員長ポストとの往復も一貫して存在している。これに対して、総務副会長や政調副会長の経験者が就任するケースは、両時期ともほとんどない。

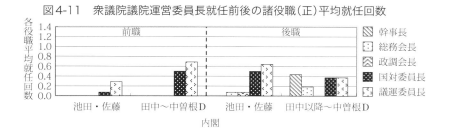

図4-11 衆議院議院運営委員長就任前後の諸役職（正）平均就任回数

---

42　佐藤・松崎『自民党政権』131〜132頁。

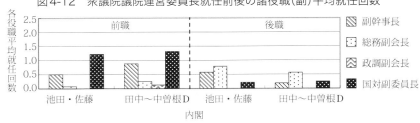

図4-12 衆議院議院運営委員長就任前後の諸役職(副)平均就任回数

　以上から，池田・佐藤内閣期において，政調系ポスト(政調会長，同副会長)と国対系ポスト(国対委員長，同副委員長，議院運営委員長)では，それぞれその内部で移動が頻繁に行われていたことが指摘できよう。このうち，政調系ポスト経験者は幹事長に就任するケースが見られたのに対し，国対系ポスト経験者が就任することは皆無であった。

　これらの人事慣行は，前身政党の1つである自由党の時代から見られるものであった。初期の自由党内では，戦前からの伝統を継承して，議員を「政調型」と「党務型」にわけ，政策に強い前者を政調会長に，「現場の親分」的性格が濃厚な後者を幹事長に起用すべきだとする議論が根強かったという[43]。これに対して，総裁の吉田茂は，自らの党内基盤を強化するため，幹事長に佐藤栄作や増田甲子七，池田勇人ら官僚出身の政調会長経験者を登用するルートを切り拓いた。しかも，それは，幹事長に政治資金の管理や役職配分の権限を与えることで，「党務型」が力を持っていた総務会の実質的な権限を弱めながら行われたのである[44]。ただし，吉田の党組織改革以降も，国会対策委員会や議院運営委員会といった国会運営を担当する機関では，戦前からの「党務型」の議員が中心となるような人事慣行が残ることになった[45]。かくして，政調系ポストには「政務型」の議員を，

---

[43] 例えば，小田久「政務調査会論」(『再建』第3巻第5号，1949年)，同「幹事長論」(同第3巻第9号，1949年)。本研究では，小田の議論に沿って，それぞれ「党務型」は党運営に，「政調型」は政策の立案・審議に強い議員と定義する。

[44] 小宮京『自由民主党の誕生』(木鐸社，2010年)第2章，小宮京「総務会に関する一考察」(奥健太郎・河野康子編『自民党政治の源流』吉田書店，2015年)。

[45] 自由党の国会対策委員会は，総務会の権限を弱めることを狙って1950年に

国対系ポストには「党務型」の議員を配するという人事慣行が形成されたのである。

　第1期の自民党には，このような自由党時代に形成された人事慣行が色濃く残っていたと言えよう。しかし，第2期になると，大きな変化が生じた。まず，政調会長は同副会長経験者から選ばれるケースが減少し，他の「副」ポスト経験者から選ばれる回数が増加した。特に，国対系ポスト経験者の就任回数が急増している。これとは対照的に，国対委員長は同副委員長経験者から選ばれる傾向が強まっていった。すなわち，政調会長・国対委員長がそれぞれ，その「副」ポスト経験者から選ばれるような人事慣行は，第2期になると，政調系ポストでは希薄化していったのに対して，国対系ポストではより強まったのである。また，国対系ポスト経験者が幹事長や政調会長に就任する回路が開かれるようになった。

　これらの変化は，第1期から第2期にかけて，族現象に象徴されるように党内政策過程が多くの議員に開かれたのに対し[46]，与野党伯仲・野党の多党化といった政治状況を背景にして野党との交渉技術が複雑化したため，国会運営を国対委員会でのキャリアを積んだ一部の議員に委ねる必要が高まったことを示唆している。このような変化の中で，国対系ポスト経験者の党三役への進出が拡大したように，国対系ポストの重要性は上昇していったと思われる。第3節では，この点について，政調副会長と国対副委員長とを比較しながら検討していきたい。

## 第3節　政調副会長と国対副委員長の比較

　第2節での分析によって，第2期になって，国対系ポスト経験者の党三

---

　設置された。しかし，幹事長と総務会との権限争いの中で，山口喜久一郎総務が初代委員長に就任することで妥協がなされたように，党人派の議員が登用されていった（小宮『自由民主党の誕生』）。また，衆議院議院運営委員長も内務官僚出身の大村清一を唯一の例外として党人派の議員が就任し続けている。

46　この点については，野中『自民党政権下の政治エリート』158～160頁。「族議員」については，日本経済新聞社編『自民党政調会』（日本経済新聞社，1983年），猪口孝・岩井奉信『「族議員」の研究』（日本経済新聞社，1987年）などを参照。

役就任が急増したことを指摘した。本章では，この変化の意味を大臣人事との関係から明らかにするために，政調副会長・国対副委員長の両ポストを比較しながら検討を加えていきたい。これらのポストを分析の対象としたのは，政調会長や国対委員長は，大臣経験者や入閣直前の議員が就任する役職であり，大臣人事との関係から比較するのには分析対象として不適当なためである。ちなみに，第１期において，政調副会長と国対副委員長との間での移動はほとんどなかった。第１期において，両役職とも２期以上にわたって就任したのはわずかに本名武(いずれも２回就任)のみである。この点も両者の比較を有意なものとすると思われる。

　図4-13は，鳩山Cから田中Aの各内閣期における政調副会長，国対副委員長の就任者が，当選何回で初入閣できたか，内閣期ごとに平均したものである。比較を成立させるために，大臣経験者の政調副会長は対象から除外している。同じ理由から未入閣者も外している。厳密な意味では，未入閣者を除外することは適当ではない。しかし，未入閣者は，池田内閣期までは，政調副会長・国対副委員長とも存在するが，人数的にも割合的にも国対副委員長の方が圧倒的に多く，入閣の困難さという点では，ほぼ図4-13で見られる傾向の延長線上にあるため，除外には正当性があると考える[47]。

---

[47] 各内閣期の政調副会長・国対副委員長就任者の未入閣者率は，以下の通りである。

|  | 政調副会長 | | | 国対副委員長 | | |
|---|---|---|---|---|---|---|
|  | 総数 | 未入閣者数 | 未入閣者率% | 総数 | 未入閣者数 | 未入閣者率% |
| 鳩山C | 5 | 0 | 0 | 7 | 3 | 43 |
| 石橋 | 11 | 5 | 44 | 7 | 4 | 57 |
| 岸A | 6 | 1 | 16 | 12 | 2 | 17 |
| 岸B | 8 | 3 | 38 | 12 | 3 | 25 |
| 岸C | 13 | 5 | 38 | 10 | 5 | 50 |
| 池田A | 6 | 2 | 33 | 5 | 2 | 40 |
| 池田B | 9 | 2 | 22 | 11 | 5 | 45 |
| 池田C | 6 | 2 | 33 | 9 | 5 | 56 |
| 池田D | 4 | 1 | 25 | 9 | 7 | 78 |
| 池田E | 0 | 0 | ※ | 5 | 1 | 20 |
| 池田F | 1 | 1 | 100 | 5 | 1 | 20 |
| 佐藤A | 2 | 0 | 0 | 7 | 3 | 43 |
| 佐藤B | 3 | 0 | 0 | 4 | 1 | 25 |
| 佐藤C | 3 | 0 | 0 | 6 | 1 | 17 |
| 佐藤D | 3 | 0 | 0 | 5 | 0 | 0 |
| 佐藤E | 2 | 0 | 0 | 5 | 0 | 0 |
| 佐藤F | 1 | 0 | 0 | 5 | 0 | 0 |
| 佐藤G | 1 | 0 | 0 | 7 | 1 | 14 |
| 田中A | 3 | 0 | 0 | 5 | 0 | 0 |

※　参議院議員は除く。また就任時に大臣経験を有する者も除いた。

図4-13 各内閣期における政調副会長・国対委員長の初入閣までの平均当選回数[48]

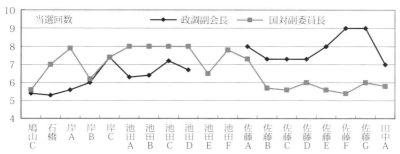

　この図から一見してわかるように，国対副委員長と比較して，政調副会長は池田内閣期の就任者までは優遇されていたが，佐藤内閣期以降はその関係が逆転することが読み取れる。国対副委員長では，池田内閣期までの就任者は平均して当選7〜8回にならないと入閣できなかったが，佐藤内閣期以降の就任者は平均6回弱で入閣できるようになっていった。国対副委員長の就任者がこのように初入閣の当選回数が少なくなっていくのに対

図4-14 各内閣期における政調副会長・国対副委員長経験者の平均当選回数[49]

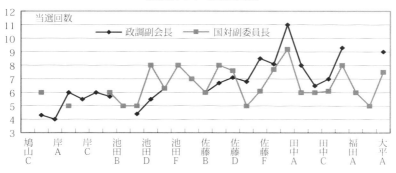

48　池田E及び池田Fの政調副会長には該当者がいないため空白となっている。
49　図中の空白の部分は該当者がいないことを示している。

して，政調副会長の就任者は結党直後から一貫して初入閣の当選回数は上昇していったため，ついに池田Fから佐藤Bの時期にその位置関係は逆転したのである。それでは，この逆転は，具体的にはいつ頃発生したのだろうか。その点を明らかにするため，図4-14に検討を加えたい。

図4-14は，各内閣の初入閣者のうち，自民党の政調副会長と国対副委員長経験者の平均当選回数の変化を見たものである[50]。両ポストの就任から大臣就任までのタイムラグを考慮に入れて，本図では鳩山Cから大平Aまでの時期を対象とした。なお，図4-13と同様に，比較を成立させるために，大臣経験者の政調副会長は対象から除外している。また，未入閣者も除外している。

政調副会長と国対副委員長との逆転関係は，佐藤内閣末期から田中内閣期にかけて，すなわち第2期に入ってから生じたことが読み取れる。政調副会長経験者は，結党直後においては4回前後の当選回数で入閣している。このデータは自民党結党以後の政調副会長就任者に限定して作成しており，前身政党での経験をカウントしていないため，結党直後の初入閣者が，低い当選回数で副会長に就任し，その直後に就任する人事慣行の存在を示している。池田・佐藤内閣期には当選5回にならないと入閣できない人事慣行が厳格に適用されたが[51]，政調副会長経験者は，各内閣でその入閣の最低限の条件である当選5〜6回で初入閣者を果たしている。この時期唯一の当選4回での初入閣者であった重政誠之も政調副会長経験者である。これに対して，国対副委員長経験者は，母数が多いにもかかわらず，池田内閣前半期まではほとんど入閣者を出していない。それが入閣し始めるのは池田内閣期後半から佐藤内閣期であるが，当選7回前後での初入閣と政調副会長経験者と比較して遅い入閣である。佐藤内閣期で政調副会長経験者の初入閣がなくなるのは，この時期までには副会長経験者の大半がすでに入閣していたからである。このように，池田・佐藤内閣期の大臣人事においては，明らかに政調副会長経験者の方が優遇されていたのである。

---

50 両ポストとも経験した議員は，国対副委員長・政調副会長のそれぞれにカウントされている。
51 佐藤・松崎『自民党政権』42頁。

ところが，第2期に入ると，2つの役職の位置関係は逆転する。政調副会長経験者よりも国対副委員長経験者の方が早く入閣するようになったのである。この変化は，しばしば指摘されるような第2期以降の国会対策の重要性の増大を示していると言えよう。ただし，大臣人事の際に政務調査会のポストの全てが重視されなかったことを意味する訳ではない。第1節で述べたように，第2期においては実質的な政策審議の中心が政調審議会から部会へと移行し，部会長経験は大臣選定の際に重要視されるようになった。また，第2期に党内の多くの役職で短期間の交代が当り前となる中で，部会長ポストだけは複数回・連続就任がむしろ第1期よりも頻繁に行われていた。注目すべきなのは，その部会長ポストに国対副委員長経験者が就任する事例が増加していることである。

表4-2は，第1期・第2期の国対副委員長を複数回経験した議員を，それぞれ2～3回経験した者と4回以上経験した者に分けて，初入閣時の平均当選回数，大臣未経験者数，部会長の経験率を示したものである。国対副委員長経験者の部会長経験率は，第1期から第2期にかけて44％から57％に上昇している。興味深いのは，その上昇が国対副委員長を2～3回経験した議員の部会長への就任拡大によってもたらされたことである。これに対して，4回以上副委員長を経験した議員については，部会長経験率が低くなっている。そして，初入閣時の当選回数も，国対副委員長を2～3回経験した議員では6.8回から5.6回に大幅に低下しているのに対して，4回以上経験した議員ではむしろ増加している。すなわち，2～3回のみ副委員長を経験した議員が，部会長ポストへの就任回数を増加させたことを通じて，国対副委員長経験者全体の初入閣の当選回数を引き下げたのである。これに対して，4回以上の経験者

表4-2　第1期・第2期における国対副委員長複数回就任者の平均初入閣当選回数・大臣未経験者数・部会長経験率

|  | 人数(人) | 平均初入閣当選回数(回) | 大臣未経験者数※(人) | 部会長経験率(％) |
| --- | --- | --- | --- | --- |
| 第1期 | | | | |
| 2~3回 | 19 | 6.8 | 7 | 42 |
| 4回以上 | 8 | 6.3 | 2 | 50 |
| 計 | 27 | 6.6 | 9 | 44 |
| 第2期 | | | | |
| 2~3回 | 28 | 5.6 | 4 | 64 |
| 4回以上 | 7 | 6.6 | 2 | 28 |
| 計 | 35 | 5.8 | 6 | 57 |

※　大臣未経験者数とは入閣できなかった議員の人数を意味する。

はマイナスに寄与している。

　これらの事実は，国対副委員長を2～3回経験し部会長ポストへ転じる議員と，国対副委員長を長期にわたって務める議員とに概ね二分化して，人事が行われていたことを示唆するものである。そして，大臣人事の上で優遇されていたのは前者であったように，国対副委員長経験者の優遇は，前者の部会長経験率の上昇と並行してなされたのである。

　従来の自民党研究では，派閥均衡・年功序列型人事の確立が党組織の安定化につながった点が強調されてきた。本章では，そのような理解を共通の前提としつつ，自民党が派閥均衡・年功序列型人事の適用範囲を広げながらも，役職間での位置関係を柔軟に変化させ，各役職で特徴的な人事慣行を形成させていったことを明らかにした。具体的には，政務調査会と国会対策委員会の役職を素材にして，第1期と第2期の人事慣行について検討を加えていった。明らかになったことを整理し直せば，次のようになる。

　政調系・国対系のポストのうち，第1期において重視されていたのは前者の方であった。このことは，政調系ポストの経験者の方が大臣人事で優遇されている点に顕著に現れている。幹事長人事においても，政調系ポスト経験者が多く就任したのに対して，国対系ポスト経験者が就任することは皆無に等しかった。このような政調系の重視は，池田内閣以降，「所得倍増計画」に代表されるような包括的な経済政策が展開されたことと密接に関係している。すなわち，高度経済成長期における社会的諸要求の多様化と，それにともなう省庁間の競争に対して，包括的な経済政策に沿って政策調整を行う場として，政調会(その中でも政策審議会)は重視されていたのである。この時期，政策審議会の中心メンバーである政調副会長に大臣経験者が就任したことや，省庁の枠組に沿って設置された部会でのキャリアが重視されていなかったことは，この点を示唆するものである。

　このような第1期に見られた人事慣行は，第2期になるとほとんど見られなくなる。その大きな要因の一つは第2期における派閥均衡・年功序列型人事の全党的な適用であった。その顕著な例が，政調副会長であった。第2期の政調副会長は，各派閥から1人ずつ「派閥代表型」の，当選4～6回の未入閣議員が就任するポストとなり，池田・佐藤内閣期に見られた複数回就任や閣僚経験者の登用は見られなくなっていく。しかし，党組織全体で，このような年功序列・派閥均衡型人事の適用が行われる中で，政

調会の部会長や国対副委員長では第 1 期の人事にみられた複数回就任が行われ続けた。これらの役職では，就任当選回数の限定（部会長）や定員の大幅増加（国対副委員長）を行うことによって，派閥均衡・年功序列型人事の下でも複数回就任が行われたのである。

　この部会長や国対副委員長は，新たな政治・経済状況の出現を背景にして，政調副会長より重要視されるようになったポストであった。第 2 期の政調会内では，政調副会長経験者が大臣人事で優遇されなくなっていくのに対して，部会長経験者は優遇されるようになった。この変化は，政調会内での重心が政調審議会から部会へと移動したことを意味するが，それは，第 2 章で見たように，きめ細かな要望吸収に重点を置くようになった第 2 期の組織化の方針に対応するものであった。

　国対副委員長もまた，その経験者が大臣や党三役人事でその優遇につながるポストであった。第 2 期には，第 1 期に見られたような政調会長に同副会長経験者が就任する傾向は弱まり，国対副委員長をはじめとする他の「副」ポスト経験者が就任する傾向が増大した。それに対して，国対委員長や議院運営委員長は国対副委員長経験者から選ばれる頻度が高まった。この変化は，第 2 期になって，与野党伯仲や野党の多党化の時代の到来によって，国会運営は第 1 期以上に特定の熟達した議員に委ねざるを得なくなったことを示している。このような政調系・国対系ポストの位置付けの変化を背景として，国対副委員長経験者の優遇が生じたのである。

　ただし，政調会部会長の経験者が優遇されている事実からも明らかなように，この変化は，第 2 期になって政調会のポストが全く重視されなくなったことを意味する訳ではない。実際，第 2 期の国対副委員長経験者のうち，大臣人事で最も優遇されたのは同ポストを 2〜3 回経験した議員であったが，彼らは部会長の就任回数を増加させていたのである。それに対して，国対副委員長を 4 回以上経験した議員は，部会長の就任回数が少なく，大臣人事でも優遇されていなかった。これらの事実から，国対系ポスト経験者の優遇は，同ポストを 2〜3 回経験した議員の部会長就任の拡大によって生じていたと言えよう。換言すれば，国対委員会と政務調査会（部会）の両方のポストを経験した議員が優遇されていたのである。

　このような人事慣行は，第 2 期における与野党伯仲状況の出現に対応するものであったと思われる。与野党伯仲の時代が到来すると，野党は国会

での法案修正を通じて自らの支持層の声を積極的に立法過程に反映させるようになり[52]，政党間の交渉においても個別具体的な政策協議の比重が高まっていった。そのため，自民党の国会運営の場でも特定の政策分野に通じた議員の必要性が高まったと思われる。国対委員会と政務調査会（部会）の間で議員の往復が頻繁になり，両方のポストを経験した議員が優遇されたのは，このような変化の存在を示唆するものである。

　これまでの検討で明らかにしたように，自民党の党役職人事は柔軟である。党役職と大臣ポストの組み合わせによる人事は1つの組織運営の仕組みとして形成されていった。そして，この人事慣行は，第2期になっても，党内で重点が置かれている役職では，派閥均衡や年功序列と巧みに組み合わされながら残されていったのである。

　最後に，人事の重点が政調副会長から国対副委員長・部会長に移ったことの意味について触れておきたい。第1期の自民党では，政策審議会を中心として包括的な経済政策に沿って省庁間の政策調整を行うことへの志向が強かった。しかし，第2期になると，各省庁が作成した具体案に対して，多元的な社会の要望が集約される部会での党内の調整・国会対策の中での野党との調整を行うことに重点が移っていった。すなわち，第2期の自民党では，特定の政策分野の枠組の中に限定された調整に重点が置かれるようになり，政調副会長から国対副委員長・部会長への重点の移動は，このような自民党の政策決定のあり方の変化を示唆しているように思われる。

---

52　佐藤・松崎『自民党政権』136〜137頁。

# 第5章
# 県連の組織構造の類型化

　第2章で述べたように，第1期の自民党では，党組織の「近代化」が強く志向され，ピラミッド型の系統組織の確立が目指された。具体的には，都道府県支部連合会(県連)に対して全市町村への支部の設置が指示されるとともに，その指導者として地方駐在員や組織広報員が置かれるに至っている。

　その後，第2期になると，1970年代初頭に顕在化した価値観の多様化や無党派層の増加に対して，地方組織の「変容」と「適応」が検討されるようになる。その際に，党中央では，多様化した社会の要望を吸収することに重点が置かれた。そして，その方法として，国会議員の個人後援会(後援会)の拡充，地方議員や諸団体との関係強化，地域支部での政調活動を盛んにすることなどが考えられたのである。

　このような党中央による，社会の要望の吸収媒体として地方を組織化する構想は，1970年代を通じて広く浸透し，多くの県連で実現していった。しかし，その受容のされ方は一様ではなかった。各県連は，受容する過程で各々の地域事情や状況に適合した方法を選択したからである。その結果，県連の組織運営や政策形成のあり方は多様性を強めることになった。

　自民党の県連組織が独自の特徴を持ち，それぞれに異なった存在であることは，従来の研究ではほとんど注目されてこなかった[1]。その理由として

---

1　これまでの自民党の県連組織を対象とした代表的な研究には，中野実『現代日本の政策過程』(東京大学出版会，1992年)第3章第1節，片岡正昭『知事職をめぐる官僚と政治家』(木鐸社，1994年)，丹羽功「自民党地方組織の活動」

第一に、自民党各県連の公式の組織構造が、各県連で非常に類似したものであったことが指摘できる。県連組織は、党則及び地方組織準則によって定められた統一的な基準のもとに構成されている。例えば、いずれの県連でも会長や三役(幹事長、総務会長、政調会長)などの役職が設けられており、また、支部についても、各県連とも地域支部、職域支部と国会議員の選挙区支部が設置されている。

　第二に、公的な制度を超えた政治的ダイナミズムについても、自民党の地方組織については、いわば通説ともいうべき固定した捉え方があり、個々の県連における組織実態のバリエーションは十分に注目されてこなかった。すなわち、自民党の地方組織は、衆議院議員を頂点として、そのもとに地方議員がネットワーク状に結びつけられた代議士系列と同一視されてきたのである。地方政治家は、系列関係にある国会議員を通じて、自らが望む政策や資源を中央省庁から調達することができる[2]。また、選挙においても、国会議員が関係する支持団体の協力を期待できた[3]。こうした中央と地方の政治家のネットワークに注目する視点からは、国会議員の後援会に注目が集まり、自民党県連といった公式の組織を形式的なものとして理解させることになる。

　しかしながら、前者については、制度運用のレベルに注目すれば、各地方組織には大きな違いが存在する。例えば、地域支部一つとってみても、全市町村に設置している県連もあれば、市郡にしか設置されていない県連もあり、運営の実態も大きく異なっている。

　また、後者の政治的ダイナミズムについても、代議士系列によっては捉

---

　　(大嶽秀夫編『政界再編の研究』有斐閣、1997年)、同「自民党地方組織の現在」(白鳥浩編著『政権交代選挙の政治学』ミネルヴァ書房、2010年)などがある。最近の研究としては建林正彦編著『政党組織の政治学』(東洋経済新報社、2013年)がある。

2　若田恭二『現代日本の政治と風土』(ミネルヴァ書房、1981年)第10章、谷聖美「市町村議会議員の対国会議員関係」(『岡山大学法学会雑誌』第36巻第3・4号、1987年)。

3　井上義比古「国会議員と地方議員の相互依存力学」(『レヴァイアサン』10号、1992年)、同「自民党代議士系列の政治的凝集性」(『東北学院大学論集(法律学)』第40号、1992年)。

えきれない枠組,例えば,地域間の対立や地方議員の当選回数間の対立などが,大きな影響を与えている事例が存在する。

よって,本章では,第1期から第2期にかけての県連組織の発展過程を,その多様性に注目しながら検討したうえで,全国の県連を比較することで,その組織構造の類型化を試みたい。

## 第1節 第1期における県連組織の形成過程

自民党の地方組織である県連は,1955年の同党結党から1年以内に全46都道府県に設置された。その中心となる担い手も,保守系の県議の大半が1959年までに自民党に入党することによって確保された(図5-1)。また,各県連とも,徐々にではあるが,地域支部が設けられていった。

しかし,その組織は決して一様だったわけではない。すでに各地域では戦前から発達した政治秩序が存在しており[4],それに規定されて,県連組織の実態は大きく異なるものとなったからである。例えば,多くの県連では,

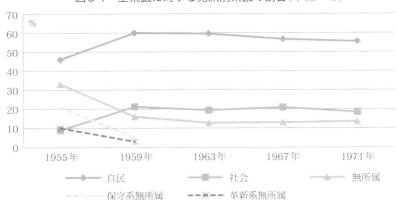

図5-1 全県議に対する党派別県議の割合(単位:%)

出典:自治庁選挙部編(自治省行政局選挙部)編『地方選挙結果調』の各年版より筆者作成

---

4 この点については,例えば,宮崎隆次「開発計画・工業化と地方政治」(北岡伸一・御厨貴編『戦争・復興・発展』東京大学出版会,2000年)が,千葉県を事例にして論じている。また,自民党結党以前の都道府県議会の状況については,辻陽『戦後日本地方政治史論』(木鐸社,2015年)第Ⅲ部を参照。

表5-1　1964年における地域支部の設置単位(沖縄県連を除く)

| 地区単位 | | 市郡単位 | |
|---|---|---|---|
| 栃　木 | | 宮　城 | 別に6町は町単位で設置 |
| 和歌山 | | 福　島 | |
| 香　川 | | 茨　城 | 別に1町は町単位で設置 |
| 大　分 | 連合支部が市郡単位に設置 | 石　川 | 金沢市のみ地区単位 |
| **市町村単位** | | 群　馬 | |
| 北海道 | | 福　井 | |
| 青　森 | 青森市のみ地区単位 | 長　野 | |
| 岩　手 | 大半が合併前の町村単位、一部は地区別に設置 | 岐　阜 | 別に3区は区単位で設置 |
| 秋　田 | | 三　重 | 別に1村は村単位で設置 |
| 山　形 | 山形市・天童市・東村山市のみ地区単位 | 滋　賀 | |
| 埼　玉 | | 兵　庫 | 別に1区は区単位で設置 |
| 千　葉 | | 奈　良 | |
| 山　梨 | | 岡　山 | 別に2区2町2村はそれぞれ区・町・村単位で設置 |
| 新　潟 | | 山　口 | |
| 富　山 | 富山市のみ地区単位 | 愛　媛 | |
| 静　岡 | | 福　岡 | 北九州市は合併前の旧支部が残存 |
| 鳥　取 | 鳥取・倉吉・米子の各市と岩美・日野郡は地区単位 | 熊　本 | |
| 島　根 | 松江・平田両市は地区単位 | **市郡区単位** | |
| 広　島 | | 東　京 | |
| 徳　島 | | 神奈川 | |
| 高　知 | 一部、郡内地区割り | 愛　知 | |
| 佐　賀 | 合併前の町村単位で設置 | 京　都 | |
| 長　崎 | 郡単位、地区単位で設置されているところもあり | 大　阪 | |
| 宮　崎 | 合併前の町村単位で設置 | | |
| 鹿児島 | | | |

出典：自由民主党全国組織委員会編『都道府県単位支部名簿』(同委員会，1964年)より筆者作成

　結成にあたって国会議員が会長に就任したものの，北海道連や熊本県連では地方議員が，広島県連や島根・鳥取県連では，すでに引退した国会議員が会長に就任している。また，地域支部の設置状況についても，表5-1にあるように支部の設置領域の単位を市郡単位に設定する県連もあれば，校区など地区単位で設定している県連もあった。
　このような県連組織の多様性は，1960年代後半を通じて，党本部の指導の下に地方組織の整備が進められたことによっても解消することはな

かった。第2章において述べたように，「三木答申」に代表される党近代化路線は，党の方針を浸透させることに重点を置いたピラミッド型の党組織の構築を目指すものであり，地方組織の整備もその一環として一律に進められた。なかでも支部の量的拡大が重視され，全市町村への支部の設置が県連に指示された結果，1958年には支部が設置されていなかった市町村が約1500あったのが[5]，1972年には約400まで減少している[6]。このように第2期には全市町村の9割に自民党の地域支部が設置されるに至ったのであるが，その実態はやはり県連ごとに大きく異なるものであった。例えば，群馬県連では，市郡単位にしか支部が設置されず，その機能も実質的には特定の県議の後援会的存在にとどまっていたのに対して，静岡県連では，全市町村への支部設置が進められるとともに，都市部の支部では分会も設置されている[7]。また，東部，中部，西部の3ブロックに分けて各地域支部の政調会長との会議が開催されるなど[8]，部分的ではあるが，地域支部を活用した政調活動も始められている。前述したように，党中央は県連に全市町村への支部の設置を指示したものの，各県連は，その地域の政治・社会状況に沿う限りにおいて，支部の設置を進めていったのである。

　さらに，党中央が自らの方針を地方組織に浸透させる運動員を十分に配置することができなかったことも，県連の多様性を残すことになった。第2章で述べたように，1966年に「党活動の行動的中核体」として組織広報員が設けられ，1968年までに1万5000名が委嘱された。しかし，高齢者が多く，その活動は活発ではなかった。また，県連事務局長の党本部直轄化や地方駐在員の増員なども議論には上がっていたが[9]，結局，それらは実現するには至らなかったのである。

　その結果，党の方針を地域に浸透させるため地方組織の機能を強化しよ

---

5　第6回自民党大会（1959年1月24日）における組織活動方針報告（自由民主党『自由民主党五十年史』資料編，154～155頁）。
6　『自由民主党年報　昭和47年度』。
7　自由民主党静岡県支部連合会編『自由民主党静岡県連二十五年史』（自由民主党静岡県支部連合会，1980年）569～570頁。
8　同上，574頁。
9　自由民主党第三次組織調査会組織小委員会答申（自由民主党編『自由民主党五十年史』資料編，808頁）。

うとする党中央の方針は，大半が失敗に終わった。しかし，県連にとっては，党中央の指示によって地方組織の整備を進めたことにより，自らの組織的な基盤が拡大したことを意味した。

第一に，全市町村の9割にまで地域支部が設置されたことによって，県連の組織網は県内の全域に張り巡らされることになった。第二に，党本部の全国組織委員会が展開した党員獲得キャンペーンによって，党員数も大幅に増加した。具体的には，1968年度には40万名だった登録党員数が，1972年度には96万と倍増している。もちろん，その大半は名簿の上だけの党員であったが，それでも1967年度には15万弱にとどまっていた党費納入者が，1969年度以降，30～40万台で推移するようになったことは[10]，県連の組織的基盤を，人材・資金の両面において強化するものであった。特に，「三木答申」を受けて，各国会議員の後援会員が多数入党し，地域支部の最低限の担い手が確保されたことは[11]，地域支部の組織的安定につながった。

このように，第1期を通じて，党中央の「党近代化」方針の下で，県連の組織的基盤は形成されるに至った。この組織的基盤を基礎的条件としながら，第2期の自民党内では，新たな地方組織が検討されるようになっていく。

1970年代の自民党は，70年代初頭に顕在化した都市化の進展や価値観の多様化，無党派層の増加といった社会・経済状況の変化に直面した。これらの変化は，自民党の支持者数を減少させた[12]。これに対して，自民党は支持層を広げるために，第2章で論じたように，自民党内では，党の方針を地域社会に浸透させることに重点を置いた組織ではなく，多様化した社会の要望を効率よく吸収することに重点を置いた組織が志向されるようになる。その結果，地方組織は要望吸収の媒体として位置づけ直され，その具体的な方法として，次のようなものが掲げられた。

---

10　自由民主党『党改革(党近代化)に関する提案資料集』(自由民主党，1977年) 275頁。

11　1971年7月24日における辻寛一組織活動調査会長のあいさつ(自由民主党編『自由民主党五十年史』資料編，827頁)。

12　的場敏博『現代政党システムの変容』(有斐閣，2003年)第4章第4節。

## (1) 保守系地方議員との連携強化

　第1期において，自民党では，地方組織の中心的な担い手として地方議員は位置づけられていなかった。実際，この時期に設置された組織調査会の答申では，地方組織強化の方策として地方議員を活用することについてはほとんど言及されていない。県議については，前述したように，保守系の大半が結党直後に自民党に入党し，県連運営の中心的存在となっていった。しかし，市町村議員については，自民党の組織化の方針で重要な役割を付与されていなかったこともあって，自民党の地方組織の活動に積極的に関与する者は必ずしも多くなかった。

　保守系地方議員との関係を強化するために，自民党は，第一に，1970年から全国町村長会や全国町村議会議長会などとの懇談を積極的に行うようになる[13]。その目的は「地方自治体のわが党政策に対する理解・協力と，その徹底をはかること」であった[14]。その後，これらの懇談会は，地方六団体との懇談会へと発展し，毎年開催されていくようになる。

　第二に，全国組織委員会によって，1973年に，各県連に地方議員連絡協議会の結成が指示されている[15]。その目的は「地方議会活動の中核である党所属地方議会議員ならびに保守系議員が地域住民とその接触を通じ党の政策のより深い理解をもとめる」ことにあった。すなわち，保守系地方議員が持つネットワークを利用して，地域住民のなかに自民党の支持を広げようとしたのである。地方議員連絡協議会は，1974年度までに，15都県(群馬，千葉，東京，山梨，新潟，富山，福井，滋賀，兵庫，和歌山，愛媛，佐賀，長崎，宮崎，鹿児島)に設置されている[16]。

　第三に，1979年に，「国民の地域社会への帰属意識の強まりとともに，

---

13　第2期の保守系地方議員については，村松岐夫・伊藤光利『地方議員の研究』(日本経済新聞社，1986年)を参照。
14　『自由民主党年報　昭和46年度』50〜51頁。
15　『自由民主党年報　昭和48年度』52〜53頁。
16　『自由民主党年報　昭和49年度』76〜78頁。地方議員連絡協議会の活動状況については，岡野裕行「政党地方組織の利益表出・集約機能の動態研究」(『学習院大学大学院政治学研究科政治学論集』第28号，2015年)が，2000年代の千葉県連を事例に明らかにしている。

地方議会の役割は重要性を増している」という認識に基づいて，全国組織委員会の中に地方議会局が設置された。その後，同局は，地方議員向け情報誌である「議員情報」を刊行するなど（1981年），地方議員との関係強化に努めていく。

このように，1970年代になると，自民党の組織化方針の中で，保守系の地方議員に地域住民とのパイプ役として積極的な位置づけが与えられるようになった。その際，彼らに自民党への入党を強いるのではなく，懇談会や協議会を設けることで，地域の事情などによって自民党に入党できない議員も含めて，保守系議員との関係を強化しようとしたのである。これも，前述した"政党色"を薄めた組織化の方針に基づくものであったと言えよう。

(2) 友好団体の組織化

前章で述べたように，第1期の自民党においては，職能組織は重視されていなかった。このことは，1970年の段階で，全国で職域支部がわずか24しか結成されていなかったことにも表れている[17]。しかし，第2期になると，得票数が減少するなか，自民党は，潜在的な支持層を掘り起こすため，積極的に各種団体の組織化を進めていく。その端緒となったのが，1973年に全国組織委員会から各県連へ各種団体連絡協議会の結成が指示されたことである[18]。これは「情報化社会の進展と，住民意識の高まる社会状況のなかで，地域，職域のオピニオン・グループとの連携を密接にし，広く大衆並びに機能団体の要求を吸収するとともに，その啓蒙をはかる」ことを目的とするものであったが，1974年度までに19県連（宮城，福島，群馬，千葉，東京，新潟，石川，福井，静岡，岐阜，奈良，和歌山，鳥取，愛媛，佐賀，熊本，大分，宮崎，鹿児島）に設けられている。さらに，党本部でも，各業種別中央団体連絡協議会が開催されている。

しかし，本格的に各種団体が自民党に組織化されるようになったのは，1983年から参議院議員選挙に比例代表制が採用されてからである。よく知られているように，自民党では，比例代表の名簿順位が，各候補者が集

---

17 『自由民主党年報　昭和45年度』51頁。
18 『自由民主党年報　昭和48年度』52頁。

めた党員数を基準にして作成されることになったため，各種団体は各県連に職域支部を設置し，その党員数は急増することになった。その結果，全国の職域支部は，1980年代後半には2500前後までに増加したのである。

### (3) 後援会との連携

　第2章で見たように，「三木答申」では，後援会は地方組織の発展を阻害するものとして捉えられてきた。そして，後援会的な存在が必要となる制度的要因として中選挙区制が挙げられ，小選挙区制の導入が検討されたのである。1960年代後半に後援会幹部を党員として地域支部に参加させる試みがなされたが，これもあくまで「過渡的措置」の一環として行われたに過ぎなかった。

　しかし，第2期になると，自民党は後援会の存在を積極的に認めることになる。その背景には，1973年に田中角栄首相が提案した小選挙区制案が，社会党を中心とする強硬な野党の反発によって，提出断念に追い込まれたことがあった。すなわち，小選挙区制案に対して野党が強いアレルギーを示したことは，自民党にその実現可能性が遠いものであることを再認識させることになった結果，中選挙区制下では半ば必要悪として後援会の存在を認めざるを得なくなったのである。さらに，前述したように，1970年代以降の自民党では，多党化の進展や無党派層の増大による自民支持層そのものの縮小が問題とされるようになっており，後援会による票の掘り起こしが評価される側面も見られるようになった。

　このような後援会に対する評価の変化は，全国組織委員会が，1973年に，各県連に各級議員後援会連絡協議会の結成を指示したことに表れている。これは，後援会関係者との連絡を強化し，地方組織運営の円滑化を狙ったものであった。1974年度までに，11県連(秋田，群馬，山梨，岐阜，奈良，鳥取，徳島，愛媛，福岡，大分，鹿児島)に，各級議員後援会連絡協議会が設置されるに至っている[19]。

### (4) 地域支部の機能変化

　第1期の自民党においては，地域支部は系統組織の基底部として位置づ

---

19 『自由民主党年報　昭和49年度』76～78頁。

けられ，その役割は，党の方針を浸透させることに重点が置かれていた。そして，前述したように，1960年代を通じて，地域支部の増設に力が注がれ，全国の市町村の9割までに設置されるに至っている。しかし，その担い手が不足し，地域支部の活動は全体として低調であった。

　このような状態に置かれていた地域支部に対して，1970年代の自民党は，その機能を地域社会の実情に適合させることで梃子入れを図っていく。具体的には，地域支部での政調活動を重視し，その担い手として市町村議員を充てることである。この点について，1979年に全国組織委員会で決定された「支部整備指導要綱」では，次のように述べられている[20]。まず，地域支部の下に，学校区や部落，町内会ごとに分会や班が設置されることが述べられている。これは，地域支部の活動をより地域に密着したものとすることを狙ったものである。前述したように，分会や班の設置自体はすでに1960年代後半から指示されていたことであったが，それはあくまで系統組織整備の一環であり，これらを政調活動に利用する発想が出てきたのは1970年代以降のことであった。すなわち，「支部整備指導要綱」では，日常活動強化の方策として「分会，班ごとに一般市民を含めた座談会を常時開催し，地域の要望を聴取するなど政調活動を強化する」ことが挙げられている。そして，その分会や班から提出された要望を，地域行政に反映させるために，支部政調会を，市町村議員を中心とした構成とすべきであるとされている。

　このように，党中央は，要望吸収に重点を置いた地方組織を整えていく際に，県連に対して様々なプランを提示した。ここで重要なのは，党中央は各県連に対して地域の状況に応じて柔軟に対応することを求めたことである。その結果，各県連では，党中央が挙げた種々の方法のうち，地域の政治・社会状況に適合的な方法に重点を置いて，組織の「変容」と「適応」を進めていった。その結果，結成以来存在していた県連組織の多様性は，1970年代を通じて，さらに強まっていった。

　換言すれば，各県連の組織的な特徴は，第1期から第2期にかけて，残存することになった。例えば，国会議員以外の人物が会長に就任する人事

---

20 『自由民主党年報　昭和54年度』41〜45頁。

慣行は，多くの県連で，すでに第1期に形成されたものであった。表5-2は，第1期・第2期を通じて，会長を国会議員でない人物が複数名務めている県連で，第1期・第2期の全期間と第1期で，国会議員でない会長が何名出ているのか示したものである。この表が示すように，第1期・第2期を通じて国会議員でない会長が複数出ている県連の多くで，そのような人事傾向がすでに第1期でも見られる。

また，前述した県連間における支部設置のあり方の違いも，第2期に多く残存している。表5-3は，前述した1964年における支部の設置単位ごとに県連をグループ分けし，各グループの，1987年における市町村数に対する地域支部設置数の割合（以下，支部設置率）を示したものである[21]。この表が示すように，1964年に設置単位の領域が小さい県連ほど，支部設置率が高くなっている，すなわちきめ細かく支部が設置されているのである。

さらに，次節で詳細に検討する県連会長・幹事長の交代頻度も，多くの県連で，第1期の傾向が第2期以降も継承されている。表5-4は，会長・幹事長の交代回数について，第1期と第1期・第2期を通じた期間との相関を示したものである。いずれも，両者の間には高い相関が見られる。

このように，第1期から第2期にかけて，各県連の基本的な組織的特徴は残存している。このことを前提に，次節では，県連組織の多様性に実態面から検討を加えていく。そのうえで，全国の県連の類型化を試みたい。

表5-2 非国会議員による会長職就任者数

|  | 第1期・第2期 | 第1期 |
|---|---|---|
| 山形 | 3 | 3 |
| 山梨 | 4 | 4 |
| 石川 | 3 | 2 |
| 岐阜 | 6 | 3 |
| 静岡 | 7 | 0 |
| 滋賀 | 2 | 2 |
| 奈良 | 2 | 1 |
| 和歌山 | 2 | 1 |
| 鳥取 | 2 | 1 |
| 島根 | 4 | 2 |
| 香川 | 5 | 3 |
| 福岡 | 3 | 2 |
| 佐賀 | 12 | 3 |
| 熊本 | 6 | 2 |
| 宮崎 | 2 | 0 |

---

21 1987年は，第2期における新しい組織化の方針が実際に定着した時期であると考えられる。実際，この時期，前年の総選挙で圧勝するなど，自民党の支持が回復していた。

表5-3　支部設置率（1987年）

| 地区単位 | | 市町村単位 | | 市郡単位 | | 市郡区単位 | |
|---|---|---|---|---|---|---|---|
| 栃木 | 96% | 北海道 | 110% | 宮城 | 86% | 東京 | 98% |
| 和歌山 | 100% | 青森 | 87% | 福島 | 100% | 神奈川 | 94% |
| 香川 | 212% | 岩手 | 94% | 茨城 | 55% | 愛知 | 59% |
| 大分 | 100% | 秋田 | 97% | 石川 | 91% | 京都 | 102% |
| | | 山形 | 93% | 群馬 | 31% | 大阪 | 78% |
| | | 埼玉 | 100% | 福井 | 100% | | |
| | | 千葉 | 90% | 長野 | 76% | | |
| | | 山梨 | 98% | 岐阜 | 100% | | |
| | | 新潟 | 100% | 三重 | 59% | | |
| | | 富山 | 100% | 滋賀 | 214% | | |
| | | 静岡 | 100% | 兵庫 | 91% | | |
| | | 鳥取 | 251% | 奈良 | 85% | | |
| | | 島根 | 86% | 岡山 | 42% | | |
| | | 広島 | 124% | 山口 | 100% | | |
| | | 徳島 | 46% | 愛媛 | 100% | | |
| | | 高知 | 100% | 福岡 | 32% | | |
| | | 佐賀 | 100% | 熊本 | 23% | | |
| | | 長崎 | 66% | | | | |
| | | 宮崎 | 10% | | | | |
| | | 鹿児島 | 80% | | | | |
| 平均 | 127% | 平均 | 102% | 平均 | 82% | 平均 | 86% |

表5-4　会長・幹事長交代回数
第1期×（第1期＋第2期）

| | 第1期（会長） | 第1期（幹事長） |
|---|---|---|
| 第1期＋第2期 | .858*** | .846*** |
| N | 45 | 46 |

※　$p < 0.01$
※　第1期（会長）N=45は沖縄県（返還前）と高知県（データ不明）を除いており，
　　第1期（幹事長）N=46は沖縄県（返還前）を除いたものである。

## 第2節　県連内の対立の調整

　各県連の組織運営のあり方は，県連内に存在する数々の政治的亀裂

(political cleavage)の影響を大きく受けている[22]。この政治的亀裂は，歴史的・地理的要因によって形成されたものである。その影響は長期間にわたることが多い。そのため，いったん形成された県連の組織運営のあり方は長らく継承される傾向にあり，基本的には，第1期から第2期にかけても大きく変容することはない。

　県連内には，この政治的亀裂によって種々の政治グループが存在している。この政治グループの種類について，片岡正昭は①代議士によるグループ，②地域グループ，③当選回数別グループ，④県特有のグループ（旧自由党系と旧民主党系など）を挙げている[23]。このうち，一般的に言って，①代議士によるグループと②地域グループが，長期間にわたって県連の運営に影響を与えることになる。なぜならば，これらのグループは，基本的には影響を及ぼす範囲が県連内にとどまる他のグループとは異なり，支持基盤と密接に結びついて形成されており，その分だけグループ間の調整が困難となるからである。そのため，多くの県連では，長期間にわたって代議士系列間あるいは地域間の対立の調整が大きな課題となり，そのことは県連運営のあり方にも大きな影響を与えてきたと思われる。よって，本研究においては，片岡が挙げた4種類の政治グループのうち，主に代議士によるグループと地域グループに着目しながら，各都道府県に存在するグループ間の対立が県連の組織構造にどのような影響を与えたのか考えていきたい。

　県連の組織運営のあり方を考える場合に重要となってくるのは，これらの政治グループ間の対立が実際にどのように調整されているのかという点である。そもそも，県連組織にとって，その第一義的な目的は，組織内における秩序の確保と組織の安定的な運営であり，県連内で生じた対立の調整のパターンは県連の日常的な組織運営のあり方も強く規定することになるからである。その調整のパターンとして，次の3つを挙げることができる。

(1) 県議ネットワーク

　いずれの県連においても運営の中心となるのは県議であり，県連内の秩

---

22　片岡正昭『知事職をめぐる官僚と政治家』（木鐸社，1994年）161頁。
23　同上，161〜166頁。

序維持にあたって第一に重要となってくるのは県議団の統一である。そのため，安定的な秩序を形成するには県議間での対立を調整する必要が生じてくる。多くの県連の場合，そうした調整は複数の県議によって行われるが，県内の社会・経済的対立が少ないなどを背景として，特定の有力県議を中心にした県議ネットワークが形成されることで強力な統制が行われてきた県連も存在する。例えば，茨城県連では，山口武平県議を中心にして県議団の団結が維持され，その指導体制が約20年間にわたって続いたことはよく知られている[24]。

このように強力な県議ネットワークが形成されている県連では，その秩序を乱す可能性があるものは排除する傾向が強い。場合によっては，国会議員間の対立が県連運営に持ち込まれることを排除するため，通常は国会議員が務める会長ポストまで有力県議が握ることがある。例えば，熊本県連では，結成以来，旧自由党系と旧民主党系の枠組で代議士系列間の対立が続き，1958年には県連が分裂するに至ったが，1962年に河津寅雄（全国町村会長）が県連会長に就任することで，県連の統一が図られている[25]。その後，河津が15年間にわたって県連会長を務めることで県連内の秩序が維持されたように，このような県連では，通例は国会議員が務めることになっている会長職に県議が長期間にわたって在任するケースが多い。

### (2) 代議士系列

一般的には，県連内での対立の調整は県議を中心に行われるが，特定の国会議員を中心に調整が行われる県連もある。これらの県連で国会議員が調整者の役割を果たすことができるのは，代議士系列の影響力が県連全体に及ぶためである。県連は各種選挙での公認の実質的な決定権を保持していることから，国会議員は県連の運営の中心的な担い手である県議を系列

---

24　山口武平伝刊行会編『自民党茨城県連会長山口武平伝』（同刊行会，2005年），山田真裕「知事選挙における敗北と県連体制の刷新」（『年報・政治学 2011－Ⅱ』，2011年），濱本真輔「県議自律型県連の形成と運営」（建林正彦編著『政党組織の政治学』東洋経済新報社，2013年）。

25　熊本県議会事務局編『熊本県議会史』第7巻(熊本県議会，1994年) 179〜182頁，南良平『戦後熊本の県政史』（熊本日日新聞情報文化センター，1996年）194〜199頁。

下に置くことで，県連への影響力を強めてきた。しかし，このことは必ずしも代議士系列が県連内の対立を調整する役割を果たしていることを意味しない。代議士系列のもたらす影響力はあくまでも衆議院議員の選挙区内に限られたものであるため，全県的なものにはなりにくいからである[26]。強力な代議士系列の存在は，かえって県連の統一を阻害することすらある。

ただし，代議士系列が全県にわたって発達している場合，県連内の秩序形成に代議士系列が大きな影響力を持つことがある。例えば，全県1区の衆議院選挙区を持つ県連では，代議士系列は全県に張り巡らされることになり，その枠組に沿って県連の運営がなされることになる。同様に，全県1区の衆議院選挙区でなくても，有力な国会議員によって代議士系列が衆議院選挙区を超えて形成されている県連においては，県連内の対立調整に国会議員が大きな役割を果たすことがある。

## (3) 地域支部の組織化

都道府県の面積が広い点などを要因として地域間の対立が強い県連では，調整者となり得るような有力な県議が存在しにくく，代議士系列の影響力も全県に及ばない。このような県連では，県知事選など県政の重要問題をめぐって県連は分裂しやすくなるが，その場合，対立軸が，単に県連内の政治グループの対立というだけではなく，地域間の対立など支持基盤全体にまで及んでいることが多い。そのため，分裂傾向にある県連では，これを克服する方法として，地域支部を強化することで支持基盤の県連への依存度を高めようとする動きが見られる。その結果，後述するように，これらの県連は，高い支部設置率を示している。

また，前述したように，1970年代において，地域支部での政調活動が重視されるようになっていくと，地域支部での要望吸収に重点を置いた政調システムが整備されていくことになる。

実際には，多くの県連では，これら(1)～(3)の調整のパターンを併用して調整が行われている。しかし，どのパターンで調整が行われることが多いのかは，県連の間で大きく異なっている。それでは，各県連は，(1)～(3)の

---

26 片岡『知事職をめぐる官僚と政治家』280頁。

どのパターンで調整されていることが多いのだろうか。

その手掛かりとして，本章では，各県連の会長・幹事長の在任期間の長さについて検討を加えていきたい。これらの役職を取り上げるのは，県連内で実質的に調整が行われている部分を把握することができると思われるからである。県連会長は，多くの場合，国会議員団の互選によって選ばれ，その代表として県連の運営に関わる。これに対して，県議から選ばれることが多い幹事長は，人事権や資金を掌握しており，県連の日常的な運営の中心となる存在である。このように会長・幹事長とも県連の運営にあたって重要な役割を果たしているため，その選出をめぐって，県連内で激しい抗争が起きることも珍しくはない[27]。それにもかかわらず，会長・幹事長が特定の人物によって長期間独占されているということは，その人物を調整者として県連内の秩序が保たれていることを示している[28]。逆に両ポストの交代が激しい県連は，調整を行う権力核の存在しない不安定な組織であると推測される。そして，多くの県連では結成以来，会長は国会議員が，幹事長は県議が務めてきたため[29]，どちらの在任期間が長いかによって，国会議員・県議のいずれが県連内における調整で実質的な役割を果たしているのか読み取ることができよう。ただし，県連会長については，前述したように，一部の県連で有力県議が長期間にわたって在任することがあるので，この点に注意しながら検討を進めていきたい。

---

[27] 例えば，熊本県連では，1976年から1978年にかけて，県連内の対立を背景にして会長を選出することができず，県議3名による合議代行が行われている。近年でも，群馬県連が，2007年度に幹事長ポストをめぐって激しい対立が生じた結果，前幹事長が1年間代行するに至っている。

[28] 自民党結党から50年間で，県連幹事長を4年以上務めた県議153名中136名が県議会議長を務めていること，彼らが国政に進出する際に，全県的な支持が必要とされる参議院議員になることが圧倒的に多いこと（衆議院議員—8名，参議院議員—19名）は，彼らが県連内で調整者としての役割を果たしていたことを示唆するものである。

[29] ただし，京都府連では，府議と京都市議が相互に幹事長に就任する人事慣行が採られてきた。また，大阪府連では1993年度まで，東京都連では2005年度まで，国会議員が幹事長に就任していた。他にも，国会議員が一時的に幹事長となるケースが見られるが，そのほとんどは1年以下の短期間の在任にとどまっている。

図5-2は、各県連の、第1期・第2期を通じた38年間における会長・幹事長の交代回数を見たものである。この図が示唆するように、多くの県連では、両者の交代回数の間に高い相関が見られる。実際、表

表5-5 会長交代回数×幹事長交代回数

|  | 会長交代 |
| --- | --- |
| 会長交代 | ─ |
| 幹事長交代 | .705*** |

N=47, ***p＜0.01

5-5が示すように、二つの変数には0.705の相関がある。これは、多くの県連では通常、会長・幹事長の人事が同時に行われているからである。

このように、多くの県連で会長・幹事長の交代回数の間に相関が認められるものの、その交代回数は一様ではない。実際、会長・幹事長の交代回数が合わせて10回の和歌山から、67回の滋賀まで県連によって大きく異なる。この差異は、県連内における秩序の安定度に大きな違いがあること

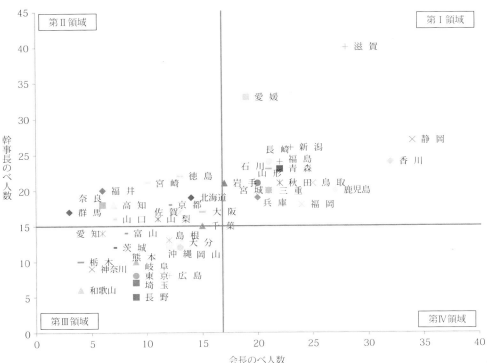

図5-2 県連会長・幹事長の交代回数

を示している。そして，その違いは，前述したような県連内に存在する政治的亀裂の大きさによって規定されたものであると推測される。

この政治的亀裂のうち，前述したように，本研究では，代議士によるグループと地域グループが県連内にもたらした亀裂を重視するが，このうち，より多くの県連の組織運営のあり方に影響を与えているのは地域グループ間の対立である。代議士系列間の対立は，前述したように，基本的には衆議院選挙区内にとどまるものであり，県連全体に影響を及ぼすケースは限られているのに対して，地域間の対立は，いずれの県連においても，多かれ少なかれ影響を与えるものだからである。

図5-3は，全国平均以上の面積を有する都道府県を示したものである。この図が示すように，概して面積の広い都道府県に設置された県連の多くが，県連会長・幹事長の交代回数が多い（第Ⅰ領域）。一般的に，面積が広

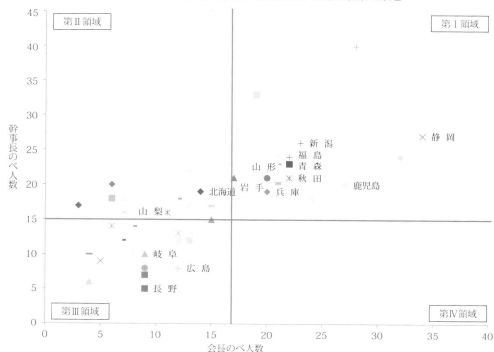

図5-3　全国平均以上の面積を有する都道府県の県連

い都道府県ほど社会・経済的な統一性が低くなり，地域間の対立が激しくなると言われているので，この図は，地域間対立の激しい都道府県ほど県連内の統一的秩序を保てず不安定であることを示している[30]。

　図5-2から，会長と幹事長の交代回数が大きく異なる県連が少数ながらも存在していることに注目したい。特に，群馬，福井，奈良，徳島，高知，宮崎などは，会長の交代回数が幹事長よりもはるかに少ない（第II領域）。これらの県連では，会長である国会議員が県連内における対立の調整において実質的な役割を果たしていることを推測させる。

　これらの県連で特定の国会議員が調整者の役割を果たすことができるのは，前述したように，代議士系列の影響力が県連全体に及ぶためだと考えられる。例えば，図5-4が示すように，代議士系列の影響力が強い全県1区の衆議院選挙区を持つ県連では，滋賀・鳥取の2県連を除いて，いずれも会長よりも幹事長の交代が少なく，しかも会長の在任期間が長期間にわたっている。他方，滋賀・鳥取の2県連が，全県1区でありながら他の類型に属しているのはいずれも，衆院選において，自民党候補者の「指定席」が決まっており，実質的に競争のない県であるため，国会議員の県連運営への関与が相対的に少なく，全県区でありながら他の類型に属したものと思われる。この点については，本章第四節で後述する。

　全県1区の衆議院選挙区でなくても，有力な国会議員によって代議士系列が衆議院選挙区を超えて形成されている県連の場合，同様の人事傾向が見られる。その典型例が，福田赳夫・中曽根康弘両議員の系列が全県にわたって発達した群馬県連である。同県連では，第6章でも見るように，衆議院議員の長谷川四郎が，商業会議所や県議会で培った交渉能力から，福田・中曽根両派を調整する役割を期待されて，約20年間にわたって会長職を占めていた。しかし，一般的には代議士系列が衆議院選挙区を超えて発達することはないので，群馬県連のようなパターンはほとんどない。かろうじて，岸信介や佐藤栄作，安倍晋太郎ら派閥の領袖を多く出した山口

---

30　このうち，岐阜県連では，県の面積が広いのに会長・幹事長の交代回数が少ない（第III領域）のは，岐阜県は主に岐阜地域（岐阜市周辺の9市町）のみで県内総人口の39％とおよそ4割の人口を占めており，一地域に人口が集中しているためだと考えられる。

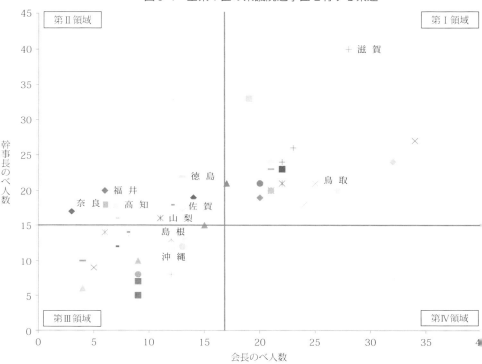

図5-4 全県1区の衆議院選挙区を有する県連

県連に，その傾向を見ることができる。

　会長の任期が短いのに比べて幹事長の任期が圧倒的に長い県連（第Ⅳ領域）は存在しない。これは，前述したように，有力県議によって県連の統一が保たれている県連の場合，幹事長だけでなく会長も特定の県議によって長期間独占される傾向が強い（第Ⅲ領域）からである。

　以上の検討から，県連内の調整のあり方に重点を置いた場合，県連の類型を次の3つに分けることができよう。第一の類型（第Ⅲ領域）は，有力県議を中心にして県連内の調整が行われている県連である。第二の類型（第Ⅱ領域）は，代議士系列によって県連内の秩序が維持されてきた県連である。そして，第三の類型（第Ⅰ領域）は，国会議員・県議とも秩序形成の中心となり得ない県連である。次節以降では，この3つの類型を，それぞれ「県議ネットワーク型県連」，「代議士系列型県連」，「組織積み上げ型県連」

とし，その組織的特徴について検討を加えていきたい。

ただし，ここで留意しておきたいのは，各領域に属する県連全てがこれから記述する類型と同様の性格を有しているわけではないことである。前述したように，県連組織はそれぞれの「地方の論理」に照らし合わせながら形成されており，地域性が色濃く反映している。そのため，微細な点まで重視するならば，47通りの組織類型があるということになる。しかし，本研究においては，一定の条件とこれに対応する類型に到達することができるならば，たとえ多少の曖昧さが残っているとしても，暫定的な結論としておきたい。すなわち，前述した3類型ごとに，それぞれ属する県連の組織構造の中から，一定の傾向を抽出することを目的とする。

## 第3節　県議ネットワーク型県連

県連の会長・幹事長ともに交代回数が少ないことは，県連内の秩序が安定的に維持されてきたことを示している。県連の運営の中心は県議であるため，これらの県連では，県議団を中心に統一が比較的保たれてきたと考えられる。他方，前述したように，県議団の統一を阻害するものは県連の運営から排除する傾向が強く，通常は国会議員が務める会長職も県議が務めるケースが多い。

図5-5は，第1期・第2期を通じて，会長に国会議員以外の人物が就任したことがある県連を挙げたものである。このうち，国会議員以外が会長に在職している期間が平均以上の県連を網掛けしている。この図が示しているように，県議ネットワーク型県連（第Ⅲ領域）では，会長職を国会議員以外が長期間にわたって務めるケースが多い。具体的には，第1期・第2期で通算して，熊本県連で約33年間，和歌山で約22年間，岐阜県連で約20年間，県議が会長職に就いている。これらの県連では，このような会長を長期間にわたって務めた有力県議を中心にして形成されたネットワークによって県連内の秩序が維持されてきたのである[31]。

---

31　例えば，熊本県連では河津寅雄，小材学，和歌山県連では坂久五郎，岡本保，岐阜県連では古田好の各会長によって，県議団の統一が長期にわたって維持されてきた（南『戦後熊本の県政史』，和歌山県政史編さん委員会編『和歌山

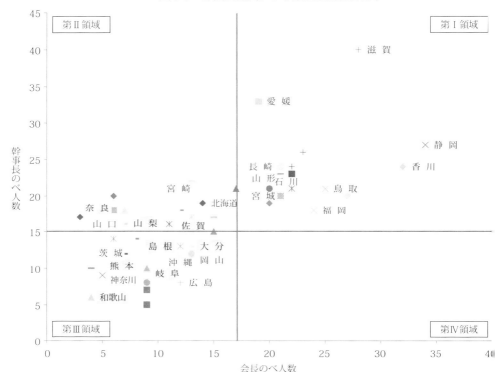

図5-5 非国会議員による県連会長職占有率

　このように県連の秩序が安定的に保たれていることは，組織強化のインセンティヴを少なくするものである。図5-6は，1987年の支部設置率が，101％以上の県連を薄い網掛けで，78％（＝支部設置率が100％に至っていない県連での平均支部設置率）以下の県連を濃い網掛けで示したものである。この図が示すように，支部設置率が低い県連の中では県議ネットワーク型県連が多い。特に，熊本県連は23％と全県連の中で最も支部設置率が低くなっている。

---

県政史』第4～5巻，和歌山県，1980～2002年，岐阜新聞社出版局編『わっちの半生』岐阜新聞社，1993年，古田好『ふるさと岐阜に生きて』中日新聞本社，2002年）。

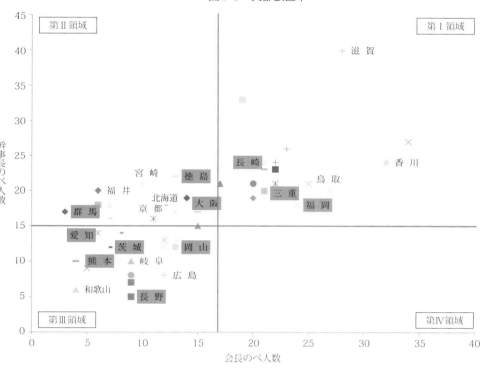

図5-6 支部設置率

前述したように，1960年代から1970年代初頭にかけて，自民党本部は党近代化路線の一環として全市町村への地域支部設置を県連に指示していた。その結果，各県連で地域支部の設置が進められ，多くの県連では支部設置率が100%近くになったのであるが，県議ネットワーク型県連では，その動きが鈍かったと思われる。

## 第4節 代議士系列型県連

代議士系列を中心にして県連内の秩序が維持されている県連（以下，代議士系列型県連，第Ⅱ領域）では，図5-5が示すように，結成以来，会長職に国会議員以外が就任したことがない県連が多い。これは，前述したよ

うに，国会議員の会長に代議士系列間の対立を調整する役割が期待されているからである。他方，幹事長は，群馬県連のように，派閥均衡・年功序列型人事が適用されることが多く，交代回数は相対的に多くなっている。

代議士系列を中心にして県連内の秩序が形成されていることは，必ずしも県連の統一にプラスに働かない。例えば，片岡正昭が指摘するように，代議士系列型県連に多くが分類される全県1区の衆議院選挙区を持つ県連で，代議士系列間の対立によって，県知事選挙で県連の分裂が生じている[32]。同様に，群馬県連でも，第7章で見るように，県知事選候補をめぐって福田・中曽根両派の間で激しい対立が繰り返されてきた。

このように県議を中心として地方議員が代議士系列に強固に組織化されていることは，一般的には党組織の発達を阻害するものであると考えられている[33]。実際，この類型に該当する県連は，群馬県連で31％，徳島県連で41％など，支部設置率が低い県連が多く見られる（図5-6）。

## 第5節　組織積み上げ型県連

国会議員・県議とも秩序形成の中心となり得ない県連では，代議士系列とは異なる政治的亀裂が大きく，県連の秩序が不安定になっていることが多い。例えば，静岡県連では，第8章で見るように，東部・中部・西部といった地域間の対立が現在でも県連の統一を困難にしている。福島県連や鳥取県連でも同様の地域間の対立が見られる[34]。また，愛媛県連では，結成以来，地主や実業家などの名望家を中心にした「旧保守派」と農協を基盤とする「保守革新派」の対立が1960年代半ばまで続いていた[35]。

このように各県連に独自に存在する政治的亀裂は，一般的に，県連の運営にあたって代議士系列間の対立よりも調整が困難である。あくまで国政選挙での枠組に過ぎない代議士系列間の対立とは異なり，その対立

---

32　片岡『知事職をめぐる官僚と政治家』280〜282頁。
33　升味準之輔「自由民主党の組織と機能」（升味『現代日本の政治体制』岩波書店，1969年）。
34　片岡『知事職をめぐる官僚と政治家』162〜163頁。
35　北原鉄也「白石県政と愛媛『保守王国』体制」（星島一夫編著『白石春樹の研究』啓文社，1993年）72〜74頁。

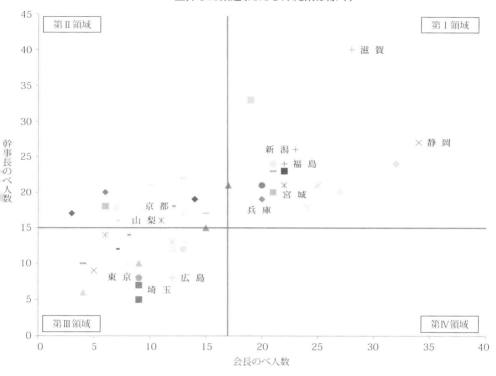

図5-7 1964年から1987年にかけて支部設置率が全国平均以上に上昇した県連(ただし沖縄県は除く)

の背景には，地域間の対立のように，支持基盤間の対立が存在しているからである。

そのため，このような県連では，前述したように，支持基盤を支部として県連に組織化することで県連内の秩序を安定化しようとする動きが見られる。この類型に該当する県連(以下，組織積み上げ型県連，第Ⅰ領域)では，支部設置率が100%を超える県連が多い。支部設置率が高い上位3県連(鳥取県連―251%，滋賀県連―214%，香川県―212%)はいずれも，この類型の県連に該当している。前述したように，1960年代から1970年代初頭にかけて，自民党の組織調査会は全市町村に支部を設置することを県連に指示していたが，これらの県連では，学区・地区単位での支部設置

表5-6 衆院選の全県1区で

|  | 定数 | 1960年 | | | | 1963年 | | | |
|---|---|---|---|---|---|---|---|---|---|
|  |  | 自民立候補者数 | 自民当選者数 | 他党立候補者数 | 他党当選者数 | 自民立候補者数 | 自民当選者数 | 他党立候補者数 | 他党当選者数 |
| 山梨全県区 | 5 | 4 | 4 | 社会3 | 社会1 | 4 | 4 | 社会2 | 社会1 |
| 福井全県区 | 4 | 4 | 3 | 社会2 | 社会1 | 4 | 3 | 社会2 | 社会1 |
| 滋賀全県区 | 5 | 4+1(無所属) | 3+1(無所属) | 社会2, 民社1, 無所属1 | 社会1 | 3 | 3 | 社会2, 民社1 | 社会2 |
| 奈良全県区 | 5 | 5 | 4 | 社会2, 民社1 | 社会1 | 5 | 3 | 社会2, 民社1 | 社会2 |
| 島根全県区 | 5 | 4 | 4 | 社会1, 民社1 | 社会1 | 4 | 4 | 社会2 | 社会1 |
| 鳥取全県区 | 4 | 3 | 3 | 社会2 | 社会1 | 3 | 3 | 社会2 | 社会1 |
| 徳島全県区 | 5 | 5 | 4 | 社会1, 民社1 | 社会1 | 5+1(無所属) | 4+1(無所属) | 社会1, 民社1 | 0 |
| 高知全県区 | 5 | 4 | 4 | 社会1, 民社1 | 社会1 | 4 | 4 | 社会2 | 社会1 |
| 佐賀全県区 | 5 | 5 | 3 | 社会2, 農民政治連盟1 | 社会1, 農民政治連盟1 | 4 | 3 | 社会2, 無所属1 | 社会2 |

を進めていったのである。また，支部設置率は100%にとどまるものの，静岡県連では，第8章で検討するように，全地域支部に分会を設置するなど支部の強化が図られている。

このような地域支部整備への積極的な姿勢は図5-7からも明らかである。図5-7は，1964年当時，市町村単位で支部が設置されていた県連の平均支部設置率（＝85%）を下回っていた県連のうち，1987年の段階でそれを上回った県連を挙げたものである。すなわち，1960年代から1970年代初頭にかけて，どの県連が地域支部の設置に積極的だった県連を示すものであるが，組織積み上げ型県連に該当する県連が多い。

前述したように，全県1区の衆議院選挙区を持つ県連では，一般的に代議士系列の県連運営に対する影響力が強い。しかし，全県1区の衆議院選挙区を持つ県連のうち，滋賀・鳥取の両県連は，組織積み上げ型県連の特徴を有している。その要因として，これらの県連では，衆院選での競争率

の選挙結果

| 1967年 | | | | 1969年 | | | |
|---|---|---|---|---|---|---|---|
| 自民立候補者数 | 自民当選者数 | 他党立候補者数 | 他党当選者数 | 自民立候補者数 | 自民当選者数 | 他党立候補者数 | 他党当選者数 |
| 3+1(無所属) | 2+1(無所属) | 社会2 | 社会2 | 3 | 3 | 社会2, 公明1 | 社会2 |
| 3 | 3 | 社会2 | 社会1 | 3 | 3 | 社会2, 民社1 | 0 |
| 3 | 3 | 社会3, 民社1 | 社会2 | 3 | 3 | 社会2, 民社1 | 社会1, 民社1 |
| 4 | 2 | 社会2, 民社1 | 社会2, 民社1 | 4 | 3 | 社会2, 民社1, 公明1 | 公明1, 民社1 |
| 4 | 4 | 社会2 | 社会1 | 4 | 4 | 社会2 | 社会1 |
| 3 | 3 | 社会2 | 社会1 | 3 | 3 | 社会2, 公明1 | 社会1 |
| 5 | 3 | 社会1, 民社1, 公明1 | 社会1, 公明1 | 4 | 3 | 社会2, 公明1, 民社1 | 社会1, 公明1 |
| 4 | 2 | 社会2, 公明1 | 社会1, 公明1 | 4 | 3 | 社会2, 公明1, 共産1 | 公明1, 共産1 |
| 4 | 3 | 社会2 | 社会2 | 4 | 4 | 社会2 | 社会1 |

が低かったことが挙げられる。表5-6は，県連組織が確立される1970年代以前における全県1区での衆院選の選挙結果を示したものである。この表が示すように，滋賀・鳥取両県では，1963年以降，自民公認候補者が毎回全員当選しているのである。その結果，この両県連では，国会議員が代議士系列を通じて県連の運営に関与しようとするインセンティヴが弱くなったと思われる。鳥取県連で，県連内に国政レベルの争いを持ち込まないというルールが存在し，それを国会議員も受け入れていたことは，その可能性を支持していると思われる[36]。

次章以降では，事例分析として，各類型の典型的な県連を選んで検討を行っていく。第6章では，県議ネットワーク型県連の代表的な事例として，熊本県連について検討を加える。熊本県連は，県連会長の国会議員占

---

36　片岡『知事職をめぐる官僚と政治家』60頁。

有率が約13％と佐賀県連（約8％）に次いで低く，支部設置率は23％と全県連のなかで最も低い数値を示している。すなわち，熊本県連は，県議の長期間にわたる会長在任，低い支部設置率，という県議ネットワーク型県連の2つの特徴を典型的に有している県連である。

　第7章では，代議士系列型県連の典型例として，群馬県連の組織実態について見ていく。その際に，選挙区制度の改正によって代議士系列型の組織構造が変容しつつある高知県連と比較しながら検討を進めていく。群馬県連の，第1期・第2期を通じた県連会長の就任者数は4人であり，全県連の中で最も少ない。しかも，その全員が国会議員である。また，支部設置率31％も全県連のなかで熊本県連に次いで低い。このように，群馬県連は，国会議員の長期間にわたる会長在任，低い支部設置率，という代議士系列型県連の2つの特徴を典型的に有している。他方，高知県連は全県1区の衆院選選挙区を抱えていたため，結党以来，代議士系列が発達してきた。しかし，それは選挙制度に強く規定されたものであったため，小選挙区比例代表制の導入によって，系列は弱体化し，現在は支部組織が重視され始めている。

　第8章では，組織積み上げ型県連の代表的な事例として，静岡県連の組織実態について分析する。その際に，かつては県議ネットワーク型県連の特徴を有していたが，現在では組織積み上げ型県連の性格を強めている愛媛県連と比較しながら検討していく。静岡県連は，全県連のなかで会長・幹事長の交代回数の合計が2番目に多い県連である。このことが示唆するように，県連内に秩序形成の中心となりうる国会議員，県議が存在しなかったため，結成以来，分裂を繰り返してきた。そして，それを克服するため，支部の高度の組織化が進められた典型的な県連である。これに対して，愛媛県連は，かつては白石春樹という有力県議によって強い県議団の統制が行われていた。しかし，白石引退後，県議団は分裂したため，県連では，それを克服する方法として，地域支部からの要望を吸収するシステムが整備されていった。しかし，静岡県連とは異なり，愛媛県連では，元々県議団を中心に発展してきた経緯もあって，支部組織の整備も県議団の統一に重点が置かれる方向で発達していくことになるのである。

# 第6章
# 県議ネットワーク型県連

　本章では，県議ネットワーク型県連の代表的な事例として熊本県連を取り上げ，その組織構造について検討を加えていく。前章で述べたように，熊本県連の組織構造の最大の特徴は，県議団の統一に重点が置かれた意思決定構造が確立していることである。このような組織構造は，結成から3年後に生じた県連の分裂を克服していく過程で形成されたものである。以下，1958年に県連が分裂し，その後再建されていく過程を通じて，熊本県連の組織構造の形成過程を見ていきたい。

## 第1節　歴史的経緯

　熊本県は，戦前から政争が激しい地域であった。昭和戦前期には，安達謙蔵，小橋一太，大麻唯男，松野鶴平といった大臣を務めた有力な政党政治家を出しており，その影響下にあった地域の有力者の間で激しい対立が引き起こされていた[1]。この対立は，熊本県連の組織運営にも大きな影響を及ぼすことになる。すでに県連結成の段階で，会長職をめぐって旧自由党系・旧民主党系の間で激しい対立が生じていた[2]。その後も，両派の対立が解消することはなく，1957年には県議会議長のポストをめぐる争いから，

---

1　戦前の熊本県の政治状況については，熊田益貴編『熊本縣政攪亂史』（熊本出版社，1959年），『熊本県議会史』第1～4巻（熊本県議会，1963～1975年）。
2　以下，熊本県連の分裂についての記述は，南良平『戦後熊本の県政史』（熊本日日新聞情報文化センター，1996年）に多くを負っている。

県議会の自民党県議団から旧民主党系の「公有会」が独立するに至っている。さらに，1959年1月の県知事選をめぐって県連は完全に分裂することになる。

この県知事選で，四選を狙う桜井三郎知事の出馬に対して，旧自由党系の自民党県議団の間には反発が強かった。桜井知事の下で熊本県は財政再建団体となり公共事業が大幅に削減されることになったからである。そして，1958年6月には自民党県議団が単独候補の擁立を表明するに至っている。その後，同年9月，旧自由党系は抜き打ち的に自派の総務だけで県連総務会を開催し，県連として参議院議員の寺本広作を推薦することを決定している。

しかし，この決定に対して旧民主党系は反発し，総務会を別に招集した。この総務会には同派の総務が中心となって出席し，知事選挙で桜井三郎，参議院議員選挙で松野鶴平，寺本広作を擁立することを決定している。こうして県連の分裂は決定的となったが，この事態に対して，県連会長で旧自由党系の野上進参議院議員は調整にあたったが失敗に終わり，混乱の責任をとって辞表を提出した。また，同じく旧自由党系で当時参院議長の地位にあった松野鶴平が，桜井を参院選に，寺本を知事選に出馬させる「平和交代」を提議して調整に乗り出したが失敗に終わっている。国会議員間でも知事選の候補者をめぐって対立が生じている段階で，一部の国会議員が調整にあたっても有効に機能しなかったのである。かくして，県知事選に県連が分裂したまま突入し，結局，寺本が36万9501票，桜井が35万7395票と僅か1万票差で，寺本が当選することになる。

知事選で決定的となった県連の分裂は，その後も解消されなかった。結局，分裂から4年後の1962年になってようやく，小国町長の河津寅雄が新会長に就任することで県連の統一が果たされることになる。当時全国町村会長の地位にあった河津は，そのネットワークを通じて，旧自由・旧民主の両派とも関係を持っており，調整者との役割が期待されての会長就任であった。実際，元々旧自由党系に属していた河津は，県連幹事長には旧民主党系の園田清充・田代由紀男を据えるなど，16年間にわたって両派の勢力均衡に意を払った県連運営を展開した[3]。河津死去後も，澤田治男，

---

3　坂田大『河津寅雄伝』（蘇麓社，1981年）169〜175頁。

小材学，北里達之助など県議出身の会長によって，県議団の統一に腐心した県連運営が展開されていった。

もちろん，その下でも代議士系列間の対立は県連の統一を阻害することがあった。例えば，1979年の総選挙の際には，松野頼三派の澤田治男会長が，ダグラス・グラマン事件によって議員辞職に追い込まれた松野の「みそぎ選挙」を成功させるために，強引に県連公認を出したことをめぐって深刻な対立が生じている[4]。松野の県連公認のあおりを受けて，同じ選挙区の新人候補者である北口博が無所属での出馬を余儀なくされ，北口派の県議が公然と県連批判を展開したのである。その結果，北口は当選したものの，同派の県議4名は県連から除名されている。その後，彼らは復党するが，県連内で反澤田の動きを展開する。そして，1983年の知事選候補者選定の際には，現職の沢田一精知事を擁立する澤田会長の調整案に対して彼らが反発し，結局，参議院議員の細川護熙が公認されるに至っている。しかし，全体的に見れば，こうしたことは例外的であり，熊本県連は県議出身の会長の下で，県議団の強い統一が保たれていると言えよう。

このような県議団を中心とした県連運営のあり方は，県連と地域支部や保守系の市町村の首長，議員との対立を引き起こすこともあった。その事例として，三全総で指定された球磨モデル定住圏の中心である人吉市との対立を見ていきたい[5]。

球磨モデル定住圏は，人吉市を中心に1市4町9村で構成されていたが，その中核都市である人吉市長の永田正義の強力なリーダーシップによって定住圏整備計画の立案が進められた[6]。永田は，自然公園都市を構想し，その前提となる九州縦貫自動車道などの交通体系の整備については，中野正剛の秘書時代に培われた人脈を活かしながら，中央・地方の政治家に積極的に働きかけた。

このように人吉市で開発計画が準備されるなか，以前から懸案となっていた川辺川ダム建設問題が浮上することになる。川辺川ダムの建設に対し

---

4　佐方泰之『気骨の人・小材学　怒涛の如く』(創思社，1986年) 224〜227頁。
5　三全総については，第2章を参照。
6　永田正義『ふれあいの町うるおいのまち』(中央法規出版，1983年) 136〜137頁。

て，熊本県連内では会長の河津寅雄をはじめとして積極的な意見が多かったという[7]。しかし，地元ではダム建設に反対の声が強かった。特に，球磨川の渓流が観光資源である人吉市の反発は強く，市議会が建設省に対してダムの見直しを求めていた[8]。その中心となったのは，自民党の人吉支部長を務める市議であった。また，永田市長も議会がダムに反対することを側面支援していたという。

しかしながら，このような人吉市挙げての反対は，川辺川ダム基本計画が県議会で可決されることによって強引に押し切られることになる。その結果，人吉市側は代替案として提示された可動堰やウォーターシュートの設置を受け入れざるを得なくなり[9]，モデル定住圏計画も川辺川ダム建設を前提として立案されることになった。この一連の過程が示すように，県連は地域支部や市町村の反対を強権的に押し切って，ダム建設を進めていったのである。

熊本県連では，地域支部や市町村議員の関与が少なく，県議団を中心として県連運営が続けられた結果，県議団の統一に重点が置かれた熊本県連の組織構造が形成されていったのである。

## 第2節　組織

### 1．県連組織（役職人事と意思決定）

熊本県連の運営の中心となっているのは会長と県連三役である。会長には，町長や県議など有力な地方政治家が長期にわたって就任するケースが多い。結成以来50年間で，国会議員が県連会長に就任した期間は9年間に過ぎない。また，国会議員の就任者のうち，野上進と澤田一精も，それぞれ県議・県知事を10年以上務めており，地方政治家としての性格を強く持つ人物であった。このような会長の人事傾向は，前述した河津のよう

---

7　熊本日日新聞社取材班『「脱ダム」のゆくえ』（角川学芸出版，2010年）114頁。

8　福岡賢正『国が川を壊す理由』（葦書房，1994年）182～185頁，高橋ユリカ『川辺川ダムはいらない』（岩波書店，2009年）50～56頁。

9　永田『ふれあいの町うるおいのまち』35～36頁。

に，会長には代議士系列間の対立を調整することが期待されているからである。

　県連会長は候補選考委員会で選任され，県連大会で正式に承認される。実質的な選考が行われる会長候補選考委員会のメンバーは国会議員が2名に対して，県議が5名であるなど，県議を中心とする構成となっている。多くの県連で会長は国会議員の互選によって選ばれるが，選考委員会の構成からも熊本県連では県議の意向が重視されている様子が窺われる。

　県連三役は規約上，会長の指名によって選任され，その他の役員は会長・三役にて選任されることになっており[10]，会長の意向に重点が置かれた役員選考が行われている。多くの県連では，役員選出にあたって県連大会での承認が必要とされるが，それを必要としない点にも会長の人事権の強さが現れている。

　このように，熊本県連では，県議団の意向を重視して会長が選出され，その会長の主導によって三役以下の役員人事が行われている。県連会長による県議団の統一に重点を置いた人事システムであると言えよう。

　熊本県連における最高議決機関は県連大会と総務会である。県連大会は，2年に1度，地域・職域支部や青年局・婦人部の代表などが参加して開催される。主な機能は，県連会長の選任と規約の改正である。しかし，県連会長は前述の選考委員会で事実上選出されており，大会での審議は形式的なものとなっている。しかも，熊本県連では，他県連では通常行われる役員の承認も行われない，また多くの県連では毎年開催される大会が2年に1度しか開催されないなど，他県連と比べて大会の位置づけが低いように思われる。

　総務会は，県連の運営や党活動に関する重要事項を審議することになっているが，実質的には公認の決定が中心的機能となっている。総務会のメンバーは，青年局や婦人部・職域支部などの代表で構成されるが，党所属の県議全員も参加するので，その多数は県議によって占められている。また，他の県連では通常総務会のメンバーとなっている地域支部の代表が入っていないことも，熊本県連の大きな特徴である。

　熊本県連における通常の決定は，会長＋県連三役→役員会→県議団総会

---

10　ただし，県議団団長は県議団での選考を尊重するように定められている。

という順序で行われている。この過程を通じて，全県議の承認を得ることに重点が置かれている。他方，国会議員との調整は，必要に応じて国会・県連代表者会議を開催することで行われている。

このように，熊本県連では，国会議員との連絡を保ちつつも，県議団の統一に重点が置かれた意思決定がなされている。他方，地域支部の関与については，総務会のメンバーに地域支部の代表が入っていない，制度的には唯一地域支部の代表が参加する場である県連大会が2年に1度しか開催されないなど，他県連と比較して圧倒的に少ない。

## 2．支部組織

次に，いずれの県連でも，主要な支部である地域支部と職域支部について，組織構造を見ていきたい。党則上は，両支部は「郡市区町村その他一定の地域又は職域」を単位として設置されるものと定められているだけであり，厳密に一つの支部が管轄する領域を規定していない。そのため，各県連によって基礎単位となる地域や職域の規模が大きく異なっており，実際に置かれている支部数もさまざまである。熊本県連では，第5章でも述べたように，1987年の市町村に対する地域支部の設置率が23％と，全県連のなかで最も低い（144頁，現在の地域支部数は非公開）。支部長は公職経験者など地元有力者がなっており，地方議員がなることは少ないようである。その活動は低調で，地域支部の組織化が進んだ県連の大半で設置されている班や分会も設けられていない。県連内でも，地域支部は各県議の後援会活動の一つとしてしか認識されていないようである。

職域支部は，2012年段階で28支部存在する。その大半は，全国的な利益団体の「熊本支部」として置かれたものである。ただし，県連組織外に各種業界団体協議会が設けられ，その代表者が県連の総務会に参加するなど，職域支部とは別の形で多くの利益団体の組織化が図られている。

このように，熊本県連では，地域支部の活動は概して低調である。他方，利益団体は協議会を通じて緩やかではあるが，幅広く組織化されている。

## 第3節　政策形成過程

### 1．政調会の構成

　熊本県連の政調会では，会長，副会長の下に，総務，厚生，経済，農林水産，建設，文教治安の6部会が設けられている。これは，県議会の常任委員会と完全に対応している。また，部会長が常任委員長，副部会長が副委員長を兼ねていることが示すように，政調会での審議は，県議会での審議と完全に一体化している。そのため，政調会での決定は，自動的に県議会での自民党会派の決定となる。部会での審議は，定例議会の開催時を中心に県側からの説明が頻繁に行われ，極めて活発に行われている。

### 2．要望の取りまとめと政策審議過程

　熊本県連では，団体からの要望については，職域支部や130ほどの利益団体からのヒアリングを通じて吸収されている。これに対して，地域からの要望は，基本的には県議を通じて集約されることになっている。その際に，地域支部が活用されることはない。他に，利益団体，市町村長，市町村議会議長などが参加する会合が頻繁に開催されている。

　このように県連を通じて集められた地域・団体の要望は，県当局に働きかけられ，その予算案に反映される。ここからは県予算案の編成過程を見ていきたい。

　熊本県連では1月になると予算案のヒアリングが行われる。このヒアリングには，全県議が参加し，編成中の次年度予算案の概要について県庁各部から説明が行われ，それに対して議員側から質問がなされる。その後，1月下旬にかけて，県側との間で折衝が行われる。

　熊本県連では，県庁側との折衝の際に部会の果たす役割が大きいようである。頻繁に6部会の合同会議（全県議が参加）が開催され，県執行部との交渉がなされている。その過程を通じて，県側は県連側の要望を吸収し，それを踏まえたうえで最終的に県提出の予算案が決定されるのである。

　これまで見てきたように，熊本県連では，地域の要望は，県議の個人的ネットワークを通じて吸収され，地域支部がその役割を果たすことはない。彼らが吸収した要望もまた，彼らのネットワークを通じて，県の政策

過程へと反映されることになる。他方，市町村での政策過程に県連が制度的に関与することはない。このことは，地域支部での政策活動がほとんど行われていないことにも見ることができる。このように，熊本県連では，県議を中心にして，地域の要望の吸収，その政策過程への反映がなされており，県連－支部の系統組織が果たす役割は皆無に等しい。他方，団体からの要望吸収については，職域支部や利益団体とのヒアリングが頻繁に行われているなど極めて活発である。

## 第4節　公認候補決定過程

次に，公認候補決定過程を見ていきたい。まず，従来の各級選挙での候補者選出過程を明らかにし，そのうえで近年，熊本県連が導入した公募制について検討していきたい。

### 1．衆議院議員候補者

熊本県連では，他の県連と同じく，衆議院議員候補者公認の手続きは，次のように行われる。まず，希望者が地域支部へ公認を申請し，続いて地域支部から県連へ公認の申請がなされる。その後，県連の総務会で承認を得たうえで党本部へ上申される。しかし，実際には，支部の関与はほとんどなく，国会議員や県議が中心となって候補者の選定が行われてきたようである。選挙制度改革後に初めて行われた1996年の衆院選で，自民党は熊本2区が空白区となっていた[11]。同選挙区には，かつては自民党に所属し，強固な地盤を有する新進党の野田毅が出馬を予定しており，これに対抗できる候補者を東家嘉幸衆院議員が中心となって探していた。そのなかで，建設官僚であった林田彪に白羽の矢が立ち，熊本2区の県議を中心に出馬が打診され，公認候補者に内定している。このように，衆院選での公認候補決定については，国会議員の関与が見られるとともに，地元選出の県議の意向が重視されている。実際，選挙戦では，元々野田の地盤であっ

---

11　以下，熊本2区の公認候補決定のプロセスは，秋吉貴雄「『保守王国』の崩壊」（白鳥浩編著『政権交代選挙の政治学』ミネルヴァ書房，2010年）を参照にした。

たにもかかわらず，熊本2区の自民党県議は全員，林田の選挙組織に参加している（ただし，林田は落選し，その後，1999年に比例で繰り上げ当選した）。衆院選の候補者決定過程においても，国会議員と連絡を保ちながら県議中心で運営を行う熊本県連の組織構造を見ることができよう。

## 2．地方議員候補者

次に地方議員候補者の選考過程をみていきたい。熊本県連においては，県・市町村議員ともに公認・推薦の希望者は，地域支部または国会議員の選挙区支部に申請する。大半の県連では，地域支部のみが地方議員の公認・推薦申請の窓口となっているのに対して，熊本県連では国会議員の選挙区支部が窓口となっている点で大きな特徴がある。その後，支部に出された申請は，県連に公認・推薦申請が上げられ，県連役員会で協議して正式に決定される。

県議選の候補者選定においては，現職が優先され，公認も現職のみに出される。他方，新人候補が原則として公認されることはなく推薦にとどめられている。市町村議員の候補者が自民党の公認・推薦を求めることはほとんどない。地域支部が候補者の選挙戦に協力することもほとんどない。

## 3．公募制導入

熊本県連においては，積極的に公募制度が活用されている。多くの県連では，2009年の自民党下野後，公募制が導入されたのに対して，熊本県連では，すでに2005年の衆院選の候補者決定で公募が行われている。熊本県連の公募要領（2012年段階）によれば，候補者の選考は，①論文審査，②面接審査，③党員投票，の順で行われる。このうち，①・②は，県連に設けられた審査委員会で行われる。審査委員会のメンバーは，国会議員，県議，友好団体代表，市町村議会代表，市町村支部長などで構成され，総勢100名にも及ぶ。審査方法は，各審査委員が論文20点，面接30点で評価し，それを集計した結果，上位2名が③の党員投票に進むことになっている。審査委員の多さ，選考基準の数値化，面接の一般公開など，他県連と比較しても極めて透明性の高い選考が行われている。

最後に，これまでの検討の結果，明らかになった熊本県連の組織構造を

まとめておきたい。
　熊本県連の組織構造の最大の特徴は，代議士系列間の対立を克服し，いかに県議団の統一を維持するのかという点にある。そのため，県連内の調整者の位置にある会長に強い権限を持たせながら，政策形成・公認・推薦候補決定の過程では，県議の意向を尊重するシステムが形成されている。国会議員は，通常の県連運営からは排除されているが，彼らとの連絡の維持には細心の注意が払われている。このように，熊本県連では，県議出身の県連会長の下で，県議団の横の繋がりの維持に重点が置かれた組織構造が見られるのである。

# 第7章
# 代議士系列型県連

　群馬県連に代表される代議士系列型県連の特徴は、組織内のメンバーが、国会議員によって高度に系列下され、トップダウン型の意思決定構造が確立していることである。以下、代議士系列型県連の典型例として群馬県連の組織構造を、高知県連のそれと比較しながら検討を加えていきたい。群馬県連は、これから見ていくように、福田・中曽根両派の系列の影響力が全県に及んでおり、それは1993年の選挙制度改革以後も残存している。それに対して、高知県連では、中選挙区制度の時代には全県1区の衆議院選挙区を有していたことを背景にして代議士系列の影響力が県連の運営に及んでいたが、選挙制度改革後、代議士系列は解体し、現在では、支部や党員の意向が重視されるようになるなど、組織積み上げ型県連の性格も見られるようになり始めている。この両者を比較することで、代議士系列型県連の組織実態の特徴を明らかにしていきたい。

## 第1節　歴史的経緯

### 1．群馬県連と八ッ場ダム問題
　ここではまず、群馬県連の組織が確立するにあたって、その構造を規定した1970年代初頭における両県の政治・社会経済的特徴について確認しておきたい。
　群馬県の特徴として挙げられるのは、有力な自民党の国会議員が多数存在していることである。1970年代初頭の段階で、福田赳夫（入閣6回）、藤枝泉介（入閣3回）、中曽根康弘（入閣2回）と入閣経験の豊富な議員が存

在していた。さらに，この時期，福田と中曽根は，中央レベルではすでに派閥の領袖であった。このように「中央」で特別に有力な国会議員が存在することは，地方議員の代議士系列下に入るインセンティヴを高めるものであった。この段階で，高速道路や新幹線のインフラが整備されていなかったことも[1]，有力国会議員への期待を広め，それが地方議員に代議士系列を重視させたと思われる[2]。これらの国会議員の影響力が強まるような諸要因によって，群馬県連では，県連以下，地域支部に至るまで，そのメンバーは国会議員の系列下に組織化されていったのである[3]。

こうした組織構造は，八ッ場ダム問題を契機として確立するに至る。以下，この問題の展開過程を通じて，群馬県連の代議士系列を中心とする組織構造がいかにして形成されたのか見ていきたい。

八ッ場ダムをめぐる紛糾は，1965（昭和40）年3月10日，ダム建設計画再開が長野原町へ伝えられたことから始まった[4]。水没予定地の住民が，賛成・反対の両派に分かれ，それぞれが国・県に対して運動を展開したが，それが自民党群馬県連内の対立と結びつくことによって複雑なものとなっていった。

桜井武町長ら賛成派は，元々長野原町が群馬県下の国会議員である福田赳夫の地盤であり，その福田がダム建設に肯定的な姿勢を示していたことから，福田系県議にダム建設の推進を働きかけていった。これに対して，ダム建設に反対する住民は，八ッ場ダム建設反対期成同盟を結成し，地元選出の県議で中曽根系の高島照治に向け接近した。そして，彼らは，県連内の発言力拡大を狙う高島の勧誘によって自民党に入党している。

このように系列間の対立へと発展した八ッ場ダム問題に対して，県連は当初，態度を決定できずにいた。これに対して，山本富雄を中心とする福

---

1 　上越新幹線の開通は1982年，関越自動車道の全通は1981年である。
2 　この点については，斉藤淳『自民党長期政権の政治経済学』（勁草書房，2010年）を参照。斉藤氏は，同書で，高速交通インフラの整備が，陳情活動や選挙運動を通じて自民党とのつながりを強化しようとする地域住民の動機を失わせることを明らかにしている。
3 　群馬県連の歴史については，自由民主党群馬県支部連合会監修『県政風雲録』全2冊（自由民主党群馬県支部連合会，1985年・2012年）を参照。
4 　嶋津暉之・清澤洋子『八ッ場ダム』（岩波書店，2011年）27〜33頁。

田系若手グループは，県議会で八ッ場ダム推進の決議を採択するように県連幹部に圧力をかけていった。一方，中曽根系県議は，決議を出すことに消極的姿勢を示し，県連内の分裂は深刻化した。

こうした状況に対して，国会議員の主導によって県連の態度決定に向けて調整が図られることになる。1969年の3月県議会にあたって，福田蔵相が中曽根派の県議を呼び出してダム推進への協力を要請した結果，県連幹部が反対派の住民の説得に当たることを条件に妥協が成立し，県連の議員総会・役員会で，地元の賛成派・中立派の請願を県議会で採決する方針が決定されたのである。その後，反対派に対する説得も飯塚国蔵幹事長ら県連幹部によって行われ，これを受けて，反対派はダム建設に反対する姿勢は崩さないものの，県が行う生活再建調査については認める旨の声明を発表した。

ダム建設の是非をめぐって妥協点を見出した福田・中曽根両派ではあったが，一旦深刻化した対立は解消されることなく，1976年の知事選候補者をめぐる対立へと発展することとなる[5]。その発端は，八ッ場ダム建設に一貫して消極的な姿勢を見せていた神田坤六知事に対して，福田系の山本富雄県議が知事選への立候補を表明し，神田の退陣を求めたことによって開かれた。これに対して，中曽根系は神田を支持したため，福田・中曽根両派の対立が再燃することになったのである。以後，県議会での会派こそは統一されているものの，県連内は中曽根系の「県政塾」・福田系の「政策同志会」の両派に分断された。さらに，それまで両派の仲裁役だった幹事長の室田直忠を知事選候補に推す動きも出て，ますます事態は紛糾していった。

こうした群馬県連内の分裂を好機として，野党は知事選の統一候補として県労働基準監督局長の山田譲を擁立する。保守系の官僚であった山田は県内経済界とも密接な繋がりがあったため，野党に保守票を奪われることを恐れた県連は危機感を高めた。そこで，再び国会議員の主導によって事態の収拾が図られた。当時，県連会長であった長谷川四郎衆議院議員は，

---

5 以下，1976年の知事選候補者の選定過程については，戸塚一二『戻れない道』（あさを社，2005年）146〜163頁，柳沢本次『激流に生きて』（あさを社，2011年）61〜68頁。

第三の候補として中立派の元県議会議長の清水一郎を提案し，福田・中曽根両議員の説得を試みたのである。長谷川の調整を受け入れた両議員がそれぞれ系列下の県議を強力に統制したため，清水への候補者一本化は成功し，清水は知事選で圧勝することになった。その後，当選した清水知事は，時間をかけてダム反対派の説得を行い，1985年には町長と知事との間で生活再建案についての覚書が締結されている。かくして，県連内におけるダム建設問題をめぐる対立は終息をみることになったのである。

　しかし，ダム建設問題を契機として県連内に形成された福田・中曽根両派の対立は，その後も続いていく。こうした代議士系列の影響力の大きさは，知事選の翌年に開始された三全総の展開過程においても見ることができる。群馬県では，沼田市を中核都市とした利根沼田モデル定住圏が指定された。しかし，その指定にあたっても，また計画立案の際にも，自民党の県連や地域支部の積極的な関与は見られない。県連の動きが活発化するのは，次のように国への働きかけの段階になってからである[6]。1979年度予算編成にあたって，群馬県連では，県連常任役員と政調会委員（県議35名）に担当省庁を割り当てるなど，県連を挙げて陳情を行う態勢を整えている。その中で，沼田市については，定住圏構想の中心である，関越道開通にともなう関係道路整備や武尊山観光レクリエーション地区整備事業への補助金の確保，国営かんがい排水事業の早期工事着手などが陳情されるに至っている。こうした陳情が可能になったのは，有力国会議員の紹介があったからだという。このように，群馬県連では，市町村の主体性が重視されていた三全総に対して，地域支部の活動は概して低調であり，国会議員を通じた国への陳情活動に重点が置かれるなど，代議士系列が重要な役割を果たしてきたのである。

　このような代議士系列の影響力の大きさを背景にして，次節で見ていくように，代議士系列を中心とした県連の組織構造が形成されていくのである。

---

6　以下，群馬県連の陳情活動については，『上毛新聞』1978年11月10日朝刊。

## 2．高知県連と緩い代議士系列

　高知県連では，中選挙区制時代，全県1区の選挙区を有していたことを背景にして，代議士系列が全県的な結びつきを形成し，県連の組織運営に対しても大きな影響を与えることになった。このことは，後述するように，長らく県連の役職人事が代議士系列間の均衡人事となっていたことからも窺える。しかし，同じ選挙区で争う衆議院議員は基本的には対立関係にあったため，代議士系列間の対立も激しく，その調整力には限界があった。群馬県連のように有力な国会議員が存在しなかったことは[7]，この傾向に拍車をかけるものであった。その事例として，1971年の県知事選の候補者をめぐる県連内の紛争を見ていきたい[8]。

　この県知事選では，現職の溝渕増巳と前副知事の中内力が公認を争っていた。これを受けて，自民党県議団は溝渕派と中内派に分裂することになった。こうした状況に対して塩見俊二会長（参院議員），仮谷忠男副会長（衆院議員）は，友好団体の代表7名（県町村会会長，県町村議長会会長，高知商工会議所会頭，県農協連会長，県漁連会長，県森連会長，県園芸連会長）による調整機関を設置する。その結果，4年後の知事選での中内の公認を条件として妥協が成立し，中内が出馬を辞退することで溝渕が五選を果たした。この時は，国会議員の会長・副会長による調整が機能したのである。

　しかし，4年後の1975年の県知事選で再度，溝渕と中内の公認争いが生じてしまう[9]。これに対して，県連は調整することができなかった。塩見俊二会長が中内，仮谷副会長が溝渕を支持するなど，4年前には調整の役割を担っていた国会議員の間でも対立が生じていたからである。その結果，公認候補の決定は党本部に丸投げされ，結局，中内の公認が決定された。しかし，この党本部の決定に対して溝渕は反発し，無所属での出馬を

---

[7] 実際，1963年に吉田茂が政界を引退してからは，1970年代初頭に至るまで，高知県には入閣経験のある自民党所属の国会議員が存在しなかった。

[8] 岡崎喜代志「先生との出会いの一端と私の先生観」（塩見俊二先生追想録刊行委員会編『塩見俊二先生追想録』小津図書館，1987年），中内力『県庁わが人生』（高知新聞社，1995年）33～36頁。

[9] 中内『県庁わが人生』36～44頁。

表明するに至った。

　このような県連内の混乱に対して、塩見会長は責任をとって辞任した。さらに、溝渕を支持する仮谷副会長、美馬健男総務会長、西内四郎政調会長、町田守正組織広報委員長らが党本部の裁定を不服として辞任している。結局、党本部の石田博英幹事長代理によって調整がなされた結果、告示直前の10月27日に溝渕が出馬を断念し、中内が自民党公認として出馬することになった。

　しかし、中内当選後も、県連内の紛糾は続いた[10]。まず、県議会での自民党県議団は、溝渕派の13名（八日会）と中西派の15名（七日会）に分裂した。この対立は、1976年の2月議会で深刻な財政難を受けて提出された授業料値上げ案に反対するなど、溝渕派が対決姿勢を見せたことによって深刻化するに至った。このような県議会での分裂に対して、県連幹部は調整することができなかった。その結果、両者の対立は翌1977年まで続くことになる。

　これまで検討したように、高知県連では、国会議員が中心となって調整が行われてきた。それが機能した背景には、全県1区の衆議院選挙区の下で全県に及んだ代議士系列の存在があった。しかし、国会議員間での対立が生じた時、県連の統一を維持するのは著しく困難なものとなったのである。

　1975年の県知事選で表面化した県連内の対立を受け、それを克服するために高知県連では組織強化が進められた。その結果、地域支部が全市町村に設置されるに至ったが、代議士系列の存在によって十分に発達するには至らなかった。保守系の地方議員が代議士系列下に組織化されていたことが阻害して、地方議員が支部の運営に関与しない状況が続いたからである[11]。例えば、1980年の高知市支部の場合、当時、高知市には全県の有権者の三分の一が集中しており、「党勢拡大における高知市支部の責任は重大」とされていたにもかかわらず、支部長は会社役員が務めていたように地方議員の関与は小さかった[12]。実際、1970年代末まで高知市議は誰も自

---

10　中内『県庁わが人生』100～104頁。
11　元自民党高知県連事務局長に対するインタビュー。
12　「最前線カメラルポ―高知県連高知支部　井上博史支部長」（『月刊自由民主』

民党に入党していなかった。

このように、高知県連では、県連内の代議士系列間の対立を克服するために地域支部の強化が進められていった。しかし、その発達は、代議士系列の存在によって大きく阻害されたのである。

## 第2節　組織

### 1．県連組織（役職人事と意思決定）

　群馬県連の運営の中心となっているのは会長と県連四役（幹事長、総務会長、政調会長、県議団議長）である。会長は長年、県選出国会議員の話し合いで候補者が選出され、5月に開催される国会議員と県議会議員の合同会議で決定されてきた[13]。会長には、これまで国会議員のみが就任している。その在任期間は、前述した長谷川四郎のように、長期に及んでいる[14]。これは、福田・中曽根両派の調整役としての役割が期待されていたからである。これに対して、県連四役にはいずれも、県議を中心に構成される役員選考委員会で選出された県議が就任してきた。長らく福田・中曽根両派の派閥均衡・年功序列型の人事が行われ、大半は1期1年（長くても2年）で交代している。このように、群馬県連では代議士系列を重視した役職人事が行われている。

　高知県連では、組織運営の中心は会長と執行部（幹事長・総務会長・政調会長・組織広報部長の4名）である。会長は、結成以来、国会議員が務めている。任期は2年で、2004年まで国会議員の互選によって決定していた。県連執行部は、会長の指名によって選出されてきた。このように、手続き的には、国会議員から選出された会長の主導によって県連人事が行

---

第292号、1980年）。

[13] 会長・県連四役の選出方法については共に、政権交代を契機とする2010年の県連改革によって大きく変化した。現在、会長の選出に公選制度が導入され、県連四役の選出にも一部、県議による選挙が行われている。こうした改革の背景には、第10章で後述するように、選挙制度改革以降、福田・中曽根両派の協調が進められたことがあった。

[14] 例えば、長谷川四郎（20年）、小渕恵三、尾身幸次（各6年）、笹川尭（8年）など。

われることになっている。ただし，実際には，結成以来，1993年の選挙制度改革の頃まで，県連執行部のポストは，県議会議長職とともに国会議員系列の各派で配分されてきた。しかし，第10章で後述するように，小選挙区制の導入によって代議士系列が弱体化した結果，現在では，このような人事システムは解体に至っている。

群馬県連における最高議決機関は県連大会と総務会である。しかし，県連大会は1991年10月以来開催されていない（2010年現在）。県連規約第43条によって県連大会の決定は国会議員と県議会議員の合同会議で代えることができるため[15]，この合同会議を以って県連大会に代えられているのである。同会議では，福田・中曽根両派による対立の解消や，会長公選・国会議員候補者公募制の導入，といった重要な決定がなされている。

もう一つの最高議決機関である総務会は県連の運営に関する事項を所管するが，実質的には公認の決定が中心的機能となっている。総務会は，各都市支部長（地域支部長のこと）23名と，青年部長・女性部長（各1名）の25名で構成されている。後述するように，都市支部長の大半は県議であるので，総務会の審議は県議主導で行われていると思われる。

群馬県連内における日常的な決定は，会長＋県連四役→常任役員会→県議団総会あるいは国会議員・県議会議員合同会議という順序で行われている。なかでも県連四役，組織委員長，財務委員長，広報委員長，組織委員長などで構成される常任委員会により実質的な決定がなされているという。

このように，通常の意思決定は県議が中心となって行われているものの，重要な議題については国会議員・県議会議員の合同会議の承認が必要とされているように，国会議員の関与が大きいのが群馬県連の特徴である。

高知県連の最高議決機関も，他の県連と同じく，県連大会と総務会である。県連大会の主な機能は，会長・県連三役などの役員選任と規約の改定である。総務会は県議や地域支部の代表などで構成されているが，後述するように，地域支部の中心的な担い手は市町村議会議員や地域の有力者な

---

15　群馬県連規約の第43条は次の通り。「特に緊急を要する事項に関しては，国会議員，県会議員の総会の決定を以て，党大会の議決に代ることが出来る。但し3分の2以上の出席がなければ審議決定する事は出来ない」。

ので，群馬県連に比べて，県議の比重は大きくない。

　高知県連内における日常的な決定は，執行部→常任総務会の順序で行われる。常任総務会は，かつては県議のみで構成されていたが，後述する2004年の県連改革プランが出されて以降，青年部，地域・職域支部，青年局，女性局からも代表を出すことになっている。ただし，現在でも，常任総務会を通じて県議団の承認を得ることに重点が置かれているという。このように，高知県連では，執行部を中心とする県議団が実質的な決定を行っている点では群馬県連と同様であるが，群馬県連より国会議員の関与が相対的に少なくなっている。

## 2．支部組織

　群馬県連では，2011年現在，地域支部は各市郡単位で設置され，23支部が設置されている。第5章でも見たように，群馬県連の，市町村数に対する地域支部の設置率（1987年段階）は，熊本県連に次いで低い。他方，職域支部について見ていくと，群馬県連では32支部が設置されている（2011年現在）。その中には，国会議員関係者が支部長を務める職域支部が存在する[16]。このような地域・職域支部の設置状況は，群馬県連では職域支部が重視されていることを示している。この点は，後述する政策形成過程において，より明確に見ることができる。

　次に，地域支部の組織構造について見ていきたい。群馬県連では主に県議が組織運営を担っている。この点を，2010年現在，群馬県連の地域支部の中で唯一常勤の職員を抱える太田支部を例に見ていこう。太田支部では，これまで支部長は県議が務めることが大半であり[17]，その在任期間は長期間にわたることが多い。地域支部の活動は，党費の徴収と党員の勧誘が中心であり，活発であるとは言えない。また，地方議員の選挙についても，地域支部は，県議選では活動の拠点となるものの，市議選ではほとん

---

16　例えば，上野公成（元参院議員，建設省OB）が支部長を務める住宅都市産業支部や，笹川尭衆院議員の長男が支部長を務める水域産業振興支部がある。

17　2011年現在，群馬県連の地域支部全23支部のうち15支部で，現職の県議が支部長を務めている。また，県議の政党支部と地域支部が一体化しているところが多く，10支部で県議の個人事務所と同じ住所に事務所が設置されている。

ど活動を行っていない。

　高知県連では，2009年現在，地域支部は「平成の大合併」以前の全市町村に設置され，その数は61に及んでいる。このような高い支部設置率は，前述したように，代議士系列間の対立を背景とする県連の分裂状況を克服するために支部組織の強化が進められた結果である。支部役員は，支部長の他に幹事長や会計責任者などが置かれており，地域の熱心な党員が就任している。しかし，前述したように，代議士系列間の対立に阻害されて，地方議員の支部活動に参加することが少なく，全体として活発ではない模様である。他方，職域支部は29支部設置されているが，群馬県連とは異なり，全国的な利益団体の支部が大半となっている。これは，高知県の産業が発達していないからだと思われる。

　このように，群馬・高知両県連とも地域支部の活動は低迷している。これは，代議士系列型県連に共通して見られる現象である。例えば，徳島県連では，1987年の支部設置率が46％と全県連のなかで5番目と低く，その活動も低調である。

## 第3節　政策形成過程

### 1．政調会の構成

　群馬県連の政調会では，会長，副会長の下に，厚生，産業土木，環境農林，文教警察，総務企画の5つの部会が設置されている。これは，県議会の常任委員会(厚生，産業土木，環境農林，文教警察，総務企画)と完全に対応しており，メンバーも一体化している。このことに表れているように，部会の活動は，委員会での審議と密接に関係しながら行われており，正副部会長を中心として盛んである。

　高知県連の政調活動は，正副調査会長が中心となって全県議が参加して行われることになっている。そのため，部会的なものは存在しない。代わりに，問題ごとにプロジェクトチームが作られて検討が行われている。

### 2．要望の取りまとめと政策審議過程

　群馬県連では，団体からの要望については，10月下旬に「団体政調会」が開催され，次年度予算編成に向けて各団体(約120)からヒアリングが実

施されている。ヒアリングでは，政調会の部会ごとに各団体の要望が聴取され，部会で緊急性や重要度を精査したうえで，群馬県の執行部へ意見の申立てがなされている[18]。他方，地域からの要望については，地域のニーズを収集する手続きは設けられておらず，県議の日常的な活動を通じて集められている[19]。県議によって集められた地域の要望は，彼らが政調会での審議に参加することによって間接的ではあるが反映されることになっている。

県連によって集められた地域・団体の要望は，県当局に働きかけられ，その予算案に反映される。ここからは県予算案の編成過程を見ていきたい。

群馬県連では1月になると予算案のヒアリングが行われる。このヒアリングには，全県議が参加し，編成中の次年度予算案の概要について県庁各部から説明が行われ，それに対して議員側から質問がなされる。その後，1月下旬にかけて，県側との間で折衝が行われる。

群馬県連では部会，特に正副部会長の役割が大きいようである[20]。ヒアリング終了後，県側から提示された予算案について部会ごとに正副部会長の会議が開かれ協議が行われる。そこで，県側への重点要望事項が取りまとめられ，政調会長に提出される。その後，常任役員会で県連全体の重点要望事項が決定され県へ伝達される。県側は，その要望を踏まえたうえで最終的に県提出の予算案を決定するのである。

高知県連では，団体からの要望をまとめて聴取する場は設けられていない。ただし，次に述べる県連役員の地域支部訪問の一環として，職域支部代表者と県連役員との会議が毎年開催されており，それを通じて職域支部の要望は吸収されている。

他方，地域からの要望については，結成以来，1990年代まで，地域支部を通じた要望吸収の手続きは制度化されておらず，県議が日常的に吸収していた。その後，1990年代に入って，年1回，県連役員が地域支部を

---

18 須藤和臣群馬県議のブログの活動報告（http://www.kaz-map.jp/index.php，2011年11月7日）。
19 ただし，都市部選出の県議は「出前政調会」を開いて，市議会議員を中心に地域の要望を体系的に吸収する場を設けている。
20 須藤和臣群馬県議のブログの活動報告（2011年1月25日）。

訪問して市町村の要望のヒアリングが行われるようになった[21]。こうして集められた要望は，政調正副会長会議で精査されたうえで関係行政機関に働きかけられる。その後，各市町村長や支部長，幹事長らに結果を文書で回答する。

　予算案については，県議会議員総会で知事ら県執行部と意見交換を行い，それを踏まえて修正が加えられたうえで県議会に提出される。ただし，県議会議員総会開催以前に，県連執行部が知事と頻繁に接触して意見交換がなされている。

　群馬・高知両県連とも，地域からの要望吸収は，県議がそのネットワークを通じて行われてきた。しかし，1990年代以降，高知県連では，県連役員による地域支部訪問が制度化され，地域支部を通じた要望吸収の回路が重視されるようになってきている。これは，第10章で後述するように，選挙制度改革によって代議士系列が弱体化し，党員を重視する県連改革に沿った流れの一環である。

### 3．市町村に対する要望と市議会会派

　最後に市町村に対する要望の取りまとめについてみていきたい。群馬・高知両県連では，市町村レベルでの組織的な政調活動は見られない。地域支部が要望を取りまとめることはなく，市町村議会議員が日常的な活動を通じて直接吸収するのが通例である。次に，市町村レベルでの政策形成過程をより立体的に把握するため，群馬県太田市の市議会会派についてみていきたい。

　表7-1は太田市議会の全会派数と保守系会派の会派数をまとめたものである。これによれば，太田市の保守系市議は，自民党支部を媒介とせず独自に政策活動を展開している。すなわち，彼らは，個人的なネットワークを通じて住民の要望を吸収し，それを直接，市役所に訴え，働きかける。そのため彼らには，保守系の統一会派を維持・結成するインセンティヴが働きにくく，太田市議会では，保守系会派は1979年に分裂して以来，離合集散を繰り返し，統一されることはなかった。さらに，分裂直後には，

---

21　「第63回自由民主党県連大会資料」（自由民主党高知県支部連合会，2003年）。

保守系最大会派の新政クラブと保革連合5会派の間で正副議長のポスト争奪戦が生じ，結局，新政クラブからは正副議長を出すことができないという事態も生じるに至っている[22]。

これまで見てきたように，群馬・高知両県連とも，地域の要望は，県議，市町村議員の個人的ネットワークを通じて吸収され，地域支部が大きな役割を果たすことはない。ただし，高知県連では，支部組織を活用する動きが見られる。地方議員が吸収した要望もまた，彼らのネットワークを通じて，県・市町村の各レベルの政策過程へと反映されることになる。市議会議員が，異なるレベルでの対応を必要とする場合は，国会議員－県議－市町村議会議員の系列を通じて処理されることになる。このように，群馬・高知両県連では，地方議員の個人的ネットワークを通じて，地域の要望の吸収，その政策過程への反映がなされており，県連－支部の系統組織が果たす役割は限りなく小さいのである。

表7-1 太田市議会会派

| 年度 | 全会派数 | 保守系会派数 |
|---|---|---|
| 昭和52 | 5 | 1 |
| 昭和53 | 6 | 1 |
| 昭和54～57 | 7 | 2 |
| 昭和58～60 | 6 | 2 |
| 昭和61～63 | 7 | 2 |
| 平成元～2 | 8 | 3 |
| 平成3～6 | 5 | 3 |
| 平成7 | 7 | 4 |
| 平成8～10 | 6 | 4 |
| 平成11 | 6 | 3 |
| 平成12 | 5 | 2 |
| 平成13～15 | 6 | 3 |
| 平成16 | 5 | 2 |
| 平成17 | 10 | 7 |
| 平成18 | 11 | 8 |
| 平成19 | 7 | 5 |
| 平成20～23 | 5 | 3 |

## 第4節 公認候補決定過程

### 1．衆議院議員候補者

選挙制度改革後における衆院選候補者の選考手続きは，群馬・高知両県連とも，他県連と同様の手続きが採られている。すなわち，希望者が地域支部へ公認・推薦を申請し，それを受けて地域支部から県連へ申請が上げられる。その後，県連の総務会で最終的に承認されたうえで党本部へ上申されるのである。しかし，実際の選考過程は，群馬・高知両県連とも，選

---

22 太田市議会編『太田市議会史 記述編』（太田市議会，1998年）539～540頁。

挙制度改革以降，2009年の衆院選まで，全ての選挙区で前職が出馬し続けたため，選考は形式的なものとなっていた。

## 2．地方議員候補者

　県議選候補者の選考手続きも両県連とも大きな違いは見られない。両県連とも，国会議員の場合と同様，県議選での公認・推薦希望者は地域支部へ公認・推薦を申請する。その後，地域支部の会議で候補者が決定され，県連の選対委員会・総務会での承認を経て，党本部へと上申される。地域支部からの公認・推薦の申請を県連で覆すことはほとんどない。ただし，定数を超えて申請された場合には，県連の選対委員会で調整することがある。

　市町村議会議員については現在，群馬・高知両県において，市町村議員の候補者が自民党の公認・推薦を求めることは多くない。また，地域支部が，市町村議員の選挙に関与することはほとんどない。

　本章ではまず，群馬県連の組織構造について，高知県連のそれと比較しながら，役職人事，支部の構造，政策形成過程，公認・推薦候補決定過程などを比較しつつ検討した。本章で明らかにした両県連の組織構造を簡単にまとめると次のようになる。

　群馬県連は国会議員による県議団の系列化が進んでいることが最大の特徴である。そして，その県議が，政策形成，公認・推薦候補決定過程で中心的な役割を果たすことで，国会議員の系列を軸にしたトップダウン型の意思決定構造が確立している。このような組織構造は，国会議員が県連の決定に強く関与していることにも明確に現れている。このように，群馬県連では，国会議員によって系列化された県議団を核として統一性の高い組織構造が見られるのである。

　選挙制度改革以前の高知県連では，群馬県連と同様に代議士系列に重点が置かれた組織構造が見られた。ただし，全県1区の衆議院選挙区下で代議士系列間の対立が激しかったので，それを克服するために支部組織を充実させる動きが早くから見られた。このような動きは，中選挙区制度下で細々と続けられ，1980年代には，地域支部が全市町村に設置されるに至っている。ただし，代議士系列間の対立によって，支部活動への地方議員の

参加が進まなかったなど，その発達は限定的であった。

# 第8章
# 組織積み上げ型県連

　静岡県連に代表される組織積み上げ型県連の特徴は，国会議員も県議も県連内の秩序の形成者となり得なかったことを背景にして，地域支部の充実化が強力に推進されたことである。以下，組織積み上げ型県連の典型例として静岡県連の組織構造を，愛媛県連のそれと比較しながら検討を加えていきたい。

　静岡県連は，結成以来，地域間の激しい対立によって分裂を繰り返し，それを克服する方法として地域支部の充実が図られた結果，高度に制度化された支部組織を持つ県連となった。それに対して，愛媛県連は，かつては白石春樹という有力県議によって県連の統一が維持されていたが，白石死後，県連内で激しい対立が生じた結果，地域支部が重視されるようになった県連である。このような歴史的な経緯の違いが県連の組織構造にどのような違いをもたらしたのかに注意しながら，組織積み上げ型県連の組織的特徴を検討していきたい。

## 第1節　歴史的経緯

### 1．静岡県連と医大設置問題
　ここではまず，静岡県連が組織を確立するにあたり，その構造を規定した1970年代初頭における静岡県の政治・社会経済的特徴について確認しておきたい。
　この時期の静岡県の政治的特徴として，有力な国会議員が比較的少ない

ことが挙げられる[1]。1970年代初頭の段階で、入閣経験者は入閣2回が2名(西村直己, 神田博), 入閣1回が1名(遠藤三郎)の、3名しかいなかった。また, 安定的に当選を重ねる国会議員が少なく, 総じて当選回数も多くない[2]。このように有力な国会議員が少なかったことは, 地方議員の国会議員に働きかけるインセンティヴを低下させたと想定される。1960年代には, 東海道新幹線(1964年開業), 東名高速道(1969年全通)が開通し, 国会議員による誘致の働きかけを必要とする巨大プロジェクトも当面期待できなかったことも, 地方議員の国会議員への依存度を低くした。

次に, 静岡県の大きな特徴として, 県内の各地域に人口20万以上の都市が散在していることである(図8-1を参照)。この点を背景にして, 県内は, 大きく東部・中部・西部の3地域に分断され, それぞれの中核都市である沼津・静岡・浜松を中心に, 政治・経済的な結合が形成されている。その結果, 地域間の政治的利害は潜在的に存在し, 時として表面化することもあった[3]。

そして, 最後に静岡県を政治的に特徴づけているのが, 市町村議会議員選挙で地区推薦が広く行われていたことである[4]。例えば, 掛川市では, 明治以来, 地区推薦が広く浸透していたが, 昭和の大合併が行われた1960年代以降, 市内の全24地区で, それぞれ市議選候補者を推薦する慣行が確立している[5]。推薦された候補者はいずれも, 自民党公認か保守系無所属

---

1 かつて自民党静岡県連には石橋湛山(元首相)や戸塚九一郎(元建設相・労相)といった有力国会議員が存在したが, 彼らは, 1960年代初頭までに政界を引退していた。

2 具体的には, 8回…2名, 7回…1名, 6回…1名, 5回…1名, 2回…2名, 1回…2名。この点については, 谷口将紀『現代日本の選挙政治』(東京大学出版会, 2004年)第1章も参照。

3 静岡県の政治状況については, 谷口『現代日本の選挙政治』, 栗田直樹『昭和期地方政治家研究』(成文堂, 2005年), 前山亮吉『日本の政治 静岡の政治』(静岡新聞社, 2008年)などを参照。

4 地区推薦制については, 北野雅士「地方議員の集票行動」(『ソシオロジ』第30巻第1号, 1985年), 春日雅司『地域社会と地方政治の社会学』(晃洋書房, 1996年)第1〜3章。

5 掛川市史編纂委員会編『掛川市史』下巻(掛川市, 1992年) 1280〜1282, 1414〜1416頁。ただし, 1981年の統一地方選からは定数の削減により, 地

図8-1　静岡県人口分布図（単位：人）

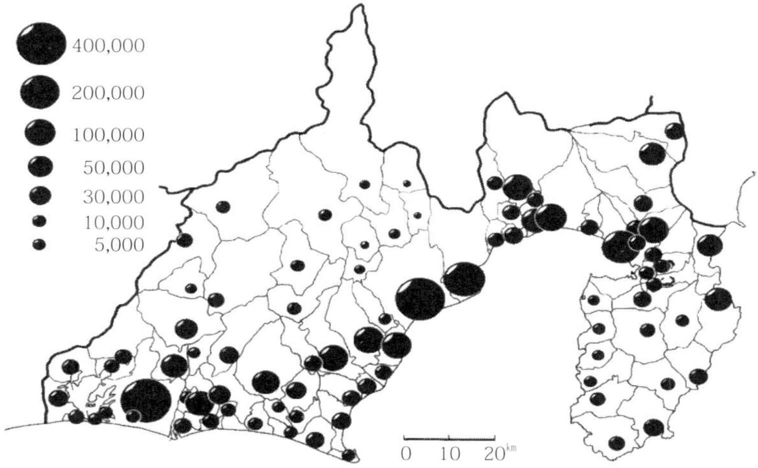

出典：総理府統計局『静岡県の人口』（昭和40年国勢調査）

として出馬し，ほぼ各地区からの得票だけで当選できたようである[6]。このように票割りが地域単位で成立していたことを背景にして，市町村議会議員は地区代表的な性格を強めたと思われる。また，市町村議会議員の間では，地盤の競合が少ないため，協調が比較的成立しやすい条件下にあった。後述するように，自民党静岡県連は，1970年以降，保守系市町村議会議員を地域支部の役員とし，各地区を地域支部下の分会として組織化していくが，それを可能とした背景には，このように地区推薦制が広く浸透していたことがあげられよう。

このように静岡県では地域間の対立が激しく，また，地方議員の票割りも進んでいた。実際，どのレベルの議員も，「地域代表」の性格を強く持っていることは，県連内で生じた各種の対立で確認することができる。こうした事情から，静岡県連では，地域の意向を重視した組織づくりが進められることになった。その契機となったのが，県内の地域間対立が噴出した医大設置問題である。以下，その展開過程を通じて，地域支部に重点を置

---

　区推薦が行われる地区は20に減少している。
6　元自民党掛川市支部長へのインタビュー。

いた静岡県連の組織構造がどのように形成されたのか見ていきたい。

1968年9月，県下に国立の医科大学を誘致すべく県議会に医科大学設置促進特別委員会が置かれた[7]。当時，静岡県では医療環境改善のため，医大の誘致は重要な課題となっていた。特別委員会の設置後，県議会で誘致について検討が進められた。それとともに表面化したのが，医大を県内のどこに設置するのかという問題であった。具体的には，候補地として静岡・浜松両市が名乗りを挙げ，両者の間で激しい誘致活動が展開されたのである。そのため，1972年には，静岡1区選出の高見三郎文相の下で医大の新設が検討されたが，静岡・浜松のどちらに設置するのか結論を出すことができず，1年見送りとなってしまった。

これを受けて設置場所を早急に決定する必要性を認識した県連内では，県連三役を中心にして調整が行われたが，なお設置場所を決定することは困難であった。こうした県連による調整の不調を前にして，1973年8月21日，元自民党衆院議員で県西部を地盤としていた竹山祐太郎知事は，県連との事前相談なしに，稲葉修文相に浜松に誘致したいと意思表示をした。この竹山の独断行為に対して，8月24日の県会議員総会では批判が相次ぎ，さらに10月7日には，静岡市支部が竹山知事の除名を決定する。

このような事態紛糾に対して，県連は再度調整を余儀なくされる。県連三役や小池政太郎県議会議長によって東部・中部選出の県議に対し，浜松での設置に向けて説得が繰り返されたが，結局，静岡側の反発を抑えることはできなかった。1974年1月6日には，県連三役・県議会議長が上京して，西村直巳・塩谷一夫両衆院議員と対応策を協議したが，ここでも結論は出なかった。さらにその後，1月7日には緊急役員会が，1月8日には県議会総会が開かれたが，設置場所について決定することはできなかった。いずれの調整も失敗に終わった県連幹部は，党本部に決定を丸投げした結果，田中角栄首相の判断で，ようやく浜松に設置することが正式に決定された。

県連での調整過程について特徴的だったのは，国会議員の関与が弱かったことである。もちろん，国会議員は県連幹部から相談を受けているが，

---

7 自由民主党静岡県支部連合会編『自由民主党静岡県連二十五年史』（自由民主党静岡県支部連合会，1980年）727〜731，748〜752頁。

それはあくまで受動的な姿勢であって，彼らが調整に向けて積極的に動くことはなかった。これは，彼らが地域間の対立を調整しようとしても有効に機能しない可能性が高かったからだと思われる。実際，後述するように，県知事候補者選定の際には，国会議員は調整に動いたが実質的に失敗に終わっている。そのため，彼らは，基本的には県連幹部に調整を任せざるを得なかったのである。そして，その県連幹部による調整が不調に終わったとき，県連の分裂は深刻なものとなっていった。

実際，医科大学問題は県連内に大きな「しこり」を残すことになる。浜松設置の決定に対して静岡市議団は強硬に反対し，1月17日，静岡市支部の拡大総務会で市議35人全員の離党が決定された。その後，県連三役によって慰留工作が行われるが，その甲斐もなく，1月24日には支部解散決議が出され，「静岡政治刷新同志会」が結成されるに至っている。

さらに，医科大学問題は知事選での紛糾へと発展することになる[8]。7月20日，竹山知事が三選不出馬を表明し，山本敬三郎参院議員を後継に指名した。これを受けて8月11日，山本は県知事選への出馬を表明する。こうした動きに対して，中部選出の県議団は，静岡市への医科大学誘致に積極的だった高見三郎を担ぎ出すことに決めたことで県連内の対立が顕在化することとなった。こうした状況に対して，当初，県連五役（会長＋副会長＋県連三役，会長・副会長は国会議員）によって調整が行われたが，それは難航することになる。ここで，リーダーシップを発揮しようとしたのが，医大問題では積極的な関与を避けていた国会議員であった。すなわち，国会議員全員による説得によって高見が辞退し，県連としては山本を擁立することが決定されたのである。

しかし，この国会議員の決定に対して，再び中部選出の地方議員の不満は噴出することになる。彼らは，永原稔副知事を保革連合候補として担ぎ出した。これに中部選出の高見衆院議員，神田博前衆院議員らが同調したため，元々高見を擁立しようとしていた中部の地方議員の間には，医大の浜松設置に対する反感も手伝って永原を支持する動きが広がった。このよ

---

[8] 自由民主党静岡県支部連合会編，『自由民主党静岡県連二十五年史』769〜774，778〜779，791〜814頁。柴田岳夫『戦後県政の総決算』（静岡新聞社，1995年）184〜190頁。

うな地方議員の離反のため，山本は苦戦を余儀なくされ，山本が806,731票，永原が802,090票と，辛うじて4千票差で当選することになる。

　この医大新設問題は県連内での組織運営に大きな「しこり」を残すこととなった。すなわち，第一に国会議員による調整が期待できないことが露呈し，第二に県連執行部による調整がなされなかった結果，メンバーの組織からの離脱や選挙における協力が得られないなどの内部対立が長期間継続することが明らかとなったのである。

　さらに，翌1975年の県議選においても，医大設置問題での「しこり」は残っていた[9]。県連会長や幹事長では県議選の候補者調整を行うことができず，結局，長老県議があっせんに乗り出している。県議選後，この時の国会議員会長の調整能力不足に対する不満から，県議側から国会議員側に会長を県議にするよう申し入れがなされた。その結果，長老県議の1人である和久田好造が会長に就任している。

　このように静岡県連は医大設置問題を契機にして分裂状況に陥ったが，その後，県議の和久田・小池政太郎両会長の時代に，県連組織を立て直す努力が払われた。具体的には，①地域支部の組織強化，②地域からの要望吸収の強化，が行われている。

　このうち，①については，1975年以降，県連の組織委員会（杉山憲夫委員長）で検討が進められ，翌1976年8月14日に組織強化策が出されている。その主な内容は，全地域支部に分会を設置するというものであった[10]。その後，この強化策を受けて，各地域支部では学区や地区ごとに分会が設立されていった。

　次に，②については，医大設置決定の最終段階で地域支部の要望が噴出したことが紛争をもたらしたことから，地域支部の要望を事前に吸収するシステムを創出することが目指された。具体的には，それまでの県連の政調活動では，県から提出された予算案に対する復活要求に重点が置かれていたのに対して，1976年度予算編成からは，県提出の予算案が作成され

---

[9] 自由民主党静岡県支部連合会編『自由民主党静岡県連二十五年史』827〜828，838〜841頁。
[10] 同上，893〜894頁。

る以前に，県連が県民の要望を基に政策要求が行われることになった[11]。さらに，1976年7月17日には，政調会の正副会長・部会長会議で，各市町村支部からの要望や陳情に対して，原則として毎月1回専門部会を開いて検討することが決められている[12]。

また，その要望を吸収する場として地域支部が重視され，それまで東部，中部，西部の3ブロックで行われてきた各地域支部の政調会長との会議を，1975年からは8ブロックとして，よりきめ細かく開催されるようになった。そして，各地域支部での要望吸収には前述した分会が活用されていったのである。

このように，医大設置問題での紛争を契機にして，静岡県連では地域の要望吸収に重点を置いた組織化が進められていった。こうした静岡県連での地域支部の活性化は，第2章でみたように，市町村レベルのニーズが重視された三全総の展開過程においても明確に表れている。静岡県では，三全総において，掛川市を中核都市とする東遠地区モデル定住圏が指定された。これは，榛村純一掛川市長が，下河辺淳国土事務次官との関係を活かしながら運動した結果であったという。このような市長主導の計画推進に対して，当初，自民党の掛川市支部は受け身の姿勢であった。しかし，その後，積極的に関与していくことになる。なかでも，定住圏計画の中心となった新幹線の新駅設置の運動については，掛川市支部は中心的な役割を果たした[13]。

第一に，自民系市議を中心に，陳情の体制作りが進められた。市議会に新駅設置のための特別委員会が自民系会派の主導で設置されるとともに，市議は手分けして他市町村へ協力の働きかけを行ったという。また，自民党の13県議との懇談会も開催されている。

第二に，自民系市議が市民運動の中心的な担い手となった。新駅設置については，榛村市長のリーダーシップによって，その外的条件は着実に整

---

11　自由民主党静岡県支部連合会編『自由民主党静岡県連二十五年史』849頁。
12　同上，890〜891頁。
13　以下，新駅設置運動については，東海道新幹線掛川駅建設記念誌編集委員会編『夢から現実への諸力学』（東海道新幹線掛川駅設置推進市民会議，1989年），掛川市史編纂委員会編『掛川市史』下巻，1452〜1481頁。

いつつある一方で，これらに対する受け皿に相当する市民レベルの運動の組織化が進んでいなかった[14]。そのなかで，自民系の市議が市民運動の組織化にあたって中心的な役割を果たしていくようになる。自民党の山崎巌市議（元市議会議長）を発起人にして東海道掛川駅設置推進市民会議が結成され，新駅設置の地元負担金調達のため全市的に募金活動が行われた。この運動には，募金押しつけへの危惧から社会・公明両党は消極的であり，共産党は反対したため，自民系市議が事実上の中心となって，商工会議所，区長会，婦人会などが組織化されたのである。その結果，20億円の募金が集まったという。

静岡県連では，これ以後，このように活性化した地域支部の意向を尊重する意思決定構造が形成されていくのである。

## 2．愛媛県連と白石春樹

愛媛県は，戦前から政争が激しい「難治県」として知られていた[15]。このような政治状況は戦後にも引き継がれ，1947年・1951年の知事選は，いずれも保守分裂選挙となっている[16]。愛媛県連は，この保守勢力内の対立を抱え込んで結成されることになる。すなわち，結成以来，県連内には，白石春樹県議を筆頭に農協関係議員を中心とした自民党主流派と，戦前からの地主や実業家などの地方名望家出身議員を中心に井部栄治県議を推す反主流派との激しい対立が繰り広げられたのである[17]。

この対立は，1963年の県知事選で頂点に達する。四選をめざす自民公認の久松定武知事に対して，自民反主流派が保革連合候補として平田陽一

---

14 掛川市史編纂委員会編『掛川市史』1467頁。
15 戦前の愛媛県の政治状況については，高須賀康生『愛媛の政治家』（愛媛文化双書刊行会，1988年），愛媛県史編さん委員会編『愛媛県史　県政』（愛媛県，1988年）第2章。
16 敗戦から自民党結成に至るまでの愛媛県政については，中矢一清『戦後愛媛県政秘話』（中矢一清，1957年），今井瑠璃男『愛媛県政二十年』（若葉社，1966年）。
17 以下，白石主導の体制については，北原鉄也「白石県政と愛媛『保守王国』体制」（星島一夫編著『白石春樹の研究』啓文社，1993年），同『保守王国の政治』（創風社出版，1992年）Ⅰ部。

郎愛媛新聞社社長を擁立したのである。この選挙で久松が勝利したことによって、これ以後，反主流派は井部の引退などによって解体し，県連幹事長として久松陣営の陣頭指揮をとっていた白石の強力なリーダーシップによって県連が運営される時代が到来する。

　白石は，県議中心の県連運営体制を確立することで，県議の県連組織への依存度を高め，県議団の分裂・対立を回避するべく，組織の改革を進めていった。その主な内容は，①県連運営への国会議員の排除，②支部組織の強化，③予算編成に対する県議の関与の強化である。白石はまず，1963年の県知事選後，国会議員と有力県議との合同会議で，国会議員に「県政は県議，国政は国会議員」という役割分担のルールを認めさせることに成功する。それが可能となった背景には，この時期，有力な国会議員が存在しなかったことが挙げられる[18]。以後，国会議員は，名誉職的な県連会長に順送りに就任するにとどまり，県連の運営は，県議で構成される幹事長以下の県連幹部によって取り仕切られることになった。

　次に，白石は，支持基盤を県連へ組織化するために，1970年代前半，地域支部・職域支部を強化していった。例えば，松山市に29校区支部が結成されている。また，代議士の後援会の婦人組織が党支部の婦人部として一本化された。

　しかし，こうした組織強化は必ずしも，1970年代の静岡県連のように，県連運営にあたって地域支部の意向に重点が置かれるようになったことを意味しない。あくまで，知事選などの選挙組織として整備されたのであり，地域の要望を吸収する機能は期待されていなかった。

　むしろ，白石体制下においては，地域の要望吸収の窓口は県議に限定する慣行が形成された。すなわち，市町村などが県や県連に陳情する際に，地元県議のみを窓口とすることにしたのである。これは，県議団の統一を維持するための措置であった。すなわち，県議に陳情の窓口を独占させることで，彼らの地域社会での地位を確立させるとともに，県連への依存を強めさせようとしたのである。さらに，白石が知事を務めた1971年から1987年にかけて，経常的・継続的な予算のみを当初予算で組み，政策的

---

[18] 1960年代から1970年代初頭において，入閣経験がある愛媛県選出の自民党所属国会議員は存在しなかった。

な予算は補正で計上していく「補正予算主義」[19]が採用され，その補正予算を通じて，県議の下に集約された要望を反映させることで，県議が「得点」を稼ぐ場が設けられたのである。このように白石の個人的なリーダーシップと，彼によって築かれた県議主導の県連運営体制がうまくかみあうことによって，県連の統一が維持されることになった。この段階での愛媛県連は，県議ネットワーク型県連としての性格が濃厚だったのである。

しかし，県連内の安定した秩序は長続きしなかった。白石のリーダーシップに負うところが大きかったため，1997年に白石が死去した後，再度，県連内の秩序が動揺していったのである。その結果，1999年の愛媛県知事選で県連は分裂するに至った。

その発端となったのは，1998年に，白石後任の伊賀貞雪知事の閉鎖的な体質に不満を持った当選1・2回の県議によって県議会の新会派（「平成会」）が結成されたことである[20]。その後，この反伊賀派は知事候補として元文部官僚の加戸守行を擁立する動きを見せる。こうして，県連は伊賀派，加戸派，中立派の3派に分裂することとなった。また，国会議員も伊賀派・加戸派の両派に分かれた。その結果，伊賀・加戸とも出馬することになり，県連は分裂した。さらに中立派の藤原敏隆県議も自民党を離党して出馬することになり，事態は紛糾している。

結局，県知事選では加戸が勝利し，県連も加戸派の主導によって運営されることになった。しかし，このような県連の分裂に危機感を持った県連執行部は，以後，県連の統一を重視する組織改革を展開していく。それは，①県議団の統一強化，②地域支部の重視，の方向で進められ，次節以降で検討するように，県連役員の選考方法や政策形成過程に反映されることになるのである。

---

19 北原「白石県政と愛媛『保守王国』体制」。
20 以下，1998年の愛媛県知事選をめぐる紛糾については，藤原敏隆『保守王国の崩壊』（創風社出版，1999年），余田実『愛媛県民の選択』（岡田印刷，2001年）。

## 第2節　組織

### 1．県連組織（役職人事と意思決定）

　静岡県連では会長と県連三役（幹事長，総務会長，政調会長）を中心に運営が行われている。会長職にはかつて県議が就任したこともあるが，通例は国会議員が就任することになっている。県選出国会議員の話し合いで候補者が選ばれ，県連大会で選任されている。多くの場合，在任期間は1年であり「名誉職的」な傾向が強いと言われている[21]。

　県連三役は通常，当選4回以上の県議が就任し，1年で交代することが大半である。会長と同様に役職選考委員会で選定され，会長と同じく県連大会で選任されている。このうち幹事長についてはかつて実力者の県議が何年も務めることがあったが，現在では年功序列型人事が定着している。

　愛媛県連の運営の中心は県議によって担われる執行部である。国会議員が就任する会長は，基本的には県連運営に関与しない。会長は任期2年と定められており，国会議員の互選によって決定される。会長以外の国会議員は常任顧問となり，いずれも名誉職的性格が強い。

　他方，執行部の役員には，幹事長，総務会長，政調会長が常時加わり，それ以外の役職が執行部に入るか否かは，その時の幹事長の判断に任せられている[22]。また，幹事長は県議団の相談で選任され，残りの執行部のメンバーは幹事長が指名することとなっている。こうした役員選任方法に表れているように，県連内における幹事長の権限が非常に大きいことが愛媛県連の特徴である。幹事長及び指名された県連執行部役員は，県議団各期の意見集約を行ったうえで役員会及び常任総務会で決定し，その後，県連大会の承認を受ける。他の県連役員は常任総務会で内定したうえで，県連大会の承認を受けることになっている。

　このように，愛媛県連では，役職選定の際に，県議団の承認を取り付けることに重点が置かれている。

---

21　元自民党静岡県連事務局長へのインタビュー。
22　2011年インタビュー当時は，幹事長・幹事長代行・総務会長・政調会長・常任副会長が執行部役員となっている。

静岡県連内における最高議決機関は県連大会と総務会である。しかし，この二つは，実際には最終的な承認機関としてのみ機能しているのが実情である。県連大会は，年1回（5月）開催され，次年度の県連の活動方針や予算が承認されるとともに，県連役員の選任が行われている。県連大会で選任される役員（大会選任役員）は，会長，副会長，幹事長，総務会長，政務調査会長，総務，会計監督，党紀委員となっているが，前述したように，実際には県連大会の直前に開催される役員選考委員会で決定されている。県連大会に出席する代議員は，地域・職域支部ごとに，党員数100名につき1名ずつ割り当てられ，選出は各支部に任されている。

　総務会は，各種選挙での公認候補の最終決定と大会選任役員以外の役員選任（副幹事長や政調副会長など）を行う機関として機能している。年に1～2回と開催の頻度は多くない。構成メンバーは，2007年5月段階で，国会議員全員（10名），県議代表（20名），団体代表（4名），職域支部代表（6名），元県議代表（4名），5大支部代表（静岡，清水，浜松，富士市，沼津），青年局代表，青年部代表，女性部代表となっている。

　静岡県連の実質的な意思決定は，会長＋県連三役→役員会→県議団議員総会という順序で行われている。役員会のメンバーは，会長（国会議員），副会長（国会議員1名＋県議12名），常任顧問（県議5名），幹事長，筆頭副幹事長，総務会長，政調会長，組織委員長，広報委員長，財務委員長（副会長兼任），党紀委員長（副会長兼任），会計監督代表（副会長兼任），議員総会長（常任顧問兼任），県議会議長，同副議長，同議運委員長となっている。この構成からも分かるように，意思決定において中心的な役割を果たすのは県議であり，国会議員の関与は大きくないのが特徴である。

　静岡県連の組織構造は，相対的に国会議員の関与が少なく，地域支部の関与が強い点に特徴がある。例えば，静岡県連では国会議員が就任する会長職は実質的には「名誉職」にとどまっており，意思決定過程においても国会議員による承認の場が設定されていない。一方，地域支部の関与について見ていくと，支部の代表者を加えた県連大会を毎年開催しており，また参加する支部の代表者の数が比較的多い。こうした県連内における地域支部位置づけの大きさは，これから検討する政策形成過程や公認候補決定過程において見ることができる。

　愛媛県連における最高議決機関は県連大会であり，その構成メンバー

は，県連役員，国会議員，県議，支部から選出された代議員となっている。

総務会は，規約上県連運営に関する重要事項の審議を行う場となっており，全県議＋支部ごとに選出された総務によって構成されている。しかし，県連規約第23条によって，常任総務会の決定をもって総務会の議決に代えることができることになっているため，実質的な議決は全県議で構成される常任総務会で行われる。そして，これが県連内の実質的な最高決定機関となっている。県連内の実質的な最高決定が県議のみで決定されるのは，他の県連では見られない愛媛県連の特徴であるが[23]，これは前述したような県議団の統一に重点が置かれて県連の組織が発展してきたことの表れであると言えよう。

このように，通常の県連内の決定に国会議員の関与はない。県議会の案件の場合，執行部→役員会[24]→県議会議員総会で決定される。また，党の案件についても，執行部→役員会→常任総務会（県議である総務で構成）の順で決定がなされている。このように，県議会・党の案件とも執行部で基本的に決定し，それを県議団（県議会議員総会，常任総務会）の承認を得る形で意思決定を行われている。

## 2．支部組織

静岡県連では，地域支部は，原則として全市町村に設置されており，その数は2010年の段階で67支部にのぼっている。これに対して，職域支部は10支部にとどまり，その大半が各都道府県に支部を設置している全国的な団体の「静岡県支部」である。

---

23 北原「白石県政と愛媛『保守王国』体制」によれば，徳島県連では，国会議員・県会議員・支部代表などが参加する総務会が頻繁に開催されている。1979年段階では，常任総務会は設けられていたものの，そのメンバーは国会議員や支部代表など30人で構成され，県議は3名のみとなっている。また，香川・高知両県連とも県政をめぐる重要な決定には，国会議員など県議以外の人物が必ず関与している。

24 常任副会長，幹事長，幹事長代行，副幹事長，総務会長，政務調査会長，議員会長，議会対策委員長，政策審議会長，組織対策本部長，選挙対策本部長で構成。

このうち，静岡県連の地域支部の大きな特徴は，支部の運営が市町村議会議員を中心に行われている点である。以下，この点を，静岡県連下の代表的な地域支部である掛川市支部を例に見ていきたい[25]。まず，支部役員であるが，歴代の支部長には市議が就任しており，1～2年在任の順送り人事が行われている。また，主たる支部役員である幹事長や総務会長，政調会長も全て市議が務めている。これに対して，県議は日常的な支部活動には関与せず，国会議員とともに「顧問」としての地位にとどまっている。

支部の主な活動は，党費の徴収や会誌の発行といった組織活動と，地域支部の下部組織である分会と密接に連携した政調活動とであり，日常的に地域と密着した活動が行われている。また，県議選・市議選での選挙運動においても支部は中心的な役割を果たしている。

愛媛県連には2011年現在，55の地域支部が置かれている。これは「平成の大合併」以前の全市町村に設置されたもので，合併後も活動拠点確保のため旧市町村単位に置かれている。支部長の大半は市町村議会議員によって担われている。他方，県議が支部の運営に関与することはほとんどない。以下，この点を，松山市支部を例に見ていきたい[26]。

松山市支部の執行部は，支部長，幹事長，総務会長，政調会長，組織広報委員長で構成される。これらの役職はいずれも市議から選任されることになっており，1～2年の順送り人事が行われてきた。県議が支部役員になることはなかったが，2010年の松山維新の会の結成によって所属議員が激減したため，それ以後は県議が総務に就任している。

支部の主な活動としては，党費の徴収と地域や団体の要望の取りまとめ，その要望の市役所への働きかけなどが挙げられる。地域の要望吸収にあたっては，支部の下に設置された校区支部が活用されている。松山市支部では，32の校区支部が設けられ，それぞれ支部長・幹事長・青年部長・

---

25 2011年現在，職員が置かれている地域支部は，静岡市支部，掛川市支部，浜松市支部の3支部のみである。
26 松山市の政治状況については，市川虎彦『保守優位県の都市政治』（晃洋書房，2011年）第1章。なお，2011年現在，常勤の職員が置かれている愛媛県連下の地域支部は，松山，伊予三島，大洲，新居浜の4支部である。

婦人局長などが置かれている。各校区支部では，年1回，総会が開催され，地域の要望が参加した市議に伝えられる。また，これとは別に各市議が日常的に校区支部に出向き，地域の要望を吸収するように努めている。ただし，校区支部が設置されているのは，愛媛県連下では，松山市支部のみである。

選挙運動については，県議選・市議選では，支部として活動することはない。この点では掛川市支部と大きく異なっている。これは，掛川市では，前述したように地区推薦制によって保守系議員の票割りが進んでいるのに対して，松山市では，保守系議員の間で激しい競争が展開されているからだと思われる。ただし，松山市支部においても，国政選挙や知事選においては，支部の選対役員が，候補者の選対のメンバーになることで密接に関与している。

## 第3節　政策形成過程

### 1．政調会の構成

静岡県連の政調会は，会長，副会長(いずれも県議)と，文教，商工労働，建設，農林水産，厚生，企画環境，総務の7部会から構成されている。部会は，県議会の常任委員会の構成(総務，企画文化観光，くらし環境，厚生，産業，建設，文教警察)とは対応していない。部会の活動は盛んでなく，政調会での審議の中心は会長・副会長である。

愛媛県連の政調会は，会長，副会長(いずれも県議)と，6つの部会(総務企画，環境保健福祉，農林水産，経済企業，建設，文教警察設置)から構成されている。部会の構成は，静岡県連とは異なって，県議会の常任委員会と完全に対応しており，部会長も常任委員長が務めることになっている。県連政調会では年に数回，県の政策等の勉強会が行われ，県への党要望や議会での意見書提出に活用されている。ただし，愛媛県連では，政調会自体はあくまで審議機関として位置づけられており，最終的な決定は県議会議員総会で行うことになっている。すなわち，政策決定は原則として全県議の了解を得ながら行われているのである。このような決定の手続きは，前述したように，何度もの分裂を経て県議団の統一に重点を置くようになった愛媛県連に特徴的な組織運営のあり方を反映したものであると言

えよう。

## 2．要望の取りまとめと政策審議過程

　静岡県連では，団体からの要望については，日常的に団体からの陳情を受けているものの，熊本県連や群馬県連で見られたような団体からの要望をまとめてヒアリングする場は設けられていない。これに対して，地域の要望を体系的に吸収する手続きは設けられている。以下，地域の要望をどのように取りまとめるのか，掛川市支部の事例をもとに，大きく2段階に分けて，時系列的に追っていきたい。

　第一段階は，5月から6月にかけて，支部の下に設置された分会で各地区の要望が集められることから始まる。その後，7月上旬に，支部の政務調査会検討委員会（主に市議で構成）で分会から提出された要望を参考にしながら県への要望事項が作成される。こうして支部で作成された県への要望事項は，7月下旬に県連へ提出される。県連は，全地域支部の要望事項を冊子にまとめ，県庁はじめ各方面に配布する。

　地域からの要望吸収の第二段階は，8月下旬に開催される地域支部政務調査会長会議である。2～4支部合同で開催されるこの会議では，支部側から政調会長ほか数名，県庁側からは地域支援局長や財務事務所長など幹部10数名が参加してヒアリングが行われる[27]。こうした二段階にわたる要望吸収過程を通じて，きめ細かく集められた地域の要望は県連政調会に集約されるのである。

　このように地域支部に重点を置いた要望吸収が行われている静岡県連に対して，愛媛県連では，前述したように，白石知事の時代から，原則として県議が地域・団体からの要望の受付窓口となってきた。ただし，1999年の県連分裂後，県連の統一維持のため地域支部が重視された結果，県連と地域支部との意見交換会が開催されるようになった。この会は，年1回，県下に5カ所設置された地方局単位で，地域支部と政策や組織運営について意見を交換するものである[28]。出席者は，県連側が県連執行部，地

---

27　他に，県連の政調会長・副会長，地元選出県議，国会議員秘書も出席する。
28　この意見交換会と同じ日に，知事ら県執行部と市町村長との懇談会も開催されるようになった（余田『愛媛県民の選択』189～190）頁。

元選出県議,青年局長,青年部長,女性局長,国会議員秘書など,地域支部側が支部長,幹事長,政調会長,青年局長ら支部幹部となっている。このように,愛媛県連では,県議による要望吸収に重点が置かれてきたが,1999年の県連分裂を契機として,地域支部も積極的に活用されるようになっている。

県連によって集められた地域・団体の要望は,県当局に伝えられ,その予算案に反映される。その過程自体は,両県連に大きな違いは見られないが,その主体は異なっているように思われる。この点に注意しながら,県予算案の編成過程を見ていきたい。

両県連とも,1月に予算案に対するヒアリングが行われる。このヒアリングには,両県連とも全県議が参加し,編成中の次年度予算案の概要について県庁各部から説明が行われる。その後,1月下旬にかけて,県側との間で折衝が行われるが,その中心となるメンバーが両県連で異なっている。

静岡県連では,県連三役,政調副会長が,総務部長や財務室長など県各部主幹と個別に折衝を行い,次年度予算案に対する要望について意見交換を行う[29]。その後,1月中旬から下旬にかけて,県連三役・政調副会長が,県執行部と会談を行い,次年度予算編成に対する重要,緊急に対応すべき課題について申し入れを行っている。例えば,2007年度予算編成の場合,生活環境整備事業費,緊急交通環境改善整備事業費,河川整備事業費の増額が要請されている。そして,1月末に知事側から回答が出され,県予算案が正式に決定する。このように,静岡県連では,県連三役と政調副会長が県との折衝の中心となっている。

これに対して,愛媛県連では,前述した1999年の県連分裂を契機とする組織改革の結果,あくまで県議団の意見一致に重点を置いた復活折衝が行われてきた。1999年度予算編成までは,復活折衝は県連幹部が中心として行った後で,県議会議員総会が開かれて承認されるという流れで行われてきた。この方式は,白石時代に採用されたことからも分かるように,県議団を強力に統制できるような有力県議の存在を前提とするものであった。

しかし,白石のような強力なリーダーシップを持った人物がいなくなっ

---

29 中谷多加二静岡県議のブログ(http://www.nakayatakaji.com/wp/,2007年1月10日)。

た時，このような県連幹部以外は実質的に排除される復活折衝の方式は，県連内の対立の火種となりかねない。実際，この方式に対しては，若手県議を中心に不満が高まっていた。そのため，2000年度予算編成以降，予算案に対するヒアリングが行われた後，全県議が参加する資格を持っている県連政調会の部会で予算案の内容が精査された後で県議会議員総会を開いて予算案の了承を決定するというプロセスが採られるようになった[30]。その結果，県庁との折衝の際に全県議が発言する場が確保されたのである。

### 3．市町村に対する要望と市議会会派

最後に市町村に対する要望の取りまとめについてみていきたい。静岡県連では，市町村に対する要望，県に対する要望とともに分会単位で集められる。その後，例えば，掛川市支部では，前述した政務調査会検討委員会において市に対する要望が取りまとめられ，市役所へと伝えられる。その後，11月下旬に，市町支部政調会ヒアリング[31]が行われる。このヒアリングには，市役所側から各課職員（部課長レベル），党側から市議会議員と分会役員が出席し，分会の要望について意見交換が行われている。

このような市町村レベルでの政策形成過程をより立体的に把握するため，掛川市の市議会会派について検討を加えていきたい。

表8-1は，掛川市議会の全会派数と保守系会派の会派数を示したものである。これによれば，掛川市議会内の保守系会派は，2001年以降分裂しているものの，それまでは統一されていた。これは，自民党の掛川市支部が，市内の保守系市議を網羅的に入党させることで発展してきたことと関係しているように思われる。

表8-1 掛川市議会会派

| 年度 | 全会派数 | 保守系会派数 |
|---|---|---|
| 1976〜2000 | 3 | 1 |
| 2001・2002 | 5 | 2 |
| 2003・2004 | 5 | 2 |
| 2005・2006 | 4 | 1 |
| 2007・2008 | 3 | 1 |
| 2009 | 4 | 2 |
| 2010 | 6 | 3 |
| 2011・2012 | 7 | 3 |

---

30　余田『愛媛県民の選択』190〜191頁。
31　出席者は以下の通り。支部側：市議会議員，分会役員。市側：市役所関係課（農林課，農地整備課，都市整備課，道路河川課）の職員（部課長レベルが出席）。

表8-2 予算過程に対する掛川・京都市議の働きかけ（単位：％）

施政方針段階

| | 掛川市議 | 京都市議 |
|---|---|---|
| 非常に | — | 19.4 |
| かなり | 13.8 | 25.4 |
| ある程度 | 48.3 | 19.4 |
| あまりない | 20.7 | 11.9 |
| ない | 17.2 | 16.4 |
| NA | — | 7.5 |
| 計 | 100 | 100 |

アイディアの段階

| | 掛川市議 | 京都市議 |
|---|---|---|
| 非常に | — | 17.9 |
| かなり | 24.1 | 28.4 |
| ある程度 | 55.2 | 28.4 |
| あまりない | 13.8 | 11.9 |
| ない | 6.9 | 10.5 |
| NA | — | 3 |
| 計 | 100 | 100 |

予算見積書段階

| | 掛川市議 | 京都市議 |
|---|---|---|
| 非常に | 3.4 | 10.5 |
| かなり | 6.9 | 14.9 |
| ある程度 | 37.9 | 25.4 |
| あまりない | 20.7 | 16.4 |
| ない | 31 | 26.9 |
| NA | — | 6 |
| 計 | 100 | 100 |

企画書・理財局段階

| | 掛川市議 | 京都市議 |
|---|---|---|
| 非常に | — | 11.9 |
| かなり | 10.3 | 13.4 |
| ある程度 | 44.8 | 29.9 |
| あまりない | 13.8 | 17.9 |
| ない | 31 | 19.4 |
| NA | — | 7.5 |
| 計 | 100 | 100 |

市長原案段階

| | 掛川市議 | 京都市議 |
|---|---|---|
| 非常に | — | 16.4 |
| かなり | 6.9 | 28.4 |
| ある程度 | 27.6 | 16.4 |
| あまりない | 24.1 | 11.9 |
| ない | 41.4 | 20.9 |
| NA | — | 6 |
| 計 | 100 | 100 |

執行段階

| | 掛川市議 | 京都市議 |
|---|---|---|
| 非常に | 6.9 | 14.9 |
| かなり | 20.7 | 31.3 |
| ある程度 | 44.8 | 25.4 |
| あまりない | 13.8 | 13.4 |
| ない | 13.8 | 10.5 |
| NA | — | 6 |
| 計 | 100 | 100 |

出典：村松岐夫・田尾雅夫『掛川市議会議員調査の結果　中間報告』（1979年）より抜粋

　自民党結党直後に結成された掛川市支部は，1963年に出された「県連近代化要綱」を受けて，市議を中心にして支部組織を強力に編成し直すために，いったん解散し，改めて結成大会が開かれた[32]。その際に，市内の全保守系議員22名が入党することになった。その後，1968年に市内各地

---

32　自由民主党静岡県支部連合会編『自由民主党静岡県連二十五年史』348頁。

域に分会が設置され，翌1969年の市長選の候補者選定にあたっては，分会ごとに所属党員数に応じて割り当てられた代議員の投票によって決定する方式がとられている[33]。さらに，1970年代以降，前述したような分会を基礎にした政策形成システムが形成されるに至っている。なかでも地元選出市議が間に立って市役所関係者と分会役員の意見交換が行われる政調会ヒアリングは，市議の政策活動の重要なものとなっている。

1978年に行われた掛川市議に対する面接調査[34]（表8-2）で，掛川市議の予算過程への働きかけが，「かなり」，「ある程度」を合わせて，施政方針の段階で62.1％，アイディアの段階で79.3％と最も行われているとする回答が多数であったことは，このことを反映している。また，市長原案段階での予算過程への働きかけが，京都市議では「非常に」，「かなり」，「ある程度」をあわせて61.2％となっているのに対して，掛川市議は「かなり」，「ある程度」をあわせて34.5％と少ないことも，彼らが，支部を通じて行われる市役所との交渉の方を，市議会での審議よりも重視していることを推測させるものである。

このように，掛川市の保守系市議は，1960年代初頭には自民党支部に組織化され，さらに1970年代以降は，統一会派のもと，その政策活動も自民党の支部・分会組織と密接に関係して行われるようになっていったのである。

市町村レベルでの政策形成過程において地域支部の果たす役割が大きい静岡県連に対して，愛媛県連では，市町村への要望については市町村議会議員が日常的な活動を通じて吸収している。ただし，県内で唯一校区支部が設置されている松山市支部では，校区支部が要望吸収の場として利用されている。

これまで見てきたように，静岡県連においては，地域からの要望は，基本的には市町村議員が運営の主体となっている地域支部を通じて吸収され

---

33 自由民主党静岡県支部連合会編『自由民主党静岡県連二十五年史』608〜609頁。ただし，いずれの候補者も規定票数に達せず公認決定は見送られた。

34 1978年8〜9月にかけて，掛川市議29名に対して行われた。当時，掛川市議の定数は30名であったが，1名は病気のため面接調査を行うことができなかったという（村松岐夫・田尾雅夫『掛川市議会議員調査の結果　中間報告』1979年）。

ている。吸収された要望は地域支部の政調会で県・市町村の各レベルに振り分けられる。このうち，県レベルの要望は，地域支部から県連政調会に上げられ，県の政策過程に反映されることになる。これに対して，市町村レベルの要望は，地域支部の政調会を通じて市町村の行政へと働きかける。このように，静岡県連では，地域支部が地域の要望を吸収する窓口となり，それを県連・支部組織を通じて，県・市町村の各レベルの政策過程へと反映させるシステムが高度に発達しているのである。

これに対して，愛媛県連では，かつては県議ネットワーク型県連としての性格が濃厚であったことも反映して，要望吸収の中心となるのは県議である。ただし，近年，地域支部を活用する動きが見られるようになった。他方，県連の政策活動においては，県議団の統一に意が払われている。

## 第4節　公認候補決定過程

### 1．衆議院議員候補者

静岡・愛媛両県連とも衆院選候補者の選出手続きは，他の県連と大きく異なるところはない。両県連とも，まず希望者が地域支部へ公認・推薦を申請し，それを受けて地域支部から県連へ申請が上げられる。その後，県連の総務会(愛媛県連の場合は常任総務会)で最終的に承認されたうえで党本部へ上申されるのである。

ただし，静岡県連では，地域支部の意向を重視して実質的な候補者選定が行われている点で，県議が中心となって選定が行われる県議ネットワーク型県連や代議士系列型県連とは大きく異なっている。すなわち，静岡県連では，市町村支部の連絡協議会で実質的な選考が行われてきた[35]。

このような地域支部の意向に重点が置かれた選考のあり方は，公募制導入後にも見られる。静岡県連では，2009年の政権交代後，衆議院議員選挙区の2・5・6区で公募が行われた。公募を実施するか否かは，各選

---

35　市町村支部の連絡協議会で調整がつかない場合は，同協議会で選考方法が検討された結果，その選挙区に所属する党員の投票(静岡6区)や，関係国会議員・県議・支部代表者による投票(静岡7区)などによって候補者が決定されている(いずれも2002年)。

挙区の支部代表者会議で決定されている[36]。選考は，選挙区支部ごとに設けられた選考委員会において，書類審査（第一次）と面接審査（第二次）が行われた。選考委員会のメンバーは，選挙区ごとに異なるが，県連三役，地元選出県議，市町村支部長などで構成されており，国会議員は入っていない。その後，同委員会で選考された候補者は当該選挙区の支部代表者会議で正式決定されている。

　このように，候補者選定においても地域支部の意向に重点が置かれている静岡県連に対して，愛媛県連では，地域支部の意向は絶えず打診されるものの，県連内の手続きが執行部→幹部役員会→常任総務会と三段階にもわたっているように，あくまで県議団全体の了承を得ることに重点が置かれている。同様のことは，これまで行われた国政選挙や知事選の公募での選考過程においても指摘することができる[37]。すなわち，実質的な選考は幹部役員会で行われ，それに地域支部は了承を与えるという形がとられ，静岡県連のように地域支部の代表者が選考委員会のメンバーとなることも，熊本県連や群馬県連で見られるような党員投票が行われたこともない。そして，最終的には，全県議が参加する常任総務会で正式決定が行われることになっているのである。このような衆院選候補者の選考プロセスにおいても，愛媛県連の県議団の一体化を重視する姿勢を見ることができる。

## 2．地方議員候補者

　県議会・市町村議会の候補者の選考手続きも，両県連とも他の県連と大きな違いは見られない。両県連とも，国会議員の場合と同様，県議選での公認・推薦希望者は地域支部へ公認・推薦を申請する。その後，地域支部の会議で候補者が決定され，県連の常任総務会（愛媛県連では総務会）での承認を経て正式に決定される。両県連とも，市町村支部からの公認・推薦の申請を県連で覆すことはほとんどない。ただし，定数の関係で，公認→推薦，推薦→党籍証明へと変更することはある。

---

36　『静岡新聞』2010年2月28日朝刊。
37　これまで，愛媛県連では，第44回総選挙の四国比例ブロック候補者，第45回総選挙の第3区候補者，2010年の知事選候補者の選定において公募が行われた。

本章ではまず，静岡県連の組織構造について，愛媛県連のそれと比較しながら，役職人事，支部の構造，政策形成過程，公認・推薦候補決定過程などを比較しながら検討を試みた。本章で明らかにした両県連の組織構造を簡単にまとめると次のようになる。

　静岡県連では，進められた地域支部の組織度が高いことが最大の特徴である。県連の意思決定過程のあらゆる局面において，地域支部の意向に重点が置かれるように制度化されている。この点は，地域支部からの積み上げ方式による政策形成，地域支部の同意に重点を置いた公認・推薦候補決定に明確に現れている。その地域支部の運営の主体は，市町村議員であった。すなわち，市町村議員までを組み込んだボトムアップ型の意思決定構造が確立しているため，国会議員や県連幹部による統合は相対的に弱いものとなっている。このような傾向は，県連の組織運営への国会議員の関与が小さいこと，地域支部の運営への国会議員，県議の関与が小さいことによって，さらに強まっている。このように，静岡県連は実質的な権力核が存在しない組織構造を有している。

　愛媛県連における意思決定の特徴は，地域支部を活用したボトムアップ型の意思決定を行いつつ，最終段階で県議団の意見一致に重点が置かれていることである。このことは，政策形成過程，衆院選での公認・推薦候補決定過程において，地域支部の意向を聞きながらも，最終的には全県議が参加する場において正式な決定が行われていることに表れている。これは，かつて県議ネットワーク型県連的性格を有していた同県連が，県連内の秩序を維持できるだけの有力な地方政治家（＝白石春樹）を失った結果，組織強化を重視するようになった歴史的経過の反映であると言えよう。

# 第9章
# 知事選にみる県連

　第6章から第8章にかけて，それぞれ県議ネットワーク型県連，代議士系列型県連，組織積み上げ型県連の組織構造について検討を加えてきた。本章では，その組織構造の特徴をまとめたうえで，そのような組織構造の違いが，実際の政治過程にどのような影響を与えるのか，県知事選の候補者選考過程を通じて考えていきたい。

## 第1節　各類型の組織的特徴

### 1．役職人事と意思決定過程

　熊本県連に代表される県議ネットワーク型県連の最大の特徴は，特定の有力な地方政治家のリーダーシップによって県議団の意思統一に重点を置いた県連の運営が行われていることである。そのことは，会長に有力な地方政治家が就任し，その意向に重きを置いて県連三役以下の人事が決められていることに表れている。また，意思決定過程においては，その会長のリーダーシップの下で，各県議の承認を得るプロセスに力点が置かれている。このように，基本的には，県議団の意思統一に力点が置かれた県連運営が行われているが，国会議員を全く排除している訳ではなく，重要な決定の際には常に連絡がとられている。この類型に該当する多くの県連では，代議士系列の影響力は決して無視できるものではないからである。このように，熊本県連では，国会議員の了解を得ながら，県議団の統一に重点が置かれた意思決定プロセスが採られているのである。

　群馬県連のような，特定の代議士系列の影響力が県連全体に及ぶ代議士

系列型県連では，系列間の対立を調整することに何よりも重点が置かれる。そのため，会長には対立を調整できるような国会議員が長期にわたって在任し，幹事長以下県連幹部の人事は派閥均衡・年功序列型人事が行われる傾向が見られる。意思決定過程においては，県議ネットワーク型県連と同様に県議中心に行われるが，国会議員が関与する程度はそれよりもはるかに大きい。

これに対して，国会議員も県議も調整者となり得ない静岡県連などの組織積み上げ型県連では，県連内に権力核が存在しないので，会長・県連三役とも頻繁に交代する傾向にある。多くの場合，国会議員の会長，県議の幹事長を中心にして県連の運営が行われるが，地域間対立などの支持基盤内での対立を背景にした県連内の対立を調整するのは困難である。国会議員も，支持基盤との関係から，県連内の対立の調整に積極的に関与しようとしない。そのため，県連は，支持基盤の意向を直接吸収しようとする。その結果，地域支部や支持団体などが発言する機会が相対的に多く設けられることになっている。

## 2．支部組織

第1章で見たように，自民党本部は「党近代化」路線の一環として，全市町村への地域支部の設置を県連に働きかけていた。しかし，実際には，第5章で述べたように，その設置状況は県連ごとに大きく異なるものであった。それは，県連内の権力状況に規定されるものであったと言えよう。すなわち，県議ネットワーク型県連や代議士系列型県連では，有力県議や代議士系列によって県連内の秩序が保たれており，支部組織を強化するインセンティヴが働きにくかったのである。その結果，これらの類型に属する多くの県連で，市町村数に対する地域支部の設置率は低くなり，また概して地域支部の活動も低調である。実際，本研究で検討した熊本県連・群馬県連では，地域支部は実質的には県議の後援会活動の一部としてしか機能していない。

これに対して，静岡県連のような組織積み上げ型県連では，地域支部が高度に発達している。前述した地域間対立など支持基盤内での対立が存在する場合，その意向を吸収することが県連の安定的な組織運営のために必要であり，その要望吸収の回路として地域支部の充実が目指されたから

である。このことは，かつては県議ネットワーク型県連としての性格が強かった愛媛県連が，白石春樹という調整者を失った際に，地域支部重視の姿勢を見せ始めたことからも窺われる。そして，こうした地域支部重視の姿勢は，次に見るように，地域支部を積極的に活用した政策形成，公認候補者決定のプロセスが採られることになる。

### 3．政策形成，公認候補者決定過程

要望の吸収に際しては，県議ネットワーク型県連，代議士系列型県連とも県議が中心となる。これらの類型の県連では，県議が支部長を務めるなど地域支部の運営の主体となることが多いが，地域支部として要望吸収を行うことはほとんどない。また，職域支部や利益団体からの要望を吸収する手続きが発達していることも，これらの類型の県連の特色である。

組織積み上げ型県連では，高度に発達している地域支部が要望吸収にあたって積極的に活用されることになる。市町村議員が支部長を務めるなど運営の中心となる地域支部の下で設置された分会・校区支部などで日常的に吸収された地域の要望は，地域支部を通じて県連へと伝えられる。

このような各類型の政策形成過程において見られる特徴は，公認候補者決定過程においても見ることができる。すなわち，県議ネットワーク型県連，代議士系列型県連とも，候補者の選考は，国会議員と密接に連絡を保ちながら県議が中心となって行われる。これに対して，組織積み上げ型県連では，最終的な決定においては県議の関与が大きいが，候補者選定過程においては，市町村支部の関与も大きい。

### 4．各類型の組織構造

最後に，各類型の組織構造の全体像をまとめておきたい。県議ネットワーク型県連では，有力地方政治家を中心に県議団の強力なネットワークが形成され，それを中心にした県連運営が行われている。そのため，県議団の統一に重点が置かれている。

これに対して，代議士系列型県連では，国会議員による県議団の系列化が進んでいることが最大の特徴である。そして，その県議が県連内の意思決定で中心的な役割を果たすことで，国会議員の系列を軸にしたトップダウン型の意思決定構造が確立している。このような組織構造は，国会議員

が県連の決定に強く関与していることにも明確に現れている。代議士系列が中心になって県連の運営が行われることは，第7章で見た高知県連のように，必ずしも県連の統一にプラスに働かないことが多い。むしろ阻害することすらしばしばある。しかし，群馬県連のように，福田赳夫・中曽根康弘という中央での有力な国会議員が存在する場合，彼らによって強力に系列化された県議団を核として統一性の高い組織構造が見られるのである。

組織積み上げ型県連では，地域支部が発達していることが最大の特徴である。県連の意思決定過程のあらゆる局面において，地域支部の意向に重点が置かれるように制度化されている。その結果，組織積み上げ型県連では，県政運営の権力核というべきものが明確に存在しない組織構造を有している。

このような県連の組織構造の違いが，実際の政治過程にどのような影響を与えるのか。次節では，それを，それぞれの類型の典型例である熊本・群馬・静岡の3県連における県知事選を素材にしながら検討していきたい。

## 第2節　県知事選の事例分析

### 1．熊本県連の事例

熊本県では，第6章で検討したように，結成当初から代議士系列間で激しい対立が繰り返され，1959年の県知事選は分裂選挙となっている。しかし，その後，第6章で見たように，河津寅雄のような有力地方政治家を中心にして県議間のネットワークが県連内で形成されたことを背景にして，いずれの県知事選の候補者選定においても，激しい対立が生じることはあっても，最終的には候補者は一本化されている。このことは，近年の知事選においても指摘することができる。本章では，その事例として，2000年の熊本知事選における候補者選定過程について見ていきたい。

2000年2月25日，福島譲二熊本県知事が死去した。熊本県連内では，年内に予定される衆院選を前に無用な混乱を避けたいという雰囲気が存在した。そのため，県連は「ポスト福島」をめぐって，各党と協力して擁立作業を進めていく方針を決め，民主，公明，自由，社民の各党に「県民

党」的な立場の人物を擁立しようと働きかけていた[1]。

　それと並行して，県連内では候補者の人選が進められたが，候補者不足のため難航した[2]。県選出の国会議員には知事への転身の意志がなく，官僚を擁立するのには時間的な制約があった。このように県連は候補者の不足に悩まされるなか，最終的には潮谷義子副知事と木村仁参議院議員の2名の名前が浮上した。

　潮谷は社会教育主事や社会福祉法人の園長など政治とは無関係の経歴を歩んできたが，1999年に福島前知事によって福祉政策のブレーンとして副知事に登用されていた。民間登用の女性副知事として県内での人気が高く，2月に大阪府で太田房江知事が誕生したことで女性知事が話題となっていたこともあって，候補者に浮上してきたのである。また，前述したように，政治色が薄い経歴を歩んできたため，他党との連携も期待できた。これに対して，木村は，元自治官僚で1998年の参院選で熊本選挙区から自民党公認で出馬し当選した参議院議員である。当時，熊本県の財政状況は悪化していたため，県連内では木村の行政手腕に期待する声が存在した。しかし，参院での議席減を恐れる党本部が木村の転身に難色を示していた[3]。

　沢田一精会長(元熊本県知事，元参議院議員)ら県連幹部は，このような党本部の意向や他党との協力を視野に入れて，潮谷擁立に軸足を置いていた。しかし，県議団の意見聴取では，半数以上の県議が木村の擁立を求めていた[4]。そのため，県連内の調整は両にらみで進められていた。

　こうした状況の下，3月4日に県選出で自由党に所属する参議院議員である阿曽田清が立候補を表明した。その結果，県連幹部は各党が受け入れやすい潮谷を擁立する方向で調整を進め，翌5日，県連役員や県選出の国会議員の代表らが参加した会議が開かれた[5]。この会議でも木村を推す声が出されていたが，結局，県連幹部の調整によって潮谷に立候補を要請する

---

1　『朝日新聞』(熊本版) 2000年3月5日朝刊。
2　『朝日新聞』(熊本版) 2000年3月6日朝刊。
3　同上。
4　同上。
5　同上。

ことが決定された。木村も立候補しないことを明言した。

　しかし，このように自民党の主導によって潮谷の擁立が決定されたことに対して，3月6日，協力を求められていた民主・社民両党や連合熊本が反発し，相乗り拒否の姿勢を見せた[6]。その背景には，知事選を次期衆院選の前哨戦と位置づけ，野党としての姿勢を明確にしたいという思惑が存在していた。こうした民主党などの反発を前にして，自民党だけの支援を嫌う潮谷は出馬を躊躇することになる。

　その結果，沢田県連会長ら県連幹部は，自民党単独では推薦せず，「自民党は地下に潜」りながら，潮谷を支援する方針を決定した[7]。そして，潮谷の決断を鈍らせているとして，各種団体を集めた会議に出席させないなど，国会議員の介入を排除する動きを見せた。このような自民党色を薄めた県連の支援方針が示されたことによって[8]，3月10日，潮谷は出馬を表明する[9]。

　出馬を決めた潮谷は各党に推薦願を提出したが，民主党や自由党，連合熊本などは阿曽田を推薦する動きを見せた。その結果，相乗り構想は完全に破綻し，県連内では潮谷推薦の動きが強まった。町村会や議長会などの友好団体から推薦すべきだとの声が相次いだことは，この流れに拍車をかけた。このような県連の動きに対して，党本部は中央での自自公の連立の枠組を維持するために，潮谷の推薦を避ける方針であった[10]。しかし，3月12日，自民党熊本県連は党所属の国会議員も入った県連役員会を開催し，潮谷を県連として推薦することを満場一致で決めている[11]。その結果，阿曽田は，これまで国政での自自公連立の枠組に配慮して自制していた自由党の推薦を申請し，自由党もこれに応えて推薦を出したため，自民党本部も最終的には潮谷の推薦に踏み切ることになった[12]。こうして，自民対非自民という，国政での枠組とは異なった対立軸で，熊本知事選は戦われ

---

6　『朝日新聞』（熊本版）2000年3月7日，3月18日朝刊。
7　『朝日新聞』（熊本版）2000年3月19日朝刊。
8　『朝日新聞』（熊本版）2000年3月8日朝刊。
9　『朝日新聞』（熊本版）2000年3月10日夕刊。
10　『朝日新聞』（熊本版）2000年3月15日朝刊。
11　『朝日新聞』（熊本版）2000年3月14日朝刊。
12　なお，公明党は潮谷を推薦した。

ることになったのである。

　このように熊本県連では，県連幹部の主導によって知事選の候補者は選定された。国会議員も選考に関与しているが，自民党色を嫌う潮谷に配慮して選考過程から排除される一幕もあったように，あくまで選考の中心は県連幹部であった。ただし，重要な決定の場には国会議員が参加するなど，彼らの同意を調達することには意が払われている。

　その後，選挙戦においても，県連幹部の指導によって県連の団結が保たれた。実際，県議らの主要な支持基盤の一つである農業者政治連盟が阿曽田を推薦したにもかかわらず[13]，県議団は動揺することなく選挙運動を強力に進めていった結果，潮谷は阿曽田に7万票の大差をつけて勝利することになったのである。

　2008年の熊本県知事選でも，県議主導で候補者探しが進められ，最終的な決定の場で国会議員の了解を得るというプロセスが採られている。2007年12月，県連の知事選検討委員会（県議12名で構成）は，崇城大学学長の中山峰男と東大教授の蒲島郁夫に出馬を打診した。それと平行して市町村の保守系首長・議会議長や友好団体の意見も聴取されている[14]。また，前川収幹事長が県選出国会議員代表の野田毅に候補者選定について説明するなど，国会議員との連絡もとられている[15]。その後，中山が出馬を辞退したことから，知事選検討委員会は蒲島の支援を決定し，蒲島との交渉は県議の山本秀久会長に一任され，最終的には県連と県関係の国会議員との合同会議で蒲島を支援することを決定している[16]。蒲島は自民党からの推薦を辞退したが，県連幹部の主導によって，県議が選挙戦に全面的に協力する体制がとられた結果[17]，蒲島は圧勝することになったのである。

---

13　『朝日新聞』（熊本版）2000年4月5日朝刊。
14　『読売新聞』（熊本版）2007年12月18，23日朝刊。
15　『読売新聞』（熊本版）2007年12月8日朝刊。
16　『読売新聞』（熊本版）2007年12月29日朝刊。
17　蒲島は選挙戦にあたって県連や各県議の後援会組織が大きな役割を果たしたと述べている（蒲島「自民党の推薦を固辞した『理論』」『中央公論』第123巻6号，2008年）。

## 2．群馬県連の事例

　群馬県連においては，第7章で見たように，1970年代に福田・中曽根両代議士の系列によって県連内が二分されて以後，県知事選の候補者選定過程においても，その枠組に沿って対立が繰り広げられてきた。このことは，群馬県連の県議団が，福田系（「政策同志会」）と中曽根系（「県政塾」）に二分されることになった契機が，1976年の県知事選をめぐる県連内の紛糾であったことにも象徴的に現れている。

　しかし，この対立軸は，県知事の候補者選定の際には表面化するものの，いったん候補者が決定すると静岡県連で見られたような紛糾は発生しなかった。1976年の清水一郎，1991年の小寺弘之の擁立を決定する際にも，福田・中曽根両系列の間で候補者選定をめぐって深刻な対立が生じたが，国会議員の調整によって候補者が一本化されると紛糾は収束している[18]。代議士系列を通じて強い統制がとられていたからである。このことは福田，中曽根両派の解散後の，2007年県知事選の候補者選定過程においても見ることができる。

　2007年の県知事選を前にして，早くから現職の小寺弘之知事は出馬を表明していた。彼は中曽根系であり，福田系の県議は彼の支持に消極的な姿勢を示していた。実際，2003年に小寺が4選を目指して出馬する際にも，福田系は直前まで対立候補の擁立を模索していた[19]。結局，福田系は対立候補の擁立を断念するが，小寺の県連推薦を容認するにあたって，4期限りであるとの条件を明確に示していた。

　かくして4選を勝ち取った小寺知事であったが，県議会において福田系の県議団との対立は激化することになる。さらに，2003年の県議選によって，中曽根系が14名と大きく議席を減らしたのに対し，福田系が県議会の過半数である31名の議席を手にし，両派の勢力差が拡大することになった結果，福田系の主導によって反小寺の議会運営がより強く展開さ

---

18　この点については，戸塚一二『戻れない道』（あさを社，2005年）。
19　県知事選の告示20日前の2003年5月21日，福田系の山本一太参議院議員が，元県議の柳沢本次に県知事選への出馬を働きかけている（『毎日新聞』（群馬版）2003年7月8日朝刊）。

こうした小寺知事と福田系との対立が決定的となったのが，同年9月に県議会に提案された副知事人事案である。小寺知事が後藤新出納長の副知事への昇格を提案したのに対して，中曽根系は賛成したものの福田系が反発し，県議会で否決されたのである。以後，2年間にわたって副知事問題をめぐって福田系と中曽根系は対立を続けた。

しかし，事態は別の展開をみせることとなる。小寺知事が副知事2人制案[20]や県議選の定数・区割り見直し問題[21]など議会軽視の姿勢を見せるようになっていった。そのため，小寺知事に対する反発が福田系だけでなく中曽根系にも広まることになったのである。こうして反小寺で福田・中曽根両派が一致する機運が高まり始めた。さらにそれに拍車をかけたのが参議院群馬選挙区の定数の2から1への削減であった。この定数削減の結果，それまでは福田・中曽根両派が1名ずつ候補者を擁立していたのが不可能となり，両派が選挙協力する必要性が高まったのである。もともと小選挙区制比例代表並立制の導入後においても系列解消の必要性は主張されていたが，参議院選挙区の定数削減はその流れを決定づけることになり，2006年3月8日，県連の国会議員・県議会議員合同会議で「政策同志会」，「県政塾」の解散が決定されている。

このように県議団が一体となって反小寺の県知事選候補者を支える土台が整えられ，同年11月9日，県連の知事選挙対策委員会で大沢正明県議会議長を県知事選に擁立することが内定し，翌年2月7日の県議団総会で正式に決定された。大沢は，福田系の「政策同志会」に所属してきた県議であり，2003年から3年にわたって県連幹事長を務め，福田・中曽根両派を解消させるのに尽力した人物である。

県連の大沢擁立の方針に対して，県連内では当初，中曽根系を中心に小寺を支持する動きが見られた。しかし，最終的には県連が一丸となって大

---

20 小寺知事が，出納長の昇格を念頭に置いて副知事二人制を提案したが，福田・中曽根両派の反対によって否決されている。
21 県議会に設置された超党派の委員会で県議定数を56から50に削減する条例改正案が作成されたのに対し，小寺知事が県議の定数をさらに大幅に削減する条例案(45人)を提出したが，福田・中曽根両派の反対によって否決され，県議会の委員会で作成された条例改正案が可決された。

沢を支援している。その際に，大きな役割を果たしたのが代議士系列であった。すなわち，大沢陣営の選対本部長に福田康夫，副本部長に中曽根弘文が就任することによって，国会議員系列を通じて強力な統制が行われ，県連の統一は維持されたのである。その結果，大沢は当選することになる。

### 3．静岡県連の事例

静岡県連は，古くから県知事候補者の選定をめぐって紛糾の歴史を重ねてきた[22]。1967年の県知事選の候補者選定においては，斎藤寿夫現知事の五選を推進する一部県議と，斎藤の五選を否定する国会議員団との間で対立が生じている。県連では，国会議員団の主導によって竹山祐太郎参議院議員が擁立されることになったが，この決定に反発して13県議が離党して県議会内に新会派(新政会)を結成している。また，その竹山が引退することによって行われた1974年の県知事選では，前章で見たように，県連が山本唯三郎参院議員の擁立を決めたのに対して，県中部の地方議員を中心に永原稔副知事を支援する動きが広く見られた。結局，山本が県知事に当選するが，知事選をめぐって表面化した対立はその後も容易に消え去ることはなかった[23]。このような状況を克服するために，静岡県連では，地域支部を重視した組織づくりが進められたのは前章で見た通りである。さらに，1993年には，自治官僚の石川嘉延の擁立にあたって新進党との相乗りを嫌って，県連内で一部の県議が反発する動きを見せている。

このように，これまで静岡県連では県知事が交代するたびに紛糾が重ねられてきており，2009年の県知事選においても会派分裂にまで発展する対立が生じている[24]。静岡県連内では，石川知事の後継候補者の擁立に向

---

22　自由民主党静岡県支部連合会編『自由民主党静岡県連二十五年史』(自由民主党静岡県支部連合会，1980年)。

23　例えば，知事選後，県連は永原を支持した高見三郎，川野辺静の両議員を除名処分することにした。その後，彼らは復党が認められるが，地域支部の強い反発によって2年後の1976年まで引き延ばされている(自由民主党静岡県支部連合会編『自由民主党静岡県連二十五年史』868〜869，897〜899頁)。

24　2009年静岡県知事選に関する先行研究に，白鳥浩「小泉チルドレンの挑戦」(白鳥浩編著『政権交代選挙の政治学』ミネルヴァ書房，2010年)がある。

けて人選が進められたが，その過程で2人の候補者が浮上した。一人目の候補者はシンクタンクの理事長を務めている民間人である。この候補者には県選出の民主党国会議員も接触を試みており，相乗りを視野に入れるものであった。二人目の候補者は，県東部の三島市出身の坂本由紀子参議院議員である。彼女に対しては，県東部の19市町長や市民団体などが出馬を要請していた。

これに対して，柳沢伯夫会長や県連三役は当初，民主党と相乗りで民間人を擁立する方向で調整を進めていた。しかし，県連の選対小委員会では，坂本擁立派の県東部選出の県議から民間人の擁立に対して異論が噴出した。さらに民主党との連絡不調もあって，5月6日に民間人の擁立は断念されることになった。その結果，県連内の大勢は坂本議員の擁立へと傾き，5月17日の拡大選対，総務会で坂本議員へ出馬を要請することが正式に決定された[25]。

しかし，この決定に対しては県連内から批判が噴出する。まず坂本議員と距離を置く県西部の県議約10名が民主党との相乗りを視野に入れて独自の行動を進め，その結果，川勝平太静岡文化芸術大学学長の擁立を目指す超党派の「夢あるしずおか創造会議」が発足した[26]。これに対して，県連は幹事長名で「創造会議」の発足会見に参加した5県議を「文書注意」の処分に付した[27]。こうした県連の決定に公然と反発する動きが見られる一方で，擁立が決まった坂本議員の側も，元々は民間人擁立へと傾いていた県連幹部への不信感から，出馬の表明が遅れることになった。

このように，静岡県連内では，県知事候補者の選定をめぐって各県議が独自の行動を展開していたが，それに対して県連幹部は最後まで統制をとることができなかった。また，県選出の国会議員も調整に向けて表だって行動することはなかった。結局，選挙では民主党推薦の川勝が当選することになったが，候補者選定をめぐって県連内に走った亀裂は，選挙後も解消されなかった。

県連内の亀裂が再び表面化したのが，川勝新知事が2009年9月の県議

---

25　『静岡新聞』2009年5月18日朝刊。
26　『静岡新聞』2009年5月21日朝刊。
27　『静岡新聞』2009年5月23日朝刊。

会定例会に提出した空港部の廃止条例案をめぐる紛糾である。同条例案に対して、県連としてこれまで静岡空港の建設促進に動いてきた経緯から、自民党静岡県連の執行部は条例案反対の党議拘束をかけた。県議会で自民党は過半数を占めていたため、通常であれば条例案は否決されるはずであった。しかし、川勝県政との対立に否定的な自民党県議が多数造反したため条例案は通過、さらに、この造反に抗議して県連三役が総辞職し、彼らが新会派（自民改革会議）を立ち上げた結果、自民党の会派は自民党県議団（22名）と自民改革会議（18名）の両会派に分裂することになったのである。この条例案通過から会派分裂に至る過程においても国会議員は調整に向けて目立った動きをすることはなかった。

会派分裂後、県連や県議会の役職人事は両会派代表者の協議によってなされることになった。しかし、会派分裂によって県議団の統制は弛緩し、両会派の幹部の協議によって決定された人事案でさえも県議団の間で反発する動きが見られるようになった。それが表面化したのが、2010年5月の県議会定例会における県議会議長・副議長選挙である。この選挙にあたって、両会派の幹部は事前の協議によって県議会議長を自民党県議団から、副議長を自民改革会議から出すことに決めていた。しかし、この決定について選考過程が不透明だとして一部県議が副議長選挙で造反し民主党系候補者に投票したため、副議長は民主党系会派の「平成21」の手に渡ることになったのである[28]。

この造反に対して、県連は当初、議長・副議長選挙は無記名投票であり造反者の確定が困難なこともあって、会派である自民党県議団に対応を任せ静観の構えを見せていた。しかし、地域支部や党員から批判の声が殺到し、県連は厳罰方針に転じることとなり、県連は民主系候補者に投票したと思われる2県議に除名、1県議に離党勧告という厳しい処分を下している。彼ら3名はこの処分に反発したが、結局、自民党からの離党を余儀なくされ、無所属の1名と別会派（志士の会）を結成することになった。その結果、県議会での自民系会派は過半数割れすることになってしまった[29]。

---

28 なお、議長には自民党県議団の候補者が選出されている。
29 3名の離党によって、自民系会派の議席は、県議会定数74（欠員2）のうち、自民改革会議18、自民党県議団16の34と、過半数を割ることになった。

このように，自民党の県議団は県知事選以降，県連執行部の統制が機能しない状況が続いていた。このような状況に対して，県連会長はじめ国会議員は調整に向けて目立った動きを見せることはない。実際，こうした状況を最終的に打開すべく動いたのも一部の県議であった。すなわち，2011年4月の統一地方選に向けて自民党の会派が割れているのは不利になるという判断から，県連幹事長が中心となって会派統一に向けての動きが進められたのである。その結果，先に民主党系の会派が統一されたことも追い風になって[30]，2011年1月1日，自民党県議団が自民改革会議に合流するという形で会派の統一がようやくなされたのである。

---

30　2010年11月1日に，「平成21」に民主党・無所属クラブなどの所属議員が合流し，民主党・ふじのくに県議団が結成された。

# 第10章
# 第3期以降の自民党組織

　本章では，1993年の細川護熙内閣成立以後の時期，本研究でいう第3期以降の時期において，自民党組織がどのように「変容」してきたのか検討を加えていきたい。1990年代後半における制度的環境の変化（選挙制度改革，政党助成制度の導入など）を背景にして，2000年代以降の自民党組織に，実際にいくつかの顕著な変化が見られる。

　第3期における自民党組織の「変容」の中で，最も顕著に表れているのが「公職としての政党」と「地方における政党」との関係の変化である。2000年代以降，党中央は県連の活動への関心を強めている状況が見受けられるようになった。他方，県連側も，第2期以上に，党中央へ積極的に意見を表明するようになっている。その結果，一部で「対立」と言えるような現象が生じている。本章ではまず，そうした現象が生じるに至った経緯について見ていきたい。

　そのうえで，2009年の政権交代以降の時期（第3期'）に見られる，新たな動きについて見ていきたい。ただし，その方向性は，県連に対する党中央の統制を強めるものなのか，それとも県連の自律性を尊重するものなのか，現在でも定まったとは言えない。そのため，本章では，このような党中央と県連との錯綜した関係を，いくつかの「変容」の大きな流れを指摘することで示したい。

## 第1節　党中央と県連との「対立」の表面化

　第3期に入ってまず顕著に見られる変化が，県連の活動に対して党中央

が統制を強化しようとする動きである。その代表的なものが，県連における国政選挙候補者の選考過程への介入である。

1955年の結党以来，自民党では基本的には，県連の推薦を重視して候補者の選定が行われてきた。しかし，2004年以降，公募制と予備選挙が広く行われるようになった。こうした動きは，同年6月に党改革検証・推進委員会(安倍晋三委員長)が提出した提言で公募制の本格的な導入が挙げられたことで始まった[1]。その背景には，1994年の選挙制度改革以降，自民党の選挙区の候補者は「世襲」候補者によって埋められ，保守系の有望な人材が民主党に流れていったことがあった[2]。また，提言のタイトルが「よりオープンで信頼される自民党を目指して」であるように，党のイメージを向上させることも期待されていた。

その後，この提言を受けて，2004年12月に自民党選挙対策本部から「衆院選挙における公募による候補者選定に関する基本方針」が出され，公募制度が正式に導入されることになった。それによれば，公募は原則として全ての空白選挙区で行うとされたが，実際に公募を実施するか否かは，党本部の選挙対策本部が県連の意向を聴取しながら最終的に決定される。その後，候補者の選考は，県連に設置される選考委員会によって行われることになっていた。

しかし，実際には，公募制導入当初においては，候補者の選考が党中央の主導によって行われることが多かった。その典型例が，2005年の衆院選(いわゆる「郵政選挙」)での候補者選考である。「造反議員」が出た選挙区のうち，11の選挙区で党本部によって緊急公募が行われ，候補者が決定されている[3]。その中には，岐阜1区や佐賀2・3区など，県連が「造反議員」を支援することを明らかにしていた選挙区も含まれているように，公募の実施は県連の意向を無視する形で行われている。また，選考も，応募者に課せられた論文のテーマが「郵政民営化と構造改革に対する考え

---

1 自由民主党編『自由民主党五十年史』資料編（自由民主党，2006年），158頁。以下，公募制の導入過程については，浅野正彦『市民社会における制度改革』（慶應義塾大学出版会，2006年）第5章に負う点が大きい。
2 世耕弘成『自民党改革プロジェクト650日』（新潮社，2006年）。
3 自由民主党編『自由民主党五十年史』資料編，965〜966頁。

方」であったように[4]、党中央の主導で進められた。さらに、24の選挙区においては、いわゆる「落下傘候補」に代表されるように、完全なトップダウンで候補者が決定されている[5]。このように公募制度が導入された当初は、後述する政権交代後における公募とは異なり、党中央が県連の選考過程に介入する姿勢が見られたのである。こうした党中央の姿勢は、2007年の参院選においても見られた。このように党中央が介入を強めたのは、いわゆる無党派層が増加しマス・メディアの影響力が強まるなか、党全体のイメージを意識したためだと思われる[6]。例えば、2007年の参院選で、一部の県連が高齢・多選の現職議員を擁立しようとしたのに対して、党中央は党全体のイメージを良くするために候補者の差し替えを求めている[7]。その結果、例えば、佐賀県連では公示の直前になって候補者の差し替えが行われた[8]。

公募制導入と時期を同じくして、党中央の地方組織に対する権限の強化も進められた。例えば、2005年の党則改正によって、党本部に支部解散権が認められるようになった。また、2006年には、それまで県連が行ってきた県議の公認・推薦の決定を党本部が行うことが検討された[9]。これに対しては、県連との関係を悪化させるとの反論が出たため、導入は見送られたが、実際に改正された選挙対策要綱によって、県議及び政令指定都市

---

4 『読売新聞』2005年8月13日朝刊。
5 浅野『市民社会における制度改革』226頁の表5-9。
6 日本政治におけるマス・メディアの影響拡大については、星浩・逢坂巌『テレビ政治』（朝日新聞社、2006年）、逢坂巌『日本政治とメディア』（中央公論新社、2014年）、谷口将紀『政治とマスメディア』（東京大学出版会、2015年）などを参照。中北浩爾は、マス・メディアに支持の拡大を依存するようになった自民党を、パーネビアンコが提示した「専門職的選挙政党」に近付いたとの見解を示している（中北『現代日本の政党デモクラシー』岩波書店、2012年、第3章、ただし中北は「選挙プロフェッショナル政党」と訳している）。森本哲郎も、この時期に自民党内で「メディア・ポリティクス対応型政党」理念が見られるようになったと指摘している（森本「55年体制崩壊後の自民党の組織問題」『関西大学法学論集』第67巻第2号、2017年）。
7 『朝日新聞』2006年12月12日朝刊。
8 『佐賀新聞』2007年5月17日朝刊、『朝日新聞』2007年7月14日朝刊。
9 『毎日新聞』2006年5月16日朝刊。

の市議について党本部に公認・推薦を申請する際には，県連会長及び衆議院選挙区支部長の連名で申請することが必要になった[10]。

このように党中央が県連への介入を強めていったのに対して，県連側が反発を示したのはよく知られている。例えば，前述した2005年の衆院選では，岐阜，岡山，佐賀，静岡，徳島，山梨，大分の7つの県連が，党中央の方針に反発して「造反議員」を支援する立場を明確にしている[11]。ここでは，そうした反発が顕著に表れた例として，総裁選挙での地方票の取り扱いについて見ていきたい。

第2章で述べたように，1977年の総裁公選規程の改正によって，総裁選の予備選で党員・党友の投票が行われるようになった[12]。その後，1978年の総裁選で，予備選での党員投票が行われ，大平正芳が総裁に選ばれた。しかし，各候補者間で熾烈な党員・党友獲得競争が繰り広げられたため，この総裁選後，予備選を回避しようとする雰囲気が広がり，1981年の総裁公選規程改正によって，立候補者数が3名以内の場合，予備選挙が行われないことになった。また同時に，立候補に必要な推薦国会議員数が20名から50名に増やされ，総裁選出馬へのハードルも引き上げられた。これらの改正によって，予備選挙の実施には大きな制約が課せられるようになり，それ以後，この規定の下で実際に実施されたのは1982年の総裁選（中曽根康弘選出）だけである。

このように党員が総裁選に参加する機会が大幅に限定されたことに対して，県連は不満を強めていった。県連にとって，党員数の増大は，活動の担い手の確保と党費収入の増加を意味し，自らの組織的基盤を安定させるものであった。そして，その党員を繋ぎとめる最大のインセンティヴが，総裁選での投票権であったため[13]，全党員参加の総裁選が実施されないこ

---

10 この規定によって，例えば，2007年の岐阜県議選では，自民党岐阜県第1選挙区支部長の佐藤ゆかりが反対した結果，野田聖子派の県議の公認が見送られている（『岐阜新聞』2006年11月8日朝刊）。
11 浅野『市民社会における制度改革』202〜207頁。
12 全党員参加の総裁公選制の導入過程については，田中善一郎『自民党のドラマツルギー』（東京大学出版会，1986年）。
13 この点について，例えば，福島県連の中田武雄幹事長は，1977年の総裁公選規程改正によって党員・党友に総裁選の予備選に投票権が与えられたこと

とへの不満は大きかったのである。

　こうした不満は，1989年の参院選惨敗を契機にして表面化し，全国代表者会議で各県連が，総裁選での地方の関与の強化を要求するに至っている[14]。その結果，同年の総裁選（海部俊樹当選）の際には，特例として各県連代表1名に投票権が付与されている。さらに，総裁公選規程が改正された結果，予備選挙は廃止され，党員・党友の投票は国会議員と同時に行い，得票数の集計は，議員投票による得票数と，党員・党友投票による県連の持ち票数とを合計して行われることになった。しかし，県連の持ち票は最大4票に制限されており，地方票は国会議員票に比べて圧倒的に少なく，県連の不満は本質的には解消されることはなかった（図10-1を参照）。

　第3期になると，こうした県連の不満が噴出することになる。1993年の自民党下野によって，県連は地方票の配分を増やすように要求し，1995年の総裁公選規程改正によって，県連の持ち票制度が廃止され，党員票1万票につき1票と算定されるようになった[15]。

　さらに，2001年の総裁選においても，自民党の支持低迷を背景にして，県連の要求が噴出している。この総裁選は，森喜朗総裁の任期途中での辞任に伴うものであり，規則上では国会議員と県連代表各1名の投票によって行うことになっていた。しかし，この方式に対して，各県連は地方票の配分を高めるように党中央に要求した。その結果，地方票を1票から3票に増やして，総裁選が行われたのである。その際に，山口・広島両県連を除く各県連は自主的に党員投票を行い，その結果を総取り方式で地方票に反映させた。その結果，先に投開票が行われた県連票で，小泉純一郎－123票，橋本龍太郎－15票と，小泉が圧勝したことで，小泉総裁が誕生したのはよく知られている通りである。

　さらに，2002年の総裁公選規程の改正によって，地方票に300票に増やされ，47都道府県連に「持ち票」が党員数に基づき割り当てられるこ

---

について，「これまで党員は義務ばかりで党勢拡大がやりにくかった。こんどは総裁，総理を選ぶメリットができて反応はいい」と述べている（『朝日新聞』1977年10月27日朝刊）。

14　『読売新聞』1989年8月1日朝刊。
15　2000年代以降における総裁公選制度の変化については，上神貴佳『政党政治と不均一な選挙制度』（東京大学出版会，2013年）第4章。

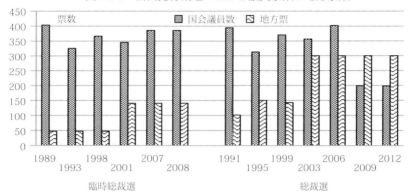

図10-1　自民党総裁選における議員票数と地方票数

とになった。その結果，図10-1が示すように，地方票は国会議員票に匹敵するまでに至っている。特に，2009年の衆院選惨敗によって野党に転落した後は，党所属の国会議員数が大幅に減少し地方票の方が多くなっている。

2012年の総裁選（安倍晋三選出）でも，国会議員票－198票，地方票－300票と地方票の方が多かった。ただし，1回目の投票では過半数に達した候補者がいなかったため，安倍晋三と石破茂の2名で戦われた決選投票は国会議員のみで行われた。その結果，安倍－108票，石破－89票と，1回目で地方票の過半数を獲得した石破が安倍に敗れることになった。これに対して，一部の県連から，地方の声を無視しているとして反発が示されたことはよく知られている[16]。

このように，「公職としての政党」に対して「地方における政党」の意見が出されるようになった背景として，伝統的な自民党の支持基盤が揺らぐなかで，県連内で組織の強化に重点が置かれるようになったことが挙げられる。自民党総裁選における地方票の比重の増大を求めたのも，それを通じて党員の権利を拡大することで，減少していく党員をつなぎとめよう

---

16　例えば，秋田県連は「まずは地方の声に耳を傾け，地方の意思を尊重すべきだ」（渋谷正敏幹事長）として総裁選の結果に抗議し，会長など県連幹部4名が辞意を表明している（『河北新報』2012年9月26日朝刊）。

としたためだと考えられる[17]。第6章から第8章にかけて見たように，党員は支部の運営に関与するなど，自民党の地方組織にとって依然として重要なリソースだからである。

また，国政選挙の候補者選定に党中央が介入することに対して強い反発が示されたのも，公認候補の差し替えを通じて県連内で「しこり」が残ることを避けようとしたからである。党中央としては，選挙での勝利が第一の目的であるが，地方組織にとっては，それとともに，組織の統一を維持することも重要なのである。例えば，2013年の静岡県知事選では，現職の川勝平太知事に対して勝てる候補者を擁立できる見込みがなく，党中央は「不戦敗」の方針に傾いていたにもかかわらず，組織維持のために候補者擁立を求める県議団の要望によって，候補者を擁立せざるを得ず，惨敗する結果に至っている[18]。

マス・メディアの影響力の拡大もまた，県連が党中央に対して意見を表明する理由として大きいように思われる。実際，マス・メディアの影響力拡大によって，再選を狙う地方議員にとって，そして県連にとっても，中央での自民党のイメージが以前よりも重要となってきている[19]。民主党や維新の会の地方議会への進出は，その傾向に拍車をかけた。

選挙制度改革によって，中選挙区制の下で発達してきた国会議員と地方議員との系列関係が緩んだことも大きい[20]。よく指摘されるように，中選挙区制下では，同一選挙区で自民党候補者間の争いを生じさせ，地方議員

---

17　上神『政党政治と不均一な選挙制度』183〜185頁。
18　『日本経済新聞』2015年4月6日朝刊。
19　例えば，後述するように岐阜県連が集団的自衛権の問題に対して慎重な議論を求めたのは統一地方選への悪影響を恐れてのものであった（『朝日新聞』2014年6月16日朝刊）。この点で，クーレがカッツとメアの「ストラターキー」論に対する批判として提示した「フェデラライゼーション」論，すなわち「中央の政治，および中央政党のイメージは，地方選挙の結果にも影響を与えるため，地方議員は中央の指導部に対して口出しせざるを得なくなる」とする議論は示唆に富む（Rund Koole "Cadre, Catch-All or Cartel?". *Party Politics*, Vol. 2, No. 4, 1996）。ただし，前述したように，自民党の党本部も県連に対する介入を強めようとしており，クーレの議論を全面的にあてはめることはできないと思われる。
20　上神『政党政治と不均一な選挙制度』142〜145頁。

はいずれの候補者を支持するのか明確化することを強いられたが，小選挙区比例代表並列制の導入によって，そのような系列化のメカニズムは働きにくくなったのである。また，第2期において重要であった国会議員を通じての「国政とのパイプ」は，2000年代における財政リソースの減少によって，地方議員にとって，その重要性は大幅に低下した。これらを背景として，国会議員との関係が希薄化したことによって，地方議員や党員の，国会議員からの自律性が高まったと思われる。その結果，彼らの意見は県連を通じて表出しやすくなり，党中央と県連との「対立」が表面化するようになったのである。

このように，党中央が県連に対して介入を強め，県連も党中央に対して意見表出を強めていった結果，カッツとメアが言う「公職としての政党」と「地方における政党」との対立が表面化するようになった。これは，第1章で見たような，カッツとメアが，マス・メディアの影響力増大や政党に対する国家の助成を背景にして，ヨーロッパの伝統的諸政党で生じるとした，「公職としての政党」と「地方における政党」とが相互に干渉しあわない状態（「ストラターキー」）が，自民党においては，マス・メディアの影響力増大や政党助成制度の導入によっても生じていないことを意味する。

## 第2節　党中央における地方組織に対する関心の強化と県連の自律性

1997年の選挙制度改革以降，党本部に対し積極的に意見表出を行ってきた県連は，2009年の政権交代以後，よりその動きを強めている。例えば，熊本県連では，2010年3月に谷垣禎一総裁宛てに人事刷新などの党改革を断行するように意見書を提出している[21]。さらに，同年4月には，全国幹事長会議で低迷する党の支持率を回復させるために，具体的に議員名を挙げて幹事長の交代を求めている[22]。また，2014年には，安倍晋三内閣が集団的自衛権の行使容認の閣議決定を行おうとしたのに対して，岐阜

---

21　『読売新聞』2010年3月18日朝刊。
22　『読売新聞』2010年4月6日朝刊。

県連が，県内の全42市町村議会議長に対して，性急すぎるとして慎重な議論を求める意見書を採択するよう要請している[23]。

　こうした県連の動きにたいして，党本部は従来の統制の強化とは異なる態度を見せるようになる。党中央が地方組織の意向を尊重しようとする動きが顕在化するようになったのである。例えば，組織面では，2010年の党大会で党則が改正され，「草の根民主主義」を実践する国民運動的な活動を盛んにするために，組織本部の名称が組織運動本部に改められ，その下に置かれていた組織局も，地方議員との連携強化や研修活動の充実，人材発掘・育成などを強化することを目的として地方組織・議員局に改編されている[24]。また，2010年の参院選におけるマニフェストの作成にあたっては，県連との密接な連携が図られた[25]。具体的には，各県連が地域独自のマニフェスト（ローカルマニフェスト）を作成し，それを党本部で集計したうえで，全体の整合性をとりながら各地域共通の政策項目を中心に党全体のマニフェストが取りまとめられている。

　こうした動きの背景には，スキャロウの研究がイギリスやドイツの主要4政党の比較分析を通じて明らかにしたのと同様に[26]，自民党においても，地域支部や党員の存在が改めて支持拡大のリソースとして党中央に認識されるようになったことが挙げられる。例えば，石原伸晃幹事長は，2011年の党大会で「わが党が他党に勝る力の源泉，それはまさに地方組織・地方議員の存在です」と述べている[27]。野党転落によって，有権者の支持が流動化しているなかで，安定的な支持基盤として地方組織や党員などの重要性が改めて認識されるようになったのである[28]。

---

23　『朝日新聞』2014年6月16日朝刊。
24　大島理森「幹事長講演 党再生へ，いまこそ女性の力を－夏の参院選必勝へ向けて」（『月刊自由民主』682号，2010年）。
25　『自由民主』2010年2月23日号。
26　イギリスやドイツの政党においても，党中央が安定的な支持基盤として党員や地方組織を重視する側面が見られることをスキャロウは指摘している（Susan E. Scarrow, *Parties and their Members*, Oxford University Press, 1996）。詳細は，第1章を参照されたい。
27　『自由民主』2011年2月1日号。
28　森本哲郎は，自民党にとって「風」に左右されない固定層である党員の価

図10-2が示すように，第2期において，自民党の党員は，圧倒的に職域支部に所属するものが多かった。これは，よく知られているように，1983年から参院選の比例区で拘束名簿方式が導入されたことを背景とするものであった。しかし，職域支部の党員数は，1991年の450万人をピークに大幅に減少していった。

　これに対して，地域支部の党員数は，全党員参加の総裁選導入を契機にして大幅に増加した1979年をピークとして[29]，その直後に大幅に減少するものの，それでも第2期が終わる1993年までは100万人前後で推移していた。第3期に入るとさすがに漸減していくものの，それでも60万〜70万人台で推移している。その結果，2006年には，地域支部の党員が64万人，職域支部の党員が55万人と逆転するに至っている。

　その後，政権交代後の2013年には党員数は70万人台にまで落ち込むが，その多くは，長期間にわたって在籍している党員であると思われる。

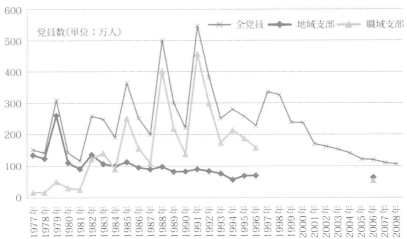

図10-2　党員数の推移

---

　値が大きいことを指摘している。森本哲郎「政党と政党システム」（森本編『現代日本の政治』法律文化社，2016年）。中北浩爾『自民党』（中央公論新社，2017年）第6章も参照。

29　この時期には，職域支部はまだ全国的に整備されていなかったため，地域支部が新規党員の受け皿になったと思われる。

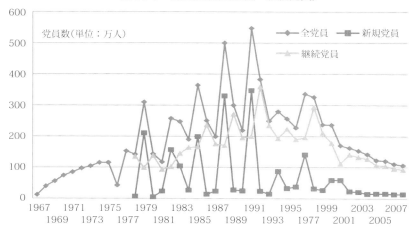

図10-3　党員数（新規党員・継続党員）

このことは，図10-3が示している。この図が示すように，1983年以降，新規党員数は参院選が行われる年に急増している。図10-2が示すように，職域支部の党員は参院選の際に急増しているので，この時期の新規党員の大半は職域支部の党員であったと思われる。そのため，2001年を最後に比例区の拘束名簿方式が廃止されると新規党員数は大幅に減少することになった。

従来，職域支部の党員数の減少を以って自民党の地方組織の後退と見なされることが多かった。しかし，重要なのは，図10-3が示すように，2002年以降，党員の大半が継続党員，すなわち長期間にわたって在籍する党員で占められ，その数は減少しつつも，データが残されている2007年でも100万人近くいたことである。

このうち職域支部の党員は，2005年の郵政選挙の際に，特定郵便局長OBの政治団体である「大樹」の関係者が離党するなど，財政リソースの減少による支持団体離れによって減少しつつある。これに対して，前述したように，地域支部の党員もまた減少しているが，その程度は緩やかであり，現在では職域支部の党員数よりも多くなっている。そして，その少なくない部分が，前述したように，県連や支部の運営に関与するなど能動的な党員である。この存在に目を付けたのが自民党本部である。すなわち，

2000年代以降，マス・メディアの影響力の下で党の支持が大幅に左右される傾向が強まる中，改めて安定的な支持基盤である地方組織や党員を重視するようになったのである。この点は，以下に見ていくように，党中央の地方組織との関わり方の変化に明確に現れている。

(1) 地方組織の意向を重視した公募

前述したように，2004年に公募制度が正式に採用された当初は，党中央が県連の選定過程に介入する動きを見せていた。しかし，2009年の下野後においては，党中央から県連に対して公募実施の指示が出されるものの，選考過程に直接介入しようとする動きは少なくなっていく。

例えば，2009年の参院選に際して，21の選挙区で公募によって候補者の選定が行われたが，そのいずれも党中央の関与は見られなかった[30]。また，実際の応募条件の設定も各県連に任せられていた。2012年1月から6月にかけて行われた衆院選向けの公募でも，14件中11件で選挙区との何らかの関係があることが条件とされ，また6件で地元関係者の推薦書または推薦人が必要とされているなど，地元との繋がりが重視されている[31]。カッツは，公募制度の導入は「地方における政党」に対する「公職としての政党」の優位が強まるとしているが[32]，少なくとも2009年の政権交代後の自民党においては，候補者の選定にあたって地方組織の意向が尊重されているように思われる[33]。

---

30 堤英敬「候補者選定過程の開放と政党組織」(『選挙研究』第28巻第1号，2012年)。堤は，2009年の参院選の候補者選定において，候補者資格，セレクトレイトのうち，一方の包括性を高め，一方を排他的にする県連が多かったことを指摘し，自民党の候補者選定過程の「開放」は，地方組織の自律性を保ったうえで進展したとしている。
31 庄司香「日本の二大政党と政党候補者公募制度」(『学習院大学法学会雑誌』第48巻第1号，2012年)。
32 Katz Richard S. "The Problem of Candidate Selection and Models of Party Democracy" *Party Politics*, Vol. 7, No. 3, 2001.
33 2009年の政権交代後における具体的な候補者選定過程については，鶴谷将彦「政権交代後の自民党地方県連における選挙過程」(『政策科学』第20巻第1号，2012年)及び，金東煥「候補者指名方法における開放と自民党地方組織」(『政策科学』第21巻第2号，2013年)が，滋賀県連を事例にして論じている。

また，自民党は，いわゆる「世襲」に対する批判を受けて，2009年衆院選のマニフェストで，元国会議員の配偶者と3親等以内は同一選挙で公認しない方針を掲げていたが，地方組織から条件の緩和を求める意見が相次いだことによって，公募を実施することを条件として「世襲」を容認する方針に転換した[34]。こうした「世襲」の条件緩和が示しているように，自民党は，党のイメージに重点を置いた政策を改め，地方組織の意向も重視するようになったのである。

## (2) 地方政治学校

2009年の政権交代以後，党中央は，これまで検討してきた公募による人材発掘とともに，各県連に地方政治学校を設けることで人材の発掘・育成を行おうとしている。その背景には，自民党の地方でのネットワークの中核である地方議員の担い手が不足していることが挙げられる[35]。1995年に「かながわ政治大学校」が開講されて以降，京都や愛知，東京，大阪など都市部の県連で政治学校が設けられていった。しかし，本格的に各県連で設置されるようになったのは，2010年の党大会で地方政治学校が党則に正式に位置づけられてからである。それまで，党則上に定められていた政治教育機関は，1957年に党本部に設置された中央政治大学院しかなかった。中央政治大学院は，元々は，ピラミッド型の組織作りの担い手である地方駐在員を養成するために設立された機関であった[36]。その後，1994年にいったん廃止になるが，2000年の衆院選で，都市部で大敗したことを契機として，「党員の資質向上を図るとともに，国及び地域の将来を担うにふさわしい人材を発掘，育成」する場として再開されることになった[37]。その機能を全国的に拡大しようとして，県連に設置されることになったのが地方政治学校である。

現在，地方政治学校は43県連に設置されており（表10-1を参照）[38]，

---

34 『産経新聞』2012年1月19日朝刊。
35 『毎日新聞』2011年2月16日朝刊，『朝日新聞』2015年2月22日朝刊。
36 升味準之輔「自由民主党の組織と機能」（升味『現代日本の政治体制』岩波書店，1969年，に所収）。
37 自民党党則第68条。
38 なお，静岡県連では静岡青年政治塾が2009年に設立されたが，2010年に

表10-1　地方政治学校設置状況

| 都道府県 | 地方政治学校名 | 開講年 | 都道府県 | 地方政治学校名 | 開講年 |
|---|---|---|---|---|---|
| 北海道 | HOKKAIDO政治塾 | 2010 | 滋賀 | 志我－shiga－塾 | 2013 |
| 青森 | AOMORI政治塾 | 2012 | 京都 | きょうと青年政治大学校 | 2000 |
| 宮城 | 宮城未来塾 | 2012 | 大阪 | 自民党政治大学校なにわ塾 | 2006 |
| 秋田 | AKITA未来塾 | 2013 | 兵庫 | ひょうご政治大学院 | 2016 |
| 山形 | やまがた元気塾 | 2014 | 奈良 | 自由民主党奈良政経アカデミー | 2011 |
| 福島 | ふくしま未来政治塾（ふくしま再興政治塾） | 2013 | 和歌山 | 木国政経塾 | 2013 |
| 栃木 | とちぎ未来塾 | 2010 | 鳥取 | TOTTORI政治塾 | 2014 |
| 群馬 | ぐんま政治塾 | 2010 | 島根 | しまね高志塾 | 2014 |
| 埼玉 | 埼玉政治学院 | 2010 | 岡山 | おかやま政治大学校 | 2011 |
| 千葉 | ちば自民党政治学院 | 2010 | 広島 | 広島未来創造塾 | 2012 |
| 東京 | TOKYO自民党政経塾 | 2006 | 山口 | 山口政治塾 | 2015 |
| 神奈川 | かながわ政治大学校 | 1995 | 徳島 | とくしま志政塾 | 2017 |
| 新潟 | LDP新潟政治学校 | 2016 | 香川 | 香川政経塾 | 2014 |
| 富山 | 自民党　富山政治学校 | 2014 | 愛媛 | えひめ地域リーダー育成塾 | 2016 |
| 石川 | 石川政経塾 | 2012 | 高知 | KOCHI自民党政経塾 | 2008 |
| 福井 | ふくい政経アカデミー | 2011 | 佐賀 | ニューリーダー育成塾 | 2005 |
| 山梨 | やまなし政治大学校 | 2012 | 長崎 | ニューリーダー育成塾『長崎出島塾』 | 2013 |
| 長野 | 信州維新塾 | 2010 | 熊本 | 明日のリーダー育成塾 | 2005 |
| 岐阜 | 自民党ぎふ政治塾 | 2011 | 大分 | 自民党大分政治学院 | 2011 |
| 静岡 | 静岡青年政治塾※ | 2009 | 宮崎 | ニューリーダー育成塾「ひむか」 | 2011 |
| 愛知 | 愛知政治大学院 | 2001 | 鹿児島 | ふるさとリーダー育成塾かごんま造士館 | 2013 |
| 三重 | 自民三重政治塾 | 2010 | 沖縄 | Okinawa政治大学校－夢・志道場－ | 2013 |

出典：自民党のホームページ（http://daigakuin.jimin.jp/index.html）より作成

2017年現在，全国の地方政治学校に1500名が在籍しているという[39]。党則上は，中央政治大学院が示した人材を発掘，育成するための指針に基づいて地方政治学校は運営されることになっているが，その教育内容は県連ごとに特色のあるものとなっている。例えば，ぐんま政治塾では，「自治

---

※閉塾している。
39　第84回自由民主党大会（2017年3月5日）での二階俊博幹事長の党情報告。

体と地方議会の関係」や「県議会議員の役割」など地方議会・地方自治の概要について講義がなされるとともに,「選挙における地域組織」や「立候補のロードマップ」など立候補に向けての授業も行われている[40]。こうした講義中心のぐんま政治塾に対して,愛知政治大学院では,グループワーキングや政策発表会など,実践的なプログラムが導入されている[41]。これら教育内容の相違は,県連ごとに必要とされる人材が異なっていることを示唆している。また,人材の発掘・育成だけでなく,政策をめぐる議論の場として地方政治学校を活用しようとしている県連も存在する。例えば,宮城県連では,宮城未来塾の基本方針として,人材育成とともに,「いろいろな業種・地域の方々が知り合い研鑽を積むなかで,それぞれの現状に対する問題意識を共有し,そこから将来のあるべき姿とそこに向かうプロセスを探求していく」ことが挙げられている[42]。

　これら地方政治学校の多くは,まだ設置されて10年も経過しておらず(全43校のうち34校が政権交代後の2010年以降に創設されている),今後どのように展開していくのか,必ずしもその方向性は定まっていない。しかし,人材の供給源としての機能をすでに果たしつつあるようである。例えば,2011年の統一地方選では,全国で200名を超える卒業生が当選したという[43]。さらに,党中央では現在,自民党の候補者選考プロセスの中に各県連の地方政治学校を位置づけていくことも検討されているようである[44]。そのため,現在,全県連での地方政治学校の設置が目指されている。

---

40　ぐんま政治塾の講義日程(http://www.jimin-gunma.jp/academy/files/sc24-25.html)。

41　愛知政治大学院のカリキュラム(http://www.aichi-seijidaigakuin.com/)。

42　この点について,宮城県連の須田善明幹事長は,地方政治学校について「今の政治の在り方や地域に根ざした政策をどう作るべきか。その議論の場を提供するのが本来の目的であるべきだ」と述べている(『朝日新聞』(宮城版)2010年11月8日朝刊)。

43　古屋圭司中央政治大学院長のブログ(http://www.furuya-keiji.jp/blog/archives/category/%e4%b8%ad%e5%a4%ae%e6%94%bf%e6%b2%bb%e5%a4%a7%e5%ad%a6%e9%99%a2,2011年6月25日)。

44　河野太郎中央政治大学院長のブログ(http://www.taro.org/2012/10/post-1278.php,2012年10月23日)。

## (3) ローカルマニフェスト

2010年の参院選にあたって，自民党本部は各県連にローカルマニフェストの作成を指示した。これは，地域の課題にきめ細かく取り組む姿勢をアピールすることを目的とするものであった[45]。その後，全県連で，八ッ場ダム建設再開や諫早湾干拓問題での長期開門など地元の要望を盛り込んだローカルマニフェストが作成された。前述したように，こうして作成された各県連のローカルマニフェストを土台にして，党全体のマニフェストが作られている。さらに，2011年の統一地方選においても，一部の県連でローカルマニフェストが作成されている[46]。

これらの改革は，いずれも人材・政策の両面で県連の自律性を高めるものであった。特に，地方組織を重視した公募が広く行われていることは，「郵政選挙」で見られたような県連の決定への党中央の介入を排除するものであった。このように，2009年の政権交代以降，県連が有している支部や党員などのリソースが改めて安定的な支持基盤として見直されたことによって，党中央は地方組織を重視する姿勢を見せるようになったのである。

しかし2012年に第2次安倍晋三内閣の成立によって自民党が政権に復帰して以降，地方組織への統制を再び強化しようとする動きが見られるようになった。ただし，それは，党中央の介入がほぼ国政選挙の候補者選定に限られていた2000年代とは異なり，第1期のように，自民党の理念・イデオロギーの結集点として地方組織を位置づけ，その観点から統制の強化を試みようとするものであった。こうした組織化の方針は，従来のような利益誘導による支持基盤の維持が困難となったことで，小選挙区を中心とした選挙区制度の下で民主党に対抗するために，自民党が保守的な

---

45 『日本経済新聞』2010年4月29日朝刊。
46 ただし，これ以後，ローカルマニフェストは作成されていない。その背景には，民主党がマニフェストに基づく政権運営に失敗したと広く認識されていることにある。民主党のマニフェストが失敗した経緯については，伊藤光利「民主党のマニフェストと政権運営」（伊藤・宮本太郎編『民主党政権の挑戦と挫折』日本経済評論社，2014年）を参照。

イデオロギーを強調する必要性に迫られた結果として採られたものであった[47]。その動きはすでに政権転落後の谷垣禎一総裁時代から見られたが，安倍総裁の下で大きく進展することになった。安倍総裁は，幹事長時代（2003年〜2004年）から，「リベラル」な傾向が強い民主党に対抗するために，「保守」の立場を強調することで自民党の組織を固めようとしたことは知られている。その安倍総裁の下で，次に見るように，地方組織への統制の強化が目指されるようになったのである。

　第一に，2000年代以降漸減傾向にあった党員数の増加が目指された。第2章で述べたように，第2期の自民党は，"政党色"を薄めて，多様化した社会の要望を吸収することに重点を置いた組織を志向することで，潜在的な自民党支持者と多様な形で関係を結ぼうとしていた。こうした組織化の方針を支えていたのが，公共事業や補助金などを通じた利益配分であったのは言うまでもない。しかし，前述したように，財政リソースの減少によって利益誘導による支持基盤の維持は困難となり，党中央で理念やイデオロギーによる組織化の方針がとられるようになると，その一環として，「草の根保守」を党員として組織化することが目指されたのである[48]。

　具体的には，2014年1月の自民党大会で，「わが党の考えに強く賛同する仲間」を増やしていくことを目的として，「120万党員獲得運動推進要綱」が採択された。そして，この要綱に基づいて，衆議院議員と選挙区選出の参議院議員は，最低1000人の党員を獲得するノルマが課された（参議院の比例代表選出議員は，支持団体の規模に応じて1000〜5000人の党員獲得のノルマが課されている）[49]。そして，そのノルマの達成者には，党役員人事や比例代表名簿の登載順位決定の際に便宜を図るなどのインセンティヴを付与することとされた。これに対して，ノルマの未達成者には，不足数に2000円を乗じた金額を県連に納めることが課せられた。さ

---

47　中北浩爾『自民党政治の変容』（NHK出版，2014年）第4章。

48　同上，222頁。

49　この点について，中北浩爾は「党員の獲得に関する限り，右派的な理念による『草の根保守』の動員は必ずしもうまくいっていない」としている（中北『自民党政治の変容』256頁，中北『自民党』259〜262頁も参照）。こうした理解について異存はないが，本書で重視したいのは，自民党本部が国会議員にノルマを課すほどに，党員の数について強い拘わりを持つようになったことである。

らに，2015年2月の役員会で決定された衆院選の候補者の新たな選定基準では，直近の衆院選で2回以上連続して選挙区で敗れ，比例代表で復活当選した議員を暫定的な支部長とし，党員獲得などが不十分なら候補者の差し替えを検討するとされている[50]。これらの取り組みの効果もあって，2013年末には70万人台までに落ち込んでいた党員数が，2016年10月には100万人台を回復するに至っている[51]。しかしこのようにして獲得した党員が今後定着していくかは，現段階では不透明である。

　第二に，地方議員の入党が積極的に勧誘された。2014年4月，党中央は，保守系の地方議員に対して，1年後の統一選に向けて，無所属ではなく自民党公認で立候補し，自民党色を前面に出すように求めた[52]。その理由として，無所属での出馬は，町内会単位で応援を受けやすいが，政治的なスタンスは有権者に分かりにくいことが挙げられた。

　その後，2015年の統一地方選では，県議，政令指定都市の市議，その他の市議，町村議ともに，前回よりも自民党の公認を受けた候補者数及びその定数に対する割合が増加している（表10-2を参照）。特に，その他の市議と町村議については，2000年代に行われた統一地方選のなかで，自民党の公認を受けた候補者数の定数に対する割合が最も高い。その結果，自民党から公認を受けた市議の当選者は634名となり，前回の統一地方選よりも120名増加した[53]。ただし，無所属での当選者は4,135名であり，その大半は保守系であると推定されるため，依然として保守系無所属の市議が圧倒的に多いことには変わりない。

　第三に，県連に運営が任されてきた地方政治学校についても，2015年の党大会で研修内容を共有する方針が示されるなど，党中央からの統制を

---

50　『日本経済新聞』2015年2月3日朝刊。具体的には，2回以上連続して比例復活している25名の現職の衆議院議員について，毎年末に党員の獲得状況や集会の動員状況などに基づいて正式に支部長にするかどうか判断するとされている。

51　『朝日新聞』2016年10月2日朝刊。

52　『朝日新聞』2015年11月22日朝刊。

53　総務省自治行政局選挙部『地方選挙結果調』の各年版を参照にした。なお，自民党から公認を受けた町村議の当選者は30名となり，前回の統一地方選より3名増加している。

表10-2 地方議員における自民党公認候補者の割合

| 年 | 議員 | 定数 | 自民 | | 無所属 | |
|---|---|---|---|---|---|---|
| 2003 | 県議 | 2634 | 1497 | 56.80% | 1290 | 49.00% |
| | 指定市議 | 831 | 284 | 34.20% | 260 | 31.30% |
| | 市議 | 10218 | 869 | 8.50% | 8178 | 80.00% |
| | 特別区議 | 837 | 325 | 38.80% | 262 | 31.30% |
| | 町村議 | 17568 | 90 | 0.50% | 17538 | 99.80% |
| 2007 | 県議 | 2544 | 1465 | 57.60% | 1192 | 46.90% |
| | 指定市議 | 928 | 310 | 33.40% | 330 | 35.60% |
| | 市議 | 7999 | 668 | 8.40% | 6755 | 84.40% |
| | 特別区議 | 841 | 341 | 40.50% | 225 | 26.80% |
| | 町村議 | 5627 | 28 | 0.50% | 5812 | 103.30% |
| 2011 | 県議 | 2330 | 1244 | 53.40% | 934 | 40.10% |
| | 指定市議 | 924 | 242 | 26.20% | 352 | 38.10% |
| | 市議 | 7104 | 550 | 7.70% | 5558 | 78.20% |
| | 特別区議 | 821 | 301 | 36.70% | 231 | 28.10% |
| | 町村議 | 4423 | 22 | 0.50% | 4443 | 100.50% |
| 2015 | 県議 | 2284 | 1319 | 57.70% | 912 | 39.90% |
| | 指定市議 | 1022 | 331 | 32.40% | 350 | 34.20% |
| | 市議 | 6865 | 693 | 10.10% | 5415 | 78.90% |
| | 特別区議 | 817 | 310 | 37.90% | 296 | 36.20% |
| | 町村議 | 4269 | 33 | 0.80% | 4210 | 98.60% |

出典:総務省自治行政局選挙部『地方選挙結果調』第15～18回の各版より作成

強化する方針が示された。ただし,今後,この方針がどのように展開していくかについては現段階では不明である。

このように,2011年の政権奪還後,自民党内では党中央が地方組織へ介入する動きも見られるようになった。こうした流れは,直接的には,前述したように安倍晋三総裁の下で「草の根の保守」を結集させる拠点として地方組織を活用しようとする方針がとられたことによるものである。しかし,それとともに,これまで党中央と地方組織・党員との間のパイプ役を果たしてきた国会議員が,若手議員を中心として,以前よりも選挙区での活動に積極的でなくなっていることも関係している[54]。マス・メディアの影響力が拡大するなかで,党首の評価や政策面での争点といった全国的な要因で投票する有権者が増え,議員個人の努力によって選挙結果を左

---

54 『日本経済新聞』2015年2月3日朝刊。

右できる余地は大幅に狭まり[55]，選挙区での支持基盤の構築に熱心でない議員が出てきたのである。例えば，当選2回（2015年段階）のある衆議院議員が「中選挙区時代は，地元で活動するだけ票になった。小選挙区では，入ってくる票が見えない。党のトップが誰かということが問題で，個人の力には限界がある」と述べている[56]。また，村松岐夫の研究によれば，1987年から2002年にかけて国会議員と地方議員の接触頻度が大幅に減少している[57]。このように，以前よりも選挙区での活動に消極的な国会議員が増えたのである。

　こうした自民党の国会議員の姿は，マス・メディアの発達によって，「公職としての政党」が「地方における政党」への関心を失っていくとする，カッツとメアの議論に適合的である。ただし，それはあくまで個々の国会議員の行動に限定して見ると適合的なのであって，これまで検討したように，党中央全体として見れば，「風」に左右されない安定的な支持基盤として地方組織への関心が強まっているのである。地方組織の自律性を尊重するにしても，それへの統制を強化するにしても，現在，自民党では，「公職としての政党」が「地方における政党」への関心を強めていることは明らかである。

## 第3節　県連における変化

　1994年の選挙制度改革は，県連の組織構造にも，限定的ではあるが影響を与えているように思われる[58]。第3期以降における県連会長の人事傾向を見ると，多くの県連では，第2期の傾向を引き継いでいる。しかし，

---

55　森本「政党と政党システム」。
56　『朝日新聞』2015年11月29日朝刊。
57　村松岐夫『政官スクラム型リーダーシップの崩壊』（東洋経済新報社，2010年）200～206頁。この点については，品田裕「国会議員の社会的支持基盤とのつながり」（村松岐夫・久米郁男編『日本政治　変動の30年』東洋経済新報社，2006年）も参照。
58　この点について，上神貴佳は，「不均一な選挙制度」という観点から，衆議院の選挙制度改革が地方レベルの政党組織に与える影響は限定的であるとしている（上神『政党政治と不均一な選挙制度』）。

大きく変化した県連も存在する。例えば，第2期まではほぼ国会議員のみが会長を務めていた岩手，秋田，新潟，徳島，山口，宮崎の各県連で県議が会長に就任するようになった。このうち，岩手や秋田，新潟などの各県連は，2009年の衆院選で惨敗し会長となりうる国会議員が不足した結果として採られた措置である。これらの県連では，2012年に自民党が衆院選に勝利した後，再び，国会議員が会長に戻っており，県議の会長就任は暫定的なものであったと言えよう。このうち，秋田県連は，党本部との連携を強めるために，国会議員の会長に戻したという[59]。

これに対して，例えば，宮崎県連のように，国会議員間で会長職をめぐって激しい対立が生じた結果，県議が会長に就任するに至ったケースも見られる[60]。また，徳島県連では，衆議院の定数削減による候補者調整によって，県議が暫定的に就任している。これらのケースは，選挙制度改革以降も，定数の削減（徳島）やコスタリカ方式の適用（宮崎）によって，代議士系列間の対立が残り，その調整のために県議が会長に登用されたものである。こうした県連は，県議ネットワーク型県連の組織的特徴を持つようになったと言えるが，定数削減など一時的な要因によるものである場合が多く，徳島県連のように，再び国会議員の会長に戻るケースも多く見られる。

他方，県議が長らく会長を務めてきた県連が国会議員を会長にするようになったケースも見られる。このようなケースは，第2期において，県議ネットワーク型県連の組織的特徴を持っていた県連のなかで見られるが，この点については後述する。

このように第3期以降会長の人事傾向が大きく変化した県連も存在するが，そのうちの多くは一時的な要因によるものである。多くの県連では，選挙制度改革以降も，第2期の組織的特徴が引き継がれたと言えよう。

---

59 『朝日新聞』（秋田版）2013年4月23日朝刊。ただし，秋田県連の場合，2005年から，衆議院議員の選挙地盤が激変しており，国会議員よりも県議が調整する方がよいとの考え方から県議が会長を務めていた（『朝日新聞』（秋田版）2005年6月26日朝刊）。しかし，その後も県議の会長時代が長く続いたのは，2009年の衆院選で小選挙区に全敗する（うち1名は比例復活）など，所属国会議員が大幅に減少した影響が大きい。

60 『読売新聞』（宮崎版）2014年4月2日朝刊。

そのなかで，各県連で共通して見られる変化として挙げられるのは，国会議員の影響力が弱まった点である。それが顕著に表れたのは代議士系列型県連である。第7章で述べたように，代議士系列型県連では，激しい内部対立を伴いながらも，国会議員の系列を軸にして組織運営が行われてきた。しかし，第3期になると，前述したように，選挙制度改革の影響が徐々に大きくなり，代議士系列の解体，あるいは代議士系列間の対立の緩和が進展していった。

　第7章で取り上げた群馬県連を例として見ると，選挙制度改革後，福田・中曽根両派の協調が主張されるようになった。この動きに拍車をかけたのが第9章で見たように参議院群馬選挙区の定数減（2→1）である。この定数削減の結果，それまでは福田・中曽根両派が1名ずつ候補者を擁立していたのが不可能となり，両派が選挙協力する必要性が高まった。そして，2006年3月8日には，県連の国会議員・県議会議員合同会議で「政策同志会」，「県政塾」の解散が決定されている。

　とはいえ，実際には，現在においても代議士系列の影響力は強く残存している。このことは，第9章で検討した2007年の県知事選に典型的に表れているが，衆院選公認候補者の公募による選考過程においても見られる。群馬県連では，2009年衆院選惨敗を契機とする県連改革の一環として公募制度の導入が推進された。群馬県連の公募要領によれば，候補者の選考は県連に設けられた公募選考委員会で行われ，そのメンバーは県連三役や地域支部・職域支部の代表者などで構成されている。その後，第三次選考として，当該選挙区に所属する党員による投票が行われることになっている。

　しかし，このように公募が制度化されているものの，実際には公募が始められた段階で，すでに地元県議が中心になって候補者が絞られている。例えば，群馬2区では，応募者の一人である伊勢崎市議に，伊勢崎支部（支部長は県議）が推薦を出している。応募者は彼を含め5名だったが，第二次選考で，候補者は，この市議と他1名の2名に絞られた。そして，最終的には党員投票でこの市議が選出されている[61]。

　また，群馬3区では，公募に応じないと公言していた太田市長を，太田

---

61　『読売新聞』（群馬版）2011年1月18日朝刊。

支部（支部長は県議）が「他薦」という形で公募に応じさせ[62]、さらに候補者の一本化に向けて他支部と交渉を行っている。応募者は3人であったが、第二次選考で太田市長のみが選考され、党員投票は行われなかった。その後、この太田市長は衆院選への立候補を辞退したが、その後、県連は再公募を行うことになった。その際、太田支部の役員会で山本一太参院議員が県議の笹川博義に公募に応ずるように促した[63]。これを受けて、笹川は公募に名乗りを上げた。公募には、笹川の他に7名が応募したが、書類審査で6名に絞られ、面接を経て、最終的に笹川が選考されている。その際には、「勝てる候補を最優先に絞った方がいい」などの意見が出たため、党員投票は行われなかったという[64]。

　このように、群馬県連では、公募制が導入されたものの、代議士系列下の県議らによって実質的な候補者の決定がなされているのである。同様に、県連改革の一環として2010年に導入された県連会長の公選制も、代議士系列の影響が強く見られる。県連の会長公選規程によれば、立候補の条件として、5年以上党籍を持ち、県選出国会議員1名以上と、県議または県連郡市支部長2名以上に加え、党員200名の推薦を得ることが挙げられているように[65]、立候補の段階から代議士系列の影響を受けやすいものになっていた。さらに、立候補者が複数ならば党員・党友による投票が行われることになっていたが、実際には、これまで5回行われた公選において、いずれも立候補者は1名であり、党員・党友による投票が行われていない。2010年、2012年の公選では、中曽根弘文参議院議員が福田康夫衆議院議員の推薦を得て立候補していることに表れているように、福田・中曽根両派の間で候補者の一本化が行われている[66]。2014年には福田系の山本一太参議院議員が立候補を模索したが、国会議員の推薦を得ることができず断念を余儀なくされている[67]。しかし、2016年の公選では、山本が国会議員6名と県議7名と、県連全体の推薦を事実上得て立候補し無投票

---

62　『読売新聞』（群馬版）2011年1月13日朝刊。
63　『読売新聞』（群馬版）2012年1月8日朝刊。
64　『朝日新聞』（群馬版）2012年2月20日朝刊。
65　「自由民主党群馬県支部連合会会長選出規程」（2010年8月12日制定）。
66　『読売新聞』（群馬版）2010年9月8日朝刊，2012年8月31日朝刊。
67　『読売新聞』（群馬版）2012年8月9日朝刊。

で当選している[68]。このように，新たに導入された会長公選も，代議士系列を通じた候補者の一本化が行われているのである。

　高知県連の組織構造の変容は，すでに選挙制度改革以前，すなわち1991年の橋本大二郎知事の誕生によって始まっていた[69]。県連は，知事選で自民推薦候補が敗北したことを受け，その反省から市町村支部の意向を重視する方向へと舵をきったのである。知事選直後の第51回県連大会で承認された参院選候補者決定に関する決議の第一に，次のような項目が掲げられている。「（参院選－筆者注）候補者選定にあたっては，上意下達ではなく広く会議を興し－万機公論に決すべし－の精神を遵守し市町村支部をはじめ，常任総務会，選対委員会，総務会等の機関の論議を尽くして最終決定に至るプロセスを厳守する」。これを受けて，各支部の意見を聴取したうえで，参院選に平野貞夫を擁立することが決定された。

　このような地域支部重視の流れを決定づけたのが，1994年の小選挙区比例代表並立制導入である。これによって，代議士系列は弱体化し，県連が地域支部を重視する改革を打ち出していく。例えば，1995年から，国会議員候補者選定の際に地域支部の意見が聴取されるようになった[70]。また，第7章で述べたように，1990年頃から断続的に行われるようになった県連幹部による地域・職域支部の訪問が，この時期から制度化されるようになった。さらに，2004年には，県連会長の公選制が導入されたが，ここでも，立候補には3支部以上の推薦が必要とされるなど支部の意向に重点を置いた公選規程が設けられている[71]。

　これまで検討したように，群馬・高知両県連の組織構造は，選挙制度改

---

68　『読売新聞』（群馬版）2016年9月6日朝刊。
69　1991年の県知事選については，小谷匡宏『ドキュメント　大二郎の挑戦』（小谷設計, 1992年），根小田渡『検証　橋本高知県政16年』（アイアンドエヌ, 2007年）12～20頁。
70　第54回自民党高知県連大会における広田勝幹事長の党情報告（「第54回自由民主党県連大会資料」自由民主党高知県支部連合会，1994年）。
71　2004年の会長公選制導入以後，2009年まで立候補者が1名（国会議員）だったため党員による投票は行われなかったが，2011年に立候補者が2名（いずれも国会議員）となり投票が行われた。投票率は39.5％だったという（『読売新聞』（高知版）2011年3月30日朝刊）。

革の影響を受けて変容していった。群馬県連では代議士系列間の融和が進み，高知県連では代議士系列の解体が進んだ。この差異は，代議士系列の影響力の大きさが何によって規定されたのかによって生じたものである。すなわち，群馬県連では福田赳夫(福田康夫)・中曽根康弘(中曽根弘文)の両国会議員の影響力が強かったため，選挙制度改革後も，代議士系列の強さは残存した。それに対して，高知県連では，代議士系列の影響力は，全県1区という選挙制度によって規定されたものであったため，選挙制度改革後，大幅に後退することになったのである。そして，代議士系列間の対立の中で模索された地域支部の活用が，まだ途上ではあるが，本格的に展開されるようになったのである。

これに対して，組織積み上げ型県連では，県連運営に対する国会議員の影響力がさらに弱まったように思われる。例えば，静岡県連では，選挙制度改革後，衆議院議員の選挙での不安定さが高まることになった[72]。その結果，元々代議士系列が弱かった静岡県連では，さらに地域支部・地方議員の自律性が高まっていたようである。例えば，2009年の総選挙で静岡2区から出馬して落選した原田令嗣が次期衆院選への出馬に意欲を示していたのに対して，地元選出県議は地域支部の意向に配慮して支援しないことを決定している[73]。その結果，原田は出馬断念を余儀なくされ，候補者は公募で選ばれることになった。こうした静岡県連における地域支部・地方議員の自律性の高さは，第9章で検討した2009年の知事選でも見られるが，同県連が選挙制度改革以前から有していた組織的特徴，すなわち地域支部の意向を重視した組織運営を，さらに強化する方向へと進んでいったと言えよう。

県議ネットワーク型の県連における変化の傾向は一様ではない。熊本県連では，第3期に入っても，第2期と同様に，県議が長期間就任する会長人事が行われているように，有力県議を中心とした組織運営が続けられている[74]。これに対して，岐阜県連でも，県議の古田好が引退した後は，国

---

72 例えば，2009年の衆院選で，自民党は県内の小選挙区で全敗を喫している（うち1名が比例で復活当選）。
73 『朝日新聞』（静岡版）2009年12月13日朝刊。
74 第2期の熊本県連については第6章を参照。

会議員によって会長が務められている。ただし，その下で，県議の猫田孝が長期間にわたって幹事長に在任し，有力県議を中心とした県連運営は続けられている。また，茨城県連では，県議の山口武平が22年にわたって会長を務めてきたが[75]，2009年の知事選・衆院選で敗北した責任をとって辞任するに至っている。このうち，知事選では，山口による組織運営に対する反発から県連内での分裂が生じている。こうした事態に対して，岡田広会長（参議院議員）の下で，若手県議が県連三役に抜擢されるなど，県連の再統一に向けて「全員野球」の体制が目指された[76]。この体制は，次の梶山弘志会長（衆議院議員）の下でも継続された。

県議ネットワーク型県連では，特定の有力県議のリーダーシップに県連の統一を負うことが大きいため，そのような県議が連続して現れた場合は，会長や幹事長への県議の長期間在任が見られることになるが，そうでない場合，茨城県連のように，国会議員や県議など県連全体による集団指導体制が採られるようになることもある。それゆえ，県議ネットワーク型県連は，第3期に入ると，その組織運営のあり方に多様性が生じたのである。

総じて，選挙制度改革によって国会議員の県連運営に対する影響力が弱まりつつも，第2期において見られた各県連の組織的特徴が，茨城県連などの一部の例外を除いて，現在でも多様性を保持しつつ色濃く残存していると言えよう。

他方，多くの県連では，支部や党員の意向を尊重しようとする動きが見られる。多くの県連で，国会議員の候補者選定にあたって党員や支部の制度的関与が増やされた他[77]，党員投票による会長公選制を導入した県連もある。具体的には，前述した群馬・高知両県連の他に，茨城，奈良，高知，大分，宮崎などの各県連で党員投票による会長公選が導入されている。このうち，実際に党員投票が行われたのは高知県連のみであるが[78]，

---

75 山田真裕「知事選挙における敗北と県連体制の刷新」（『年報・政治学2011－Ⅱ』，2011年），濱本真輔「県議自律型県連の形成と運営」（建林正彦編著『政党組織の政治学』東洋経済新報社，2013年）。
76 『朝日新聞』（茨城版）2009年9月20日朝刊。
77 堤「候補者選定過程の開放と政党組織」。
78 他の県連では，会長公選にあたって立候補者は毎回1名しかおらず，党員投票は行われていない。

例えば，大分県連では立候補にあたって県議5名と10地域支部の推薦が，宮崎県連では県議・地域支部長10名以上の推薦が必要とされるなど，多くの県連で立候補の要件に支部や党員などの推薦が挙げられている。また，党員投票は導入されていなくても，会長選挙への立候補にあたって支部の推薦を要件とした県連も存在する[79]。また，2009年の衆院選によって県選出の党所属国会議員がいなくなった山梨県連では，県議が推薦した候補者のなかから地域・職域の支部長（約150名）で構成される総務会での投票によって会長が選出されるようになった[80]。このような国政選挙の候補者や県連会長の選定過程への支部や党員の関与が増やされた他に，高知県連や愛媛県連の事例で見たように，政調活動にあたって支部を活用するようになった県連も見られる。前述した党本部と同様に，県連にとっても，国政選挙や知事選などの選挙結果が「風」で左右されるなか，支部や党員は安定的な支持基盤であり，それらの意向を尊重しようとする動きが，濃淡はあるものの，各県連で幅広く見られるようになったのである。

　これまで見てきたように，第3期に入ると，自民党内では党中央と地方組織との間で「対立」と呼べる現象が見られるようになった。この背景には，マス・メディアの影響が拡大するなかで，党のイメージが重要となり，「公職としての政党」は「地方における政党」に介入し，「地方における政党」は「公職としての政党」に対して意見を表出させるようになったと思われる。

　2009年の政権転落後は，両者の間に新たな関係が見られるようになった。「風」によって大勝し，「風」によって惨敗した自民党内では，「公職としての政党」が「地方における政党」を安定的な支持基盤として重視する姿勢が見られるようになったのである。ただし，その方向性は，県連に対する党中央の統制を強めるものなのか，それとも県連の自律性を尊重するものなのか，必ずしも一様ではない。あるべき政党組織像を目指して，現在の自民党は模索を続けているのである。

---

79　例えば，愛知県連では支部長10名及び国会議員・県議会議員・名古屋市議会議員10名の推薦が，鳥取県連では県議・地域支部長・職域支部長5名以上の推薦が，会長選挙への立候補にあたって必要とされている。

80　『朝日新聞』（山梨版）2011年8月21日朝刊。

このような第3期以降における自民党組織の変化は，カッツとメアの議論に基づけば，自民党組織は，依然として「公職としての政党」が，「地方における政党」が有するリソースに対して依存する側面があることを示唆している。そのリソースとは，具体的には地域支部や党員であり，それらが有する地域ネットワークへのアクセスである。これらは，第2・5章で検討したように，自民党が第2期を通じて，民意吸収を梃子にして，緩やかにではあるが，社会の隅々にまで広く組織化していったものであった。そして，第3期以降において，財政リソースの減少を背景にして利益団体の支持が弱くなっていく中で，安定的な支持基盤である地域支部や党員の重要性は高まったのである。これは，民主党など他党が有していないリソースであり，自民党の党中央は積極的にそれを活用しようとしている。

　その結果，マス・メディアの発達や政党助成制度の導入など，カッツとメアが「カルテル政党」化の条件として挙げた環境が変化しつつある中でも，自民党では，現在においても，「公職としての政党」は，「地方における政党」が持つリソースを重視し，それに対する統制を強化するにしても，その自律性を尊重するにしても「地方における政党」に対する関心を強めている。カッツとメアが西欧諸国の政党に見出した中央・地方ともに無関心である「ストラターキー」の状態は，現在の自民党には生じていないのである。

## おわりに

　本研究では，カッツとメアの政党組織研究に示唆を得ながら，いわゆる「自民党型政治」の形成・確立・展開の過程の一部を組織的に明らかにしようとした。その際，自民党の最大の組織的特徴は，党中央は他党と「カルテル」を組む一方で，地方組織とも，その自律性を尊重しながら密接な関係を築いている点にあるとした。そして，こうした特徴を有する組織構造がどのように形成されたのか明らかにするために，具体的には，①年功序列・派閥均衡型人事の定着，②国対委員会の比重の増大，③政調会部会の比重の増大，④地方組織の自律性の尊重，⑤地方組織における要望吸収の制度化，の5点が進展する過程を見ていった。以下，各章を振り返りながら本書のまとめとしたい。

　まず，第2章では，こうした特徴が形成されるに至った組織論的背景を明らかにするため，結党以来の自民党の組織方針の変化を辿った。その結果，次のように，1970年代前半において組織化の方針に大きな転換が生じたことを述べた。

　自民党が結成された1955年において，地域社会には中央政治から自律的に形成された伝統的な秩序が存在していた。この秩序は，町内会や部落会などの近隣組織を中心にして形成された非政治的なネットワークによって維持されており[1]，自民党の国会議員は，地方首長や地方議員らの「役職

---

[1]　三宅一郎『投票行動』（東京大学出版会，1989年）42〜45頁。この点については，居安正「地域組織と選挙」（間場寿一編『地域政治の社会学』世界思想社，1983年），岩崎信彦ほか編『町内会の研究』（御茶の水書房，1989年），

名望家」を通じて，間接的にしかアクセスすることができなかった[2]。カッツとメアの議論に基づけば，結党時の自民党は，「公職としての政党」と「地方における政党」との関係が弱い「ストラターキー」的な組織的特徴を有していたのである。

こうした状況を解消し，地域社会での支持を強固なものとするため，第1期の自民党は，大衆政党をモデルとして，中央では派閥の解消，地方では後援会の解消と地方組織の拡充が目指された。カッツとメアが指摘した幹部政党が大衆政党へと「変容」しようとする動きが見られたのである。しかし，こうした組織化の試みは，派閥や後援会の存在によって阻害され，十分に実現するには至らなかった[3]。

第2期になると，コミュニケーション手段や交通手段の発達，兼業農家の増加などによって，地域社会に外部の情報と価値観が持ち込まれるようになり，従来の「役職名望家」による地域支配が崩れ，自民党支持へと地域社会全体を動員するメカニズムが動揺していく[4]。これに対して，自民党は投票における「役職名望家」依存から脱し，非政治的な「地元利益」を掘り起こすことを通じて，地域社会の中での支持を広げようとした。その結果，自民党の組織方針は，地域の要望を吸収し対応することに重点を置いたものへとシフトする。また，大衆政党モデルが後景に退くことによって，派閥の解消も謳われなくなり，むしろ，その党内の秩序維持に果たす役割が強調された。

第3章以降では，こうした組織化方針の変化が，実際に自民党組織にどのような「変容」をもたらすことになったのか論じた。まず，第3章では，自民党の中央組織における変化について分析を行った。その結果，第1期から第2期にかけて，次のような変化が生じていることが明らかになった。

まず，党本部の組織構成について見れば，第1期においては，全国組

---

喜志麻孝子「町内会と後援会」(『レヴァイアサン』第21号，1997年)も参照。
2　北岡伸一「自由民主党」(神島二郎編『現代日本の政治構造』法律文化社，1985年)。
3　升味準之輔「自由民主党の組織と機能」(升味『現代日本の政治体制』岩波書店，1969年，に所収)。
4　北岡「自由民主党」。

織委員会や人事局など地方組織の統制強化と派閥解消に関係する部局が重点的に拡充されたのに対して，第2期になると，社会の要望にきめ細かく対応する政調会の調査会や特別委員会などが大幅に拡充されるようになった。

こうした組織の「変容」に見られるように，きめ細かな民意の吸収に重点が置かれたことは，社会的諸要求を党内の政治過程に流入させることになる。これに対して，何らかの制御・統合メカニズムが必要となる。そのメカニズムとして機能したのが派閥と役職人事の制度化である。派閥については，前述したように，党内の秩序維持に果たす役割が積極的に肯定されるようになったことを背景にして，派閥間の調整を目的とした役職や機関が増設された。また，第1期において必ずしも優先されるべき人事基準ではなかった年功序列や派閥均衡が，第2期に入って厳格に適用されるようになることで，国会議員の党や派閥への依存が強まった。その結果，人事を通じて，政策面で進展した多元性が統合されるようになったのである[5]。

このように，全体としては年功序列・派閥均衡型人事が定着していくなかでも，前述した組織化方針の変化を背景として，実際には，柔軟に人事慣行の変更が行われていた。この点を，第4章では，政調会と国対委員会の人事を中心に検討を加えた。第1期には，政調副会長経験者の優遇など，政策的統合に重点が置かれていた人事(具体的には，政調副会長経験者の優遇)がなされていたのが，第2期には政調会部会長の人事が重視されるようになる。この変化は，多様化する社会の要望に対応する場として政調会部会の役割が重視されるようになったことを示唆している[6]。また，第2期に，財政赤字の拡大や与野党伯仲状況の出現によって他党との交渉の重要性が高まったことを背景として，国対ポストの経験者も優遇されることになった。

---

[5] 野中尚人『自民党政権下の政治エリート』(東京大学出版会，1995年)終章第1節。

[6] 日本経済新聞社編『自民党政調会』(日本経済新聞社，1983年)では，部会での実力者である「族議員」が，社会の要望にきめ細かく対応している様相が描かれている。

第3・4章で明らかにした党中央での組織変容は，1970年代に支持率低下に直面した自民党が，一方では，他党との協調を進めながら，他方で，支持基盤を拡大するために，民意をきめ細かく吸収し，それに対応できる態勢を整えたことを示している。

　それでは，党中央と地方組織との関係はどのように変化したのか。第5章で論じたように，第2期以降，党中央は，地方組織についても，大衆政党モデルを放棄し，政党色を薄めた緩やかな組織へと変更することを通じて，非政治的な地域社会の要望を効率よく吸収しようとした。その具体的な方法として，党中央は県連に対して，後援会との連携，保守系地方議員との連絡強化，地域支部の活用などを提示し，地域の状況に応じて柔軟に対応することを求めた。こうした党中央の，地方組織の自律性を尊重する方針は，地域の状況に適合的な組織を目指す県連の志向ともマッチし，県連ごとに特色ある組織の運営や地域の要望吸収のシステムが構築されるに至ったのである。

　第6〜8章では，そこで導き出された各類型の典型的な県連を取りあげ，その組織構造を解明していった。具体的には，第6章では県議ネットワーク型県連として熊本県連を，第7章では代議士系列型県連として群馬・高知両県連を，第8章では組織積み上げ型県連として静岡・愛媛両県連を対象とした。第9章では，各類型の組織構造の特徴をまとめたうえで，そうした組織構造の違いが，実際の政治過程にどのような影響を与えたのか，県知事選の候補者選考過程を通じて明らかにした。

　アメリカの政治学者であるバンフィールドは，1960年代のアメリカの都市政治において，権力は多元的に分化しており，その間で生じる問題を政治家が調整することによって全体として円滑な統治が行われていると主張している[7]。元来，アメリカ政治学においては，マシーン政治をモデルとすることが多く，政党組織内における「ボス」や政治家，有権者の間での誘因－貢献関係を重視する傾向が存在する。こうしたバンフィールドの視角を採用するのであれば，自民党の地方組織が，地域社会の多様な要望を吸収し，それを整序して中央・地方へと働きかける回路を形成したこと

---

[7] Edward C. Banfield and James Q. Wilson, *City Politics*, Harvard University Press, 1963.

は，地方の統治を安定化させ，自民党政権の地方的基礎を強固にするものであったと言えよう。

　カッツとメアの言葉を借りれば，1970年代の自民党組織は，環境の変化に対して二重に「変容」し「適応」した。すなわち，1970年代初頭の社会・経済状況の変化に対して，党中央が理念化された大衆政党モデルから離れて，派閥や後援会を積極的に肯定し，多様化する民意の吸収に重点を置いた組織改革が進められたことで，第一の「変容」と「適応」が行われた。そして，県連などの地方組織が地域の状況に応じた組織運営の仕組みを確立させたことによって，第二の「変容」と「適応」がなされた。このように，自民党は，1970年代に見られた社会・地域の両面における多様性に対して，それを包摂する形で組織を拡大させることに成功したのである。こうした二重の「変容」と「適応」の結果，「公職としての政党」が，一方で他党と「カルテル」を組みながらも，他方で「地域における政党」の自律性を尊重しつつも，「地域における政党」との密接な関係を形成しているという，他には類を見ない組織構造を形成するに至ったのである。

　このように1970年代に模索され，1980年代に確立した自民党組織には負の側面を伴っていたのを否定することはできない。多くの論者が指摘するように，自民党によって掘り起こされた地域の要望を満たすために，多額の公共事業費や補助金が投じられ，その結果，日本の財政状況は悪化していった。また，きめ細かな民意の吸収に重点が置かれた政策決定によって，党内は分権的となり，強力なリーダーシップの出現は困難になった[8]。しかし，他方で，自民党の柔軟な組織的対応が80年代以降の自民党の支持回復に貢献し，政治的安定が再度保たれたのも事実である。こうした政治的安定を前提として，1980年代の行政改革や消費税導入といった改革も可能になったように思われる[9]。

　第2期に確立した自民党の特徴的な組織構造は現在，残存しつつも大きな「変容」を迫られているように思われる。第10章では，この点につい

---

8　野中尚人『自民党政治の終わり』（筑摩書房，2008年）第3章。
9　飯尾潤『民営化の政治過程』（東京大学出版会，1993年），加藤淳子『税制改革と官僚制』（東京大学出版会，1997年）。

て，次のような展望を示した。

　第3期になると，地方組織の果たす役割の低下につながる環境の変化が生じた。それまで自民党の組織が依拠してきた地域ネットワークは，グローバル化の進展や農村部の過疎化・高齢化によって弛緩し始めた。また，財政リソースの減少は，地域の要望に応えるための公共事業や補助金を通じた利益配分を困難にしていった。1994年には，政党助成制度が導入された。さらに，同年の小選挙区比例代表制の導入は，選挙戦における無党派層の動向やマス・メディア，ソーシャル・メディアの影響力を大きくした。

　こうした状況を受けて，第3期の自民党内では，建林正彦が指摘するように，徐々にではあるが，意思決定過程の集権化が進んでいった[10]。また，イメージ戦略を重視する動きも見られた[11]。その結果，例えば，2005年の衆院選での候補者選定過程で見られたように，党中央が県連への統制を強めようとする一方で県連側も党中央に対する意見表出を強めたことによって，両者の間で一時，「対立」とも呼ぶべき現象が生じた。しかし，2009年の政権交代以降，党中央では，第2期を通じて掘り起こされた支持基盤は縮小しつつも，依然として強固であることが再認識され[12]，それを維持する方法として地域ネットワークとの密接な関係が見直されるようになってきている。個々の国会議員は，マス・メディアの影響力増大によって国政選挙が「風」に左右される局面が大きくなっているのを背景として，地方組織に対する関心を弱めつつあるのに対して，党中央は逆に安定的な支持基盤として地方組織への関心を強めているのである。そのなかで，党中

---

10　建林正彦「政党内部組織と政党間交渉過程の変容」（村松岐夫・久米郁男編『日本政治　変動の30年』東洋経済新報社，2006年）。

11　星浩・逢坂巌『テレビ政治』（朝日新聞社，2006年），逢坂巌『日本政治とメディア』（中央公論新社，2014年），谷口将紀『政治とマスメディア』（東京大学出版会，2015年）。

12　2000年代を通じて自民党の集票力がそれほど低下していないことについては，森裕城「二〇〇九年総選挙の得票分析」（『同志社法学』第63巻第1号，2011年）。この点については，Ellis S. Krauss and Robert J. Pekkanen, *The rise and fall of Japan's LDP*, Cornell University Press, 2011も参照。ただし，集票基盤として後援会の役割が重視されている点で本研究とは視角が異なる。

央は，あるべき地方組織との関係については，統制を強化するのか，それとも自律性を尊重するのか，第3期においても依然として強く残存している県連の多様性を視野に入れながら模索を繰り返している。いずれにしても，自民党においては現在でも，党中央と地方組織との間には，依然として密接な関係が見られるのである。

　これまで見てきた自民党組織の「変容」の過程は，カッツとメアが主張する「カルテル政党」以降における新しい政党組織のモデルの1つを提示しているように思われる。ハーシュマンはかつて，アメリカの二大政党の観察を通じて，政党のなかのイデオロギー面で「他に行くところがない」人々が，「積極的な運動員」となって，「有権者のなかの無関心層を動員したり，態度を決めかねている人を味方につけたり」することで大きな役割を果たし，党の政策形成にも大きな影響を及ぼしていると主張した[13]。そして，それゆえに，各政党が有権者の得票を最大化しようとした結果，政策的な収斂が起きるとしたダウンズの仮説[14]は支持されないとした。実際，アメリカの二大政党では，党活動家が影響力を及ぼすことによって，党の政策的見解は一般の党支持者の見解よりもイデオロギー的なものになっているという[15]。ハーシュマンは，こうした活動家が影響力を持つからこそ，政党間における政策面での競争が有効に機能するとしたのである。

　このようなハーシュマンの議論は，カッツとメアの見立てによれば，「カルテル政党」化することで，国家のリソースを特権的に利用することができるようになった一方，社会からは乖離してしまった政党を，もう一度，社会の側に引き戻す可能性を示唆している。すなわち，ハーシュマンの議論に基づけば，カッツとメアが言う「地方における政党」が，地域社会との日常的な接触を通じて，草の根レベルの「世論」を把握し，それを「公職としての政党」へフィードバックすることが，政党デモクラシーを安定

---

13　A・O・ハーシュマン（矢野修一訳）『離脱・発言・忠誠』（ミネルヴァ書房，2005年）第6章。
14　アンソニー・ダウンズ（古田精司監訳）『民主主義の経済理論』（成文堂，1980年）。
15　砂田一郎「現代政党組織の変容とその分析視角の再検討」（白鳥令・砂田一郎編『現代政党の理論』東海大学出版会，1996年）。

化させるうえで重要であると考えられる[16]。そして，実際に，カッツとメアが対象としたヨーロッパの政党では一部で，このような「地方における政党」の役割が重視されるようになってきている。

　1960年代以降，ヨーロッパの政党においては，価値観の多様化を背景にして社会的亀裂構造が解体し，党指導部は党員・活動家の支持を調達するのが困難になった。その結果，「公職としての政党」はマス・メディアや国家からの助成金に依存するようになり，「地方における政党」との距離が広がった。この点を捉えて，カッツとメアは「公職としての政党」が「地方における政党」に対する関心を失っていくと主張した。しかし，実際には，スキャロウが指摘するように，「公職としての政党」は「地方における政党」への関心を失っておらず，むしろ関与を強めようとさえしている[17]。これは，「地方における政党」が依然として，地域住民とのチャンネルや人材のリクルートなど他では代替できない機能を有しており，このことを「公職としての政党」は重視しているからだと思われる。そして，その結果，ヨーロッパの政党では，党支部数の増加や党員の政策過程へのアクセスの拡大など「地方における政党」の比重を高めようとする動きが起きているのである[18]。

　ヨーロッパの政党に見られる，このような「公職としての政党」が「地方における政党」を重視する動きは，自民党では結党当初から見られるものであった。自民党においては，本研究で明らかにしたように，「公職としての政党」が「地方における政党」との関係を強化するために試行錯誤を繰り返し，最終的には「地方における政党」の自律性を尊重しつつ，「緩やか」ではあるが，決して弱くはない関係を築くことに成功した。そして，マス・メディアや国家からの助成金の重要性が高まった現在においても，「地方における政党」は地域社会とのコミュニケーション・チャンネルとして「公職としての政党」から重視され続けている。このような自民

---

16　この点については，中北浩爾『現代日本の政党デモクラシー』（岩波書店，2012年）を参照。
17　Susan E. Scarrow, *Parties and their Members*, Oxford University Press, 1996.
18　Susan E. Scarrow, "Parties without Members?" in Russell J. Dalton and Martin P. Watttenberg eds. *Parties without Partisans*, Oxford University Press, 2000.

党組織のあり方は，置かれている社会・経済状況こそ異なるが，ヨーロッパの政党組織における今後の「変容」を，さらに言えば，政党デモクラシーの今後のあり方を占ううえで，1つの方向性を示しているように思われる。

## ＜参考文献＞

**邦語文献**

間場寿一・居安正・高島昌二『日本政治を読む』（有斐閣，1987年）
秋吉貴雄「『保守王国』の崩壊」（白鳥浩編著『政権交代選挙の政治学』ミネルヴァ書房，2010年）
浅野正彦『市民社会における制度改革』（慶應義塾大学出版会，2006年）
網谷龍介「ヨーロッパ型デモクラシーの特徴」（網谷龍介・伊藤武・成廣孝『ヨーロッパのデモクラシー』ナカニシヤ出版，2009年）
アンソニー・ダウンズ（古田精司監訳）『民主主義の経済理論』（成文堂，1980年）
飯尾潤『民営化の政治過程』（東京大学出版会，1993年）
五十嵐暁郎「代議士後援会の精神的組織的構造」（『思想』第779号，1989年）
石川真澄・広瀬道貞『自民党』（岩波書店，1989年）
井芹浩文『派閥再編成』（中央公論社，1988年）
市川虎彦『保守優位県の都市政治』（晃洋書房，2011年）
伊藤隆「戦後千葉県における選挙と政党」（東京大学社会科学研究所編『京葉地帯における工業化と都市化』東京大学出版会，1965年）
伊藤光利・宮本太郎編『民主党政権の挑戦と挫折』（日本経済評論社，2014年）
井上義比古「国会議員と地方議員の相互依存力学」（『レヴァイアサン』10号，1992年）
井上義比古「自民党代議士系列の政治的凝集性」（『東北学院大学論集（法律学）』第40号，1992年）
居安正『政党派閥の社会学』（世界思想社，1983年）
居安正「地域組織と選挙」（間場寿一編『地域政治の社会学』（世界思想社，1983年）
猪口孝・岩井奉信『「族議員」の研究』（日本経済新聞社，1987年）
岩崎信彦ほか編『町内会の研究』（御茶の水書房，1989年）
岩崎正洋「政党組織の諸形態」（青木一能ほか編『比較政治学への視座』新評論，1998年）
上神貴佳・堤英敬編著『民主党の組織と政策』東洋経済新報社，2011年）
上神貴佳『政党政治と不均一な選挙制度』（東京大学出版会，2013年）
氏家伸一「包括政党」（西川知一編『比較政治の分析枠組』ミネルヴァ書房，1986年）
大嶽秀夫『現代日本の政治権力経済権力』（三一書房，1979年）
大嶽秀夫『高度成長期の政治学』（東京大学出版会，1999年）
逢坂巌『日本政治とメディア』（中央公論新社，2014年）
岡田一郎『日本社会党』（新時代社，2005年）

岡野裕行「政党地方組織の利益表出・集約機能の動態研究」(『学習院大学大学院政治学研究科政治学論集』第28号, 2015年)
奥健太郎「事前審査制の起点と定着に関する一考察」(『法学研究』第87巻第1号, 2014年)
奥健太郎「自民党結党直後の政務調査会」(『年報・政治学2016-Ⅱ』2016年)
奥健太郎「自民党政務調査会の誕生」(奥健太郎・河野康子編『自民党政治の源流』吉田書店, 2015年)。
春日雅司『地域社会と地方政治の社会学』(晃洋書房, 1996年)
片岡正昭『知事職をめぐる官僚と政治家』(木鐸社, 1994年)
加藤淳子『税制改革と官僚制』(東京大学出版会, 1997年)
金山準「『寡頭制の鉄則』の再考」(『政治思想研究』第5号, 2005年)
蒲島郁夫『戦後政治の軌跡』(岩波書店, 2004年)
蒲島郁夫「自民党の推薦を固辞した『理論』」(『中央公論』第123巻6号, 2008年)
蒲島郁夫・山田真裕「後援会と日本の政治」(『年報・政治学 1994』, 1995年)
河崎健「政党研究における『カルテル政党』概念形成の分析」(『上智大学外国語学部紀要』第45号, 2011年)
河田潤一「社会的クリーヴィッジと政党システムの変化」(西川知一編『比較政治の分析枠組』ミネルヴァ書房, 1986年に所収)
川人貞史「自民党における役職人事の制度化」(『法学』第59巻第6号, 1996年)
川人貞史「シニオリティ・ルールと派閥」(『レヴァイアサン』1996年冬号)。
喜志麻孝子「町内会と後援会」(『レヴァイアサン』第21号, 1997年)
北岡伸一「自由民主党」(神島二郎編『現代日本の政治構造』法律文化社, 1985年)
北岡伸一『自民党』(読売新聞社, 1995年)
北野雅士「地方議員の集票行動」(『ソシオロジ』第30巻第1号, 1985年)
北原鉄也『保守王国の政治』(創風社出版, 1992年)
北原鉄也「白石県政と愛媛『保守王国』体制」(星島一夫編『白石春樹の研究』啓文社, 1993年)
北原鉄也「国土計画」(西尾勝・村松岐夫編『講座行政学』第3巻, 有斐閣, 1994年)
金東煥「候補者指名方法における開放と自民党地方組織」(『政策科学』第21巻第2号, 2013年)
栗田直樹『昭和期地方政治家研究』(成文堂, 2005年)
ケント・E・カルダー(淑子カルダー訳)『自民党長期政権の研究』(文芸春秋, 1989年)
河野勝「自由民主党」(『レヴァイアサン』第9号, 1991年)

小林正弥『政治的恩顧主義(クライエンテリズム)論』(東京大学出版会, 2000年)
小松春雄「『寡頭支配の鉄則』について」(『法学新報』第65巻第5号, 1968年)
小宮京『自由民主党の誕生』(木鐸社, 2010年)
小宮京「総務会に関する一考察」(奥健太郎・河野康子編『自民党政治の源流』吉田書店, 2015年)
斉藤淳『自民党長期政権の政治経済学』(勁草書房, 2010年)
阪野智一「政党政治の衰退(1)」(『六甲大論集』第29巻第3号, 1982年)
阪野智一「イギリスにおける政党組織の変容」『国際文化学研究(神戸大学国際文化学部紀要)』第16号, 2001年)
佐藤誠三郎・松崎哲久『自民党政権』(中央公論社, 1986年)
ジェラルド・カーチス(山岡清二訳)『代議士の誕生』(サイマル出版会, 1971年)
ジェラルド・カーチス(山岡清二訳)『「日本型政治」の本質』(TBSブリタニカ, 1987年)
品田裕「国会議員の社会的支持基盤とのつながり」(村松岐夫・久米郁男編『日本政治 変動の30年』東洋経済新報社, 2006年)
下村太一『田中角栄と自民党政治』(有志舎, 2011年)
庄司香「日本の二大政党と政党候補者公募制度」(『学習院大学法学会雑誌』第48巻第1号, 2012年)
ジョン・キャンベル(小島昭・佐藤和義訳)『予算ぶんどり』(サイマル出版会, 1977年)
白鳥浩『市民・選挙・政党・国家』(東海大学出版会, 2002年)
白鳥浩「小泉チルドレンの挑戦」(白鳥浩編著『政権交代選挙の政治学』ミネルヴァ書房, 2010年)
スティーブン・R・リード「自由民主党の固定化」(『レヴァイアサン』第9号, 1991年)
嶋津暉之・清澤洋子『八ッ場ダム』(岩波書店, 2011年)
砂田一郎「現代政党組織の変容とその分析視角の再検討」(白鳥令・砂田一郎編『現代政党の理論』東海大学出版会, 1996年)
砂原庸介「地方における政党政治と二元代表制」(『レヴァイアサン』第47号, 2010年)
セイヤー(小林克己訳)『自民党』(雪華社, 1968年)
曽我謙悟「都道府県議会における政党システム」(『年報・政治学2011—Ⅱ』, 2011年)
曽我謙悟・待鳥聡史『日本の地方政治』(名古屋大学出版会, 2007年)
高崎明「ピーター・メアの政党システム理論」(『早稲田政治公法研究』第73号, 2003年)
高崎明「ピーター・メアの政党研究」(『早稲田政治公法研究』第75号, 2004年)

竹中治堅『参議院とは何か』(中央公論新社，2010年)
建林正彦『議員行動の政治経済学』(有斐閣，2004年)
建林正彦「政党内部組織と政党間交渉過程の変容」(村松岐夫・久米郁男編『日本政治　変動の30年』東洋経済新報社，2006年)。
建林正彦「政権政党の組織的特徴」(服部民夫・張達重編『日韓政治社会の比較分析』慶應義塾大学出版会，2006年)
建林正彦編著『政党組織の政治学』(東洋経済新報社，2013年)
田中善一郎『自民党のドラマツルギー』(東京大学出版会，1986年)
田中善一郎「鈴木善幸」(渡辺昭夫編『戦後日本の宰相たち』中央公論社，1995年)
ダニエル・ベル(岡田直之訳)『イデオロギーの終焉』(東京創元新社，1969年)
谷口将紀『現代日本の選挙政治』(東京大学出版会，2004年)
谷口将紀『政治とマスメディア』(東京大学出版会，2015年)
谷聖美「市町村議会議員の対国会議員関係」(『岡山大学法学会雑誌』第36巻第3・4号，1987年)
谷聖美「ポスト五五年体制期における地方レベルでの政治的再編」(大嶽秀夫編『政界再編の研究』有斐閣，1997年)
辻陽『戦後日本地方政治史論』(木鐸社，2015年)
堤英敬「候補者選定過程の開放と政党組織」(『選挙研究』第28巻第1号，2012年)
鶴谷将彦「政権交代後の自民党地方県連における選挙過程」(『政策科学』第20巻第1号，2012年)
土倉莞爾「現代日本における政権交代論の個人的考察」(『関西大学法学論集』61－2，2011年)
中北浩爾『一九五五年体制の成立』(東京大学出版会，2002年)
中北浩爾「自民党型政治の定着」(『年報・日本現代史』第13号，2008年)
中北浩爾「日本型多元主義の時代へ」(『同時代史研究』第4号，2011年)
中北浩爾『現代日本の政党デモクラシー』(岩波書店，2013年)
中北浩爾『自民党政治の変容』(NHK出版，2014年)
中北浩爾『自民党』(中央公論新社，2017年)
中野実『現代日本の政策過程』(東京大学出版会，1992年)
成田博之「オストロゴルスキー研究」(『北大法学論集』第29巻第3・4号，1979年)
西川知一・河田潤一『政党派閥』(ミネルヴァ書房，1996年)
丹羽功「自民党地方組織の活動」(大嶽秀夫編『政界再編の研究』有斐閣，1997年)
丹羽功「自民党地方組織の現在」(白鳥浩編著『政権交代選挙の政治学』ミネル

ヴァ書房，2010年)

根小田渡『検証　橋本高知県制16年』(アイアンドエヌ，2007年)

野中尚人『自民党政権下の政治エリート』(東京大学出版会，1995年)

野中尚人『自民党政治の終わり』(筑摩書房，2008年)

パーネビアンコ(村上信一郎訳)『政党』(ミネルヴァ書房，2005年)

濱本真輔「県議自律型県連の形成運営」(建林正彦編著『政党組織の政治学』東洋経済新報社，2013年)

早野透『田中角栄』(中央公論新社，2012年)

広瀬道貞『補助金と政権党』(朝日新聞社，1981年)

福井治弘『自由民主党と政策決定』(福村出版，1969年)

福岡政行『日本の政治風土』(学陽書房，1985年)

福元健太郎『日本の国会政治』(東京大学出版会，2000年)

星浩・逢坂巌『テレビ政治』(朝日新聞社，2006年)

本間義人『国土計画の思想』(都市出版社，1992年)

前田幸男・堤英敬編著『統治の条件』(千倉書房，2015年)

前山亮吉『日本の政治　静岡の政治』(静岡新聞社，2008年)

升味準之輔『現代政治と政治学』(岩波書店，1964年)

升味準之輔『日本政党史論』全7巻(東京大学出版会，1965年～1980年)

升味準之輔「自由民主党の組織と機能」(升味『現代日本の政治体制』岩波書店，1969年)

升味準之輔『現代政治』上巻(東京大学出版会，1985年)

待鳥聡史『政党システムと政党組織』(東京大学出版会，2015年)

マッケンジー，R・T「イギリスの政党政治」(『政策月報』第115号，1965年)

松下圭一「保守・革新」(『朝日ジャーナル』1960年5月29日号，のちに松下『現代日本の政治的構成』第2版，東京大学出版会，1972年，に所収)

松下圭一『現代政治学』(東京大学出版会，1968年)

的場敏博『戦後の政党システム』(有斐閣，1990年)

的場敏博『現代政党システムの変容』(有斐閣，2003年)

的場敏博『戦後日本政党政治史論』(ミネルヴァ書房，2012年)

丸山仁「『新しい政党』と政党論の新展開」(『Artes liberales』第60号，1997年)

馬渡剛『戦後日本の地方議会』(ミネルヴァ書房，2010年)

御厨貴「国土計画と開発政治」(『年報・政治学　1994』，1995年)

三宅一郎『投票行動』(東京大学出版会，1989年)

三宅一郎『政治参加と投票行動』(ミネルヴァ書房，1990年)

宮崎隆次「開発計画・工業化と地方政治」(北岡伸一・御厨貴編『戦争・復興・発展』東京大学出版会，2000年)

村上信一郎「イタリア『第一共和制』の終焉」(『国際研究』第11号，1995年)

村上泰亮『新中間大衆の時代』（中央公論社，1984年）
村川一郎『自民党の政策決定システム』（教育社，1989年）
村松岐夫『政官スクラム型リーダーシップの崩壊』東洋経済新報社，2010年）
村松岐夫・伊藤光利『地方議員の研究』（日本経済新聞社，1986年）
村松岐夫・田尾雅夫『掛川市議会議員調査の結果　中間報告』（1979年）
明治大学史資料センター監修・小西德應編『三木武夫研究』（日本経済評論社，2011年）
モーリス・デュベルジェ（岡野加穂留訳）『政党社会学』（潮出版社，1970年）
森裕城『日本社会党の研究』（木鐸社，2001年）
森裕城「二〇〇九年総選挙の得票分析」（『同志社法学』第63巻第1号，2011年）
森本哲郎「政治における『理念』の運命」（『奈良法学会雑誌』第8巻第3・4号，1996年）
森本哲郎「政党論と日本の政党」（森本編著『システムと変動の政治学』八千代出版，2005年）
森本哲郎「政党と政党システム」（森本編『現代日本の政治』法律文化社，2016年）
森本哲郎「55年体制崩壊後の自民党の組織問題」（『関西大学法学論集』第67巻第2号，2017年）
山田真裕「知事選挙における敗北と県連体制の刷新」（『年報・政治学　2011－Ⅱ』，2011年）
山本健太郎『政党間移動と政党システム』（木鐸社，2010年）
米田雅子『田中角栄と国土開発』（中央公論新社，2003年）
ロベルト・ミヘルス（森博・樋口晟子訳）『現代民主主義における政党の社会学 Ⅰ・Ⅱ』（木鐸社，1974年）
若田恭二『現代日本の政治と風土』（ミネルヴァ書房，1981年）
A・O・ハーシュマン（矢野修一訳）『離脱・発言・忠誠』（ミネルヴァ書房，2005年）
E・E・シャットシュナイダー（間登志夫訳）『政党政治論』（法律文化社，1962年）
S・ノイマン編（渡辺一訳）『政党Ⅱ』（みすず書房，1961年）
R・T・マッケンジー（早川崇・三沢潤生訳）『英国の政党』全2巻（有斐閣，1965～1970年）
21世紀政策研究所『政権交代時代の政府と政党のガバナンス』（21世紀政策研究所，2012年）

## 英語文献

Edward C. Banfield and James Q. Wilson, *City Politics*, Cambridge: Harvard

University Press and the M.I.T. Press, 1963.

Ellis S. Krauss and Robert J. Pekkanen, *The rise and fall of Japan's LDP: Political Party Organization as Historical Institutions*, Ithaca: Cornell University Press, 2011.

Ethan Scheiner. *Democracy without competition in Japan*. Cambridge University Press, 2006.

Hans Daalder and Peter Mair, eds. *Western European Party Systems: Continuity and Change*, Beverly Hills, California: Sage Publications, 1983.

John Creighton Campbell, *Contemporary Japanese budget politics"*, University of California Press,1977.

Michio Muramatsu and Ellis Krauss, "The Conservative Policy Line and the Development of Patterned Pluralism in Postwar Japan," in Y. Yasuda and K. Yamamura eds., *Political Economy of Japan*, Vol. 1, Stanford University Press, 1988.（邦訳：村松岐夫・エリス・クラウス「保守本流と戦後日本におけるパターン化された多元主義の発展」国際文化会館編『現代日本の政治経済』第1巻，総合研究開発機構，1987年）

Moisei Ostrogorski, *Democracy and the Organization of Political Parties,* 2 vols, 1902, transaction edition, Edited and Abridged by Seymour Martin Lipset, Transaction books, 1982.

Otto Kirchheimer. "The Transformation of the Western European Party Systems," in J. Lapalombara & M. Weiner, *Political Parties and Political Development*, Princeton University Press, 1966.

Peter Mair. "Myths of electoral change and the survival of traditional parties," in Peter Mair, *Party System Change*, Oxford: Oxford University Press, 1997.

Peter Mair and Ingrid van Biezen, "Party Membership in Twenty European Democracies, 1980-2000," *Party Politics*, Vol. 7, No. 1, 2001.

Richard S. Katz et al., "The Membership of Political Parties in European Democracies, 1960-1990," *European Journal of Political Research*, Vol. 22, No. 3, 1992.

Richard S. Katz "The Problem of Candidate Selection and Models of Party Democracy", *Party Politics*, Vol. 7, No. 3, 2001.

Richard S. Katz, "Reflection: Party as linkage," *European Journal of Political Research*, Vol. 31, No. 1-2, 1997.

Katz, Richard S. and Crotty, William J, *Handbook of party politics*, London : Sage Publications, 2006.

Krouwel, Andre "Party Models," in Richard S. Katz and William Crotty eds. *Handbook of Party Politics*. Sage Publications, 2014.

Richard S. Katz and Peter Mair eds., *How Party Organize*, London: Sage Publications,

1994.

Richard S. Katz and Peter Mair, "The Evolution of Party Organizations in Europe," *American Review of Politics*, Vol.14, 1993.

Richard S. Katz and Peter Mair, "Changing Models of Party Organization and Party Democracy," *Party Politics*, Vol. 1, No. 1, 1995.

Rund Koole, "Cadre, Catch-All or Cartel?," *Party Politics*, Vol. 2, No. 4, 1996.

S. M. Lipset & S. Rokkan, "Cleavage Structures, Party Systems and Voter Alignments: An introduction," in S. M. Lipset & S. Rokkan, eds. *Party Systems and Voter Alignments*, 1967.

Steven B. Wolinetz. "Beyond the Catch-All Party: Approaches to the Study of Parties and Party Organization in Contemporary Democracies," *American review of politics* 14, 1993.

Susan E. Scarrow, *Parties and their Members*, Oxford: Oxford University Press, 1996.

Susan E. Scarrow, "Parties without Members?" in Russell J. Dalton and Martin P. Watttenberg eds. *Parties without Partisans*, Oxford University Press, 2000.

T. J. Pempel eds. *Uncommon Democracies*, Ithaca: Cornell University Press, 1990.

William E. Wright ed. *Comparative Study of Party Organization*, Ohio: Charles E. Merrill Publishing Co, 1971.

一般資料
安倍晋太郎「伯仲国会を乗り切る"正直国会"」(『月刊自由民主』262号, 1977年)
石田博英「保守政治のビジョン」(『中央公論』第78巻第1号, 1963年)
伊藤昌哉『池田勇人 その生と死』(至誠堂, 1966年)
今井瑠璃男『愛媛県政二十年』(若葉社, 1966年)
愛媛県史編さん委員会編『愛媛県史 県政』(愛媛県, 1988年)
大島理森「幹事長講演 党再生へ、いまこそ女性の力を−夏の参院選必勝へ向けて」(『月刊自由民主』682号, 2010年)
太田市議会編『太田市議会史 記述編』(太田市議会, 1998年)
岡崎喜代志「先生との出会いの一端と私の先生観」(塩見俊二先生追想録刊行委員会編『塩見俊二先生追想録』小津図書館, 1987年)
小田久「政務調査会論」(『再建』第3巻第5号, 1949年)
小田久「幹事長論」(『再建』第3巻第9号, 1949年)
小谷匡宏『ドキュメント 大二郎の挑戦』(小谷設計, 1992年)
掛川市史編纂委員会編『掛川市史』下巻(掛川市, 1992年)
岐阜新聞社出版局編『わっちの半生』(岐阜新聞社, 1993年)
熊田益貴編『熊本縣政攪亂史』(熊本出版社, 1959年)
熊本県議会事務局編『熊本県議会史』第1〜7巻(熊本県議会, 1963〜1975年,

1994年)
熊本日日新聞社取材班『「脱ダム」のゆくえ』(角川学芸出版, 2010年)
国土庁『第三次全国総合開発計画』(国土庁, 1977年)
坂田大『河津寅雄伝』(蘇麓社, 1981年)
佐方泰之『気骨の人・小材学　怒涛の如く』(創思社, 1986年)
佐藤栄作著(伊藤隆監修)『佐藤栄作日記』全6巻(朝日新聞社, 1997～1999年)
柴田岳夫『戦後県政の総決算』(静岡新聞社, 1995年)
世耕弘成『自民党改革プロジェクト650日』(新潮社, 2006年)
総務省自治行政局選挙部(自治庁選挙部編・自治省行政局選挙部)編『地方選挙結果調』の各年版
高須賀康生『愛媛の政治家』(愛媛文化双書刊行会, 1988年)
高橋ユリカ『川辺川ダムはいらない』(岩波書店, 2009年)
竹下登『政治とは何か―竹下登回顧録』(講談社, 2001年)
東海道新幹線掛川駅建設記念誌編集委員会編『夢から現実への諸力学』(東海道新幹線掛川駅設置推進市民会議, 1989年)
戸塚一二『戻れない道』(あさを社, 2005年)
中内力『県庁わが人生』(高知新聞社, 1995年)
永田正義『ふれあいの町うるおいのまち』(中央法規出版, 1983年)
中矢一清『戦後愛媛県政秘話』(中矢一清, 1957年)
日本経済新聞社『自民党政調会』(日本経済新聞社, 1983年)
早川崇『党近代化のための一考察』(自由民主党組織調査会)
福岡賢正『国が川を壊す理由』(葦書房, 1994年)
藤原敏隆『保守王国の崩壊』(創風社出版, 1989年)
古田好『ふるさと岐阜に生きて』(中日新聞本社, 2002年)
三木武夫出版記念会編『議会政治とともに』下巻(同会, 1984年)
三原朝雄「定着した『話し合い路線』」(『月刊自由民主』272号, 1978年)
南良平『戦後熊本の県政史』(熊本日日新聞情報文化センター, 1996年)
村上勇『激動三十五年の回想』(村上勇事務所, 1981年)
柳沢伯夫『赤字財政の10年と4人の総理たち』(日本生産性本部, 1985年)
柳沢本次『激流に生きて』(あさを社, 2011年)
山口武平伝刊行会編『自民党茨城県連会長山口武平伝』(山口武平伝刊行会, 2005年)
余田実『愛媛県民の選択』(岡田印刷, 2001年)
和歌山県政史編さん委員会編『和歌山県政史』第4～5巻(和歌山県, 1980～2002年)
「政調会十年の歩みを語る」(『政策月報』第100号, 1964年)
「最前線カメラルポ―高知県連高知支部　井上博史支部長」(『月刊自由民主』第

292号，1980年）

**自由民主党関係資料**
自由民主党『党改革(党近代化)に関する提案資料集』(自由民主党，1977年)
自由民主党『自由民主党年報』　昭和43年度版〜平成18年度版
自由民主党編『自由民主党党史』全3冊(自由民主党，1987年)
自由民主党編『自由民主五十年史』資料編(自由民主党，2006年)
自由民主党全国組織委員会『都道府県単位支部名簿』(自由民主党全国組織委員会，1964年)
自由民主党組織委員会編『いかに組織するか』(自由民主党全国組織委員会，1956年)
自由民主党組織調査会『基本・組織合同小委員会速記録』(自由民主党組織調査会，1963年)
自由民主党組織調査会『自由民主党近代化に対する世論調査』(自由民主党組織調査会，1963年)
自由民主党静岡県支部連合会編『自由民主党静岡県連二十五年史』(自由民主党静岡県支部連合会，1980年)
自由民主党群馬県支部連合会監修『県政風雲録』全2冊(自由民主党群馬県支部連合会，1985年・2012年)
「第54回自由民主党県連大会資料」(自由民主党高知県支部連合会，1994年)
「第63回自由民主党県連大会資料」(自由民主党高知県支部連合会，2003年)
『月刊自由民主』
『自由民主』

**新聞**
『朝日新聞』
　　『朝日新聞』(秋田版)
　　『朝日新聞』(茨城版)
　　『朝日新聞』(熊本版)
　　『朝日新聞』(群馬版)
　　『朝日新聞』(静岡版)
　　『朝日新聞』(山梨版)
『河北新報』
『岐阜新聞』
『佐賀新聞』
『産経新聞』
『静岡新聞』

『上毛新聞』
『日本経済新聞』
『毎日新聞』
　　『毎日新聞』（群馬版）
『読売新聞』
　　『読売新聞』（熊本版）
　　『読売新聞』（群馬版）
　　『読売新聞』（高知版）
　　『読売新聞』（宮崎版）

## あとがき

　本書は，2015年7月に学習院大学大学院政治学研究科に提出した博士論文「「自民党型政治」の形成・確立・展開：分権的組織と県連の多様性」を改訂したものである。本書の原型となった既発表論文は，以下の通りである。ただし，本書を執筆するにあたって，大幅に加筆修正を行っている。

　　「1970年代初頭における自民党人事の変容–党組織から見る国会対応と行政接触の拡大」(『学習院大学大学院政治学研究科政治学論集』第22号，2009年)
　　「政党組織論の新展開–KatzとMairの議論を中心に」(『学習院大学大学院政治学研究科政治学論集』第23号，2010年)
　　「『代議士系列型県連』と『組織積み上げ型県連』」(建林正彦編著『政党組織の政治学』東洋経済新報社，2013年)

　筆者が大学院に入ってから本書を纏めるまで，実に多くの方々にご指導，ご支援をいただいた。
　まず村松岐夫先生にお礼を申し上げたい。村松先生には，私が学習院大学大学院政治学研究科博士前期課程に進学してから，先生が学習院大学にご在職されている期間だけでなく，ご退職後現在に至るまで，公私にわたってご指導を賜っている。
　先生は常にご自身の研究室を開放して下さっていた。私はどんなに些細なことでも研究に進展があるたびに先生のお部屋にお邪魔してご報告し，先生は毎回，惜しむことなく，時間を割いて，ご自分の考えを提供して下さった。先生のお部屋に伺うと，不思議と自分の研究が何倍も面白く感じられたものであった。本書のもととなるアイデアは，こうした先生とのやりとりの積み重ねの上に生み出されたものであると言っても過言ではない。
　いざ論文を執筆する段階になると，村松先生のご指導は厳しいものと

なった。私が論文の原稿を持って伺うたびに，先生は徹底的に朱入れして下さり，全く原形をとどめないこともあった。先生はいつも私に「研究とは命をかける覚悟が必要だ」とおっしゃっていたが，先生のご指導もまた，そうした熱意のこもったものであった。ちょうど私が修士論文を執筆していた時，村松先生が病気で入院された。先生は真っ赤に朱入れされた私の原稿を持って病院を抜け出してこられ，時折お辛そうなお姿で，語句の一つ一つにまで丁寧にご指導下さった。指導後，再びタクシーに乗られて病院にお戻りになる先生の後ろ姿を私は今でも鮮明に覚えている。本書が，こうした先生のご指導の上に成り立っているのは言うまでもない。

村松先生ご退職後，指導教授を引き受けていただいた野中尚人先生にも感謝申し上げたい。野中先生には，博士前期課程進学当初，実質的な指導教授として指導にあたって下さった。しかし，若輩者であった私の不徳の致すところにより，先生に対し失礼と不義理の限りを尽くしてきた。それにも拘わらず筆者が博士後期課程に進学する際には筆者が望む研究環境を整えるべく奔走していただいた。また，博士論文の審査にあたっては主査の労をとって下さった。そして現在もなお自民党研究の先達として，常に越えるべき目標としてあり続けていらっしゃる。

坂本孝治郎先生にもお礼を申し上げたい。政治学を志し，学習院大学への進学を考えていた際に私を引き取って下さったのが坂本先生であった。先生には，政治過程論や演習などの授業を通じて，日々の政治動向を丹念に追跡し，そのなかから政治的変化を読み解くことの面白さを教えていただいた。そして，そのためには，膨大な知識量と幅広い見方が必要であることを先生が身をもって示された。成功しているか心許ないが，本研究が，自民党組織における細部の変化から，政治構造の大きな変化を読み取ろうとしているのは，坂本先生のご指導の賜物に他ならない。

学習院大学大学院政治学研究科の他の先生方にも，講義やゼミ，研究会などを通じて計り知れない学恩を受けた。特に，平野浩先生，数土直紀先生，福元健太郎先生に，本書の原型となる修士論文や博士論文の執筆にあたって貴重なコメントを賜った。

筆者が所属していた学習院大学政治学研究室には，日本政治，国際政治，社会学，政治思想など分野を超えて多くの「仲間」が一つの部屋で共に介し，時に研究について，時に私事について語りあった。このことは世

事に疎い私にとって大きな財産であった。なかでも，岡田陽介，播磨崇晃の両氏には，論文執筆にあたって大変お世話になった。

　本研究を進めるにあたって，学習院大学大学院政治学研究科が提供する良質な研究環境にも大きく助けられた。アメリカでの夏期研修，国会議員の事務所へのインターンシップ，多方面において第一線で活躍される方々を講師として招いて行われる研究会など，政治学研究科が提供するプログラムの全てが，研究者としての成長の糧となった。博士論文を作成するにあたっては，地方政治のマニアックな書籍の購入希望を受け入れていただいた法経図書センターの充実した蔵書に大きく支えられた。また，各県連へのインタビュー調査の際には，政治学研究科の「タームペーパー・論文作成に関する競争的研究助成」も受けた。こうした充実した研究環境がなかったら，本研究を完成させることはできなかったであろう。

　筆者は政治学を志す前，学習院女子大学にて日本政治史を学んでいた。その際，指導教授としてお世話になった松尾美恵子先生にも感謝申し上げたい。同先生には，歴史学のイロハを一からご指導いただいた。特に，大平正芳の選挙戦略に関する卒業論文の執筆を通じて，一次史料に基づきながらどのように自分の議論を組み立てていくのか学ばせていただいた。学習院女子大学では，岩淵令治先生にも歴史の多面的な見方について教えていただいた。

　東京大学の野島（加藤）陽子先生にもお礼申し上げたい。同先生とは，学習院女子大学に非常勤講師としてご出講された際に知遇を得た。先生は，それまで与えられた日々を淡々と過ごしていた私に，自ら人生を切り拓いていくきっかけを与えてくださった。私が学習院大学の法学部政治学科に学士入学する際，野島先生が私にかけて下さった「歴史学を学んだ者にしか書けない政治学の論文とは何かを常に念頭に置きながら研究しなさい」という言葉は，今でも私が研究を進めるにあたって常に意識している。また，鈴木淳先生はじめ東京大学日本史学研究室の皆様に受け入れてもらったことは「自分らしさ」を開花させるうえで大きな自信となった。

　2009年度から2011年度にかけて，筆者は，政党組織研究会に参加させていただいた。建林正彦先生，待鳥聡史両先生をはじめ，同研究会に参加されていた各先生からいただいた，厳しくも暖かいコメントは，本書を執筆するにあたって大きな糧となっている。

2012年から2016年まで一般財団法人行政管理研究センターに研究員として勤務させていただいた。同センターには，行政学や憲法，行政法などを専門とする研究員が所属しており，彼らとの対話を通じて，自民党研究に限られていた私の視野は大きく広げられた。公文書管理に関する調査など諸調査業務に携わったことも貴重な経験となった。

　木鐸社の坂口節子さんには，なかなか入稿に至らない私を辛抱強く待っていただいた。入稿後も，度重なる本文の訂正・追加に対して快く対応して下さるなど，初めての出版で戸惑うばかりの筆者を的確に導いていただいた。坂口さんなしでは本書の出版は成し遂げられなかった。心から感謝申し上げたい。

　私事ながら，私の家族に感謝の言葉を述べたい。

　義父母である若月徳雄とつや子は，いつも私の体を気遣い，応援し，研究を言い訳にして行き届かず至らぬ私に「頑張ってくれてありがとう」と言葉をかけ続けてくれた。これまで二人の優しい気遣いの中で私は伸び伸びと研究生活を送らせてもらった。この場を借りて改めて感謝の言葉を述べたい。

　両親である笹部晴康と恵子にも感謝したい。父は，私が大学院に進学する際，諸葛孔明の家訓を贈ってくれた。「優れた人は静かに身を修め，徳を養う。無欲でなければ志は立たず，おだやかでなければ道は遠い。学問は静から，才能は学から生まれる」。私にとってこの言葉は，若き日に学問を志していた尊敬する父の生き方そのもののように思える。「静」を最も苦手とする私にとって，この言葉は常に私の目標であった。これまでの研究の集大成として纏めた本書に対して父がどのようなコメントをくれるのか，とても楽しみである。母は私が小さい頃から何にでもチャレンジする機会を与え，好奇心を育ててくれた。この好奇心は研究活動を続けていく上での適性を養ってくれた。また，どんな時も姉をかばい，応援してくれた妹真矩子，忙しい両親と共に私を育て成長を見守ってくれていた二人の祖母，故笹部あさ子と，川辺チヱ子にも感謝の言葉を述べたい。

　最後に，夫，笹部(若月)剛史への謝辞を述べたい。夫剛史は同じく研究に従事するものとして最も身近にいる理解者であり，ほんの少しの嫉妬と憧れの対象でもあった。独創的で物事の本質を究める彼の研究はいつも，私の研究姿勢に緊張感を与え続けてくれた。また，夫として彼は常に私の

研究と人生に誠実に向き合ってくれた．彼はいつも「君の研究の進展が僕の研究の糧にもなる」と言い，私自らが自身を最も輝かせられる場を夫婦の選択の全てにおいて第一の優先事項として考えてきてくれた．彼の深い愛情の中で得た安心と自信の上に本書がある．本書が少しでも彼の研究に刺激を与えるものとなれば幸いである．

　2019年9月5日

笹部真理子

# 人名索引

## あ行

愛知揆一　91
赤城宗徳　92
阿曽田清　205-207
安達謙蔵　151
安倍晋三　216, 220, 231, 233
安倍晋太郎　69, 91, 141
荒木万寿夫　92
飯塚国蔵　163
伊賀貞雪　186
池田勇人　87, 94, 114
池田正之輔　103
石川嘉延　210
石田博英　61, 166
石破茂　220
石原伸晃　223
稲葉修　180
井部栄治　184, 185
居安正　41
内田常雄　103
遠藤三郎　178
大麻唯男　151
大沢正明　209, 210
太田房江　205
大平正芳　91, 218
岡田広　240
小川平二　103
オストロゴルスキー（Moisei Ostrogorski）　4, 19, 20-22, 39, 40

## か行

カーティス（Gerald L. Curtis）　41, 42
海部俊樹　219
梶山弘志　240
片岡正昭　135, 146
カッツ（Richard S. Katz）　7, 18, 19, 26, 28-32, 36-39, 46, 47, 49-57, 62, 77, 222, 226, 234, 241-244, 247, 249, 250
加戸守行　186
蒲島郁夫　42, 207
仮谷忠男　165, 166
川勝平太　211, 212, 221
河津寅雄　136, 152, 154, 155, 204
川人貞史　78, 89, 91-93, 104
川野芳満　94
神田坪六　163
神田博　94, 178, 181
木内四郎　92
岸信介　141
北岡伸一　41, 59, 60
北口博　153
北里達之助　153
木村仁　205, 206
キャンベル（John C. Campbell）　100, 103
キルヒハイマー（Otto Kirchheimer）　18, 23, 24, 26
クーレ（Rund Koole）　36, 37, 39, 50, 54
久野忠治　108
倉石忠雄　63, 92
小池政太郎　180, 182
小泉純一郎　219
河野謙三　84
小材学　152
小坂善太郎　91
小寺弘之　208, 209

後藤新　209
小橋一太　151

## さ行

斎藤寿夫　210
佐藤栄作　94, 114, 141
佐藤誠三郎　3-5, 43, 78, 100, 107
坂田道太　85, 94
坂本由紀子　211
桜井三郎　152
桜井武　162
笹川博義　237
サルトーリ（Giovanni Sartori）　17, 27
沢田一精　153, 154, 205, 206
澤田治男　152, 153
椎名悦三郎　91
潮谷義子　205-207
塩谷一夫　108, 180
塩見俊二　165, 166
重政誠之　103
清水一郎　164, 208
下河辺淳　183
シャットシュナイダー（Schattschneider, Elmer Eric）　4, 20, 39
白石春樹　150, 177, 184-186, 192, 193, 199, 203
白浜仁吉　103
榛村純一　183
スーザン・バーガー（S. Berger）　24
杉山憲夫　182
スキャロウ（Susan E. Scarrow）　36-39, 44, 50, 54, 55, 223, 250
鈴木善幸　111, 112
セイヤー（Nathaniel B. Thayer）　4, 41
園田清充　152

## た行

高島照治　162
高見三郎　180, 181
竹下登　91, 107, 108
竹山祐太郎　103, 180, 181, 210
田代由紀男　152
建林正彦　43, 248
田中伊佐次　94
田中角栄　91, 131, 180
谷垣禎一　222, 231
ダウンズ（Anthony Downs）　249
ツォイナー（Bodo Zeuner）　24
辻寛一　69
堤英敬　6
デュヴェルジェ（Maurice Duverger）　18, 22, 24, 25, 40, 41
寺本広作　152
東家嘉幸　158
渡海元三郎　108
徳安実藏　94

## な行

中内力　165, 166
中北浩爾　5
中曽根弘文　210, 237, 239
中曽根康弘　91, 141, 161, 162, 164, 204, 208, 218, 239
永田正義　153, 154
中野正剛　153
永原稔　181, 210
中村幸八　94
中村弘海　108
中山峰男　207
西内四郎　166
西村直己　103, 178, 180
猫田孝　240

根本龍太郎　67
ノイマン (Neumann, Sigmund)　41
野上進　152, 154
野田毅　158, 207
野中尚人　5, 43, 78

## は行

ハーシュマン (Albert O. Hirschman)　44, 249
パーネビアンコ (Angelo Panebianco)　25, 26
橋本大二郎　238
橋本龍太郎　219
長谷川四郎　103, 141, 163, 164, 167
早川崇　61, 67
林田彪　158, 159
原田憲　95, 103
原田令嗣　239
バンフィールド (Edward C. Banfield)　246
久松定武　184, 185
平田陽一郎　184
平野貞夫　238
広瀬正雄　94
福井治弘　4
福島譲二　204, 205
福田赳夫　91, 141, 161-164, 204, 208, 239
福田康夫　210, 237, 239
藤枝泉介　161
藤原敏隆　186
船田中　94
古田好　239
坊秀男　103
細川護熙　153
本名武　115

## ま行

前尾繁三郎　91
前川收　207
マグアイヤー (Maria Maguire)　27
増田甲子七　114
益谷秀次　63
升味準之輔　3, 39-41
町田守正　166
マッケンジー (McKenzie R Trelford)　40, 61
松崎哲久　3-5, 43, 78, 100, 107
松下圭一　4, 40
松野鶴平　151, 152
松野頼三　153
的場敏博　48
三木武夫　63, 80, 91
水田三喜男　91
溝渕増巳　165, 166
南好雄　103
ミヘルス (Robert Michels)　20-22, 33
美馬健男　166
三宅一郎　42
村上勇　94
村上泰亮　48
村松岐夫　234
室田直忠　163
メア (Peter Mair)　7, 18, 19, 26-32, 36-39, 46, 47, 49-57, 62, 77, 222, 234, 241-244, 247, 249, 250
毛利松平　108
森裕城　6
森道哉　6
森喜朗　219

## や行

柳沢伯夫　100, 103, 107
山口武平　136, 240
山崎巌　184
山田真裕　42
山田譲　163
山中貞則　92
山本一太　237

山本敬三郎　181
山本唯三郎　210
山本富雄　162, 163
山本秀久　207
吉田茂　80, 114
吉村正　69

ら行

ライト（William E. Wright）　49

リード（Steven R. Reed）　43
リプセット（S.M.Lipset）　21, 23, 27
ロッカン（S.Rokkan）　21, 23, 27

わ行

和久田好造　182
綿貫民輔　108

# 事項索引

## あ行

維新の会　221
イデオロギーの終焉　54
オイルショック　98

## か行

改進党　110
各級議員後援会連絡協議会　131
各種団体連絡協議会　130
寡頭制の鉄則　22
カルテル(化)　30, 53-58, 243, 247
カルテル政党(論)　26, 29-33, 35, 36, 38, 39, 47, 55, 57, 242, 249
幹部政党　22, 29, 32-34, 48, 61, 244
官僚制的大衆政党　25
共和党(アメリカ)　49, 50
キリスト教民主党　3, 24, 53
県議ネットワーク型県連　8, 142-145, 149-151, 186, 197, 199, 201-203, 235, 239, 240, 246
県連会長公選制　168, 237, 238, 240
公職としての政党　31-39, 48, 51, 53-57, 62, 77, 215, 220, 222, 234, 241, 242, 244, 247, 249, 250
高度経済成長(期)(時代)　60, 64, 68, 74, 98
広報委員会　83
公募制(度)　159, 197, 216, 217, 226, 236, 237
公明党　184, 204
コーカス　19
(国対)副委員長　86-88, 99, 107-122
国民運動本部　83

(個人)後援会(組織)　4, 17, 40-44, 48, 52, 63, 65, 67, 72, 73, 123, 124, 131, 185, 244, 246, 247
国会対策委員会(国対委員会)　58, 80, 88, 97-99, 109, 114, 120, 122, 243, 245
固定化　43, 89

## さ行

支部整備指導要綱　132
自前層　48
社会的亀裂　20, 21, 44, 47, 48, 53, 55, 250
社会民主党(スウェーデン)　3
社会民主党(ドイツ)　21
社会民主党(日本, 1996)　204, 206
自由党(日本, 1950)　80, 87, 114, 115, 136, 151, 152
自由党(日本, 1998)　6, 204-206
小選挙区制　6, 47, 64, 67, 131, 168
小選挙区制案　131
小選挙区比例代表制　150, 221, 238, 248
職域支部　72, 124, 130, 131, 155, 156, 158, 169-171, 185, 188, 189, 203, 224, 225, 236, 238
所得倍増計画　97, 98, 106, 120
新産業都市建設促進法　98
人事局　83, 85, 95, 245
新進党　18, 210
ストラーキー　36, 37, 47, 49, 50, 54-56, 222, 242, 244
政策審議会　64, 87, 99, 100, 102, 103, 120
政審委員　87, 99
(政調会)調査会　84, 85, 95, 100, 106, 245
(政調会)特別委員会　84, 85, 95, 100, 106,

事項索引 273

245
(政調会)部会 58, 79, 98, 100, 103, 104, 106, 107, 119, 120-122, 243, 245
(政調会)部会長 99, 104-107, 109, 119, 120-122, 245
(政調会)副会長 64, 85-88, 99-105, 108, 109, 111, 113-118, 120-122, 243, 245
政調審議会 79, 98, 103, 104, 106, 107, 119, 121
政党システム(論) 17, 23, 26, 27
政党助成(制度) 47, 57, 215, 222, 248
政党の「衰退」(論) 18, 24, 26, 28, 30, 32, 46
政党の融解 26
選挙区支部 159, 198
全国組織委員会 62, 65, 66, 80-84, 95, 128-132, 244
全国町村議会議長会 129
全国町村長会 129
専門職的選挙政党 25, 26
総裁公選(制度) 63, 66, 70-72
総裁公選規程 218, 219
(総務)副会長 86-88, 109, 111, 113
ソーシャル・メディア 5, 248
族議員 4, 43
組織運動本部 223
組織活動調査会 69
組織広報員(制度) 66, 123, 127
組織積み上げ型県連 8, 142, 147, 148, 150, 161, 177, 201-204, 239, 246

た行

第一次組織調査会 63
代議士系列 124, 135-137, 140, 141, 145-150, 153, 155, 160-162, 164-168, 170, 172, 174, 175, 201, 202, 204, 208, 235-239

代議士系列型県連 8, 142, 145, 146, 150, 161, 197, 201-203, 236, 246
第五次組織委員会 83, 84
第三次全国総合開発計画(三全総) 72, 73, 153, 164, 183
第三次組織調査会 61, 64, 80, 83, 84, 87
大衆政党(モデル・化) 18, 20-22, 24, 25, 28-30, 32-35, 39-42, 44, 46, 48, 51, 58, 61, 74, 96, 244, 246, 247
第七次組織調査会 67
第二次組織調査会 63
第六次組織調査会 67, 70
地域支部 62, 65, 67, 68, 72, 74, 82, 123-128, 132, 133, 137, 144-148, 150, 153-159, 162, 164, 166-174, 177, 179, 182-186, 188-190, 192, 193, 196-199, 202-204, 210, 212, 223-225, 236, 238-240, 242, 246, 247
地区推薦(制) 178, 179, 191
地方議員連絡協議会 83, 129
地方政治学校 227-229, 232
地方組織・議員局 223
地方駐在員 40, 123, 127, 227
地方における政党 31-39, 48, 51-58, 62, 215, 220, 222, 234, 241, 242, 244, 249, 250
地方名望家 184
中央政治大学院 227, 228
中選挙区制(度) 47, 48, 63, 67, 131, 161, 174, 221
町内会 46, 65, 82, 132, 232, 243
党改革検証・推進委員会 216
党基本問題懇談会 69
党近代化 64, 81-83, 102, 128, 202
凍結仮説 23, 27
党本部における政党 31-35
党友(制度) 70, 71, 218, 219, 237

## な行

ニクソンショック　98
二大政党制　6
日本共産党　184
日本社会党(社会党)　48, 61, 98, 131, 184
日本民主党(民主党)　80, 87, 110, 136, 151, 152
日本列島改造論　98, 107
ネオ・コーポラティズム　27
年功序列型人事　7, 58, 77-79, 89, 92, 96, 97, 99, 104, 108, 109, 120-122, 146, 167, 187, 202, 243, 245

## は行

派閥　4, 17, 40, 43, 63, 64, 69, 70, 79, 81, 83-85, 93, 95, 102, 104, 108, 109, 120-122, 244, 245, 247
派閥均衡型人事　7, 58, 77-79, 87-89, 93, 95-97, 99, 109, 120-122, 146, 167, 202, 243, 245
派閥代表制　64, 87, 102
非自前層　48
120万党員獲得運動推進要綱　231
比例代表制　47, 48, 66, 130
フェデラライゼーション　37
副幹事長　64, 85-88, 109, 111
不等価交換　25
部落会　46, 243
平成の大合併　170, 190
包括政党(論)　23, 24, 26, 29, 30, 32-34
保守党(イギリス)　40, 61, 67, 71, 73

## ま行

マシーン　19, 246
マス・メディア　5, 6, 30, 35, 37-39, 47, 51, 53, 54, 56, 57, 60, 217, 222, 226, 233, 234, 241, 242, 248, 250
マニフェスト　7, 223, 227, 230
三木答申　61, 64, 65, 67, 70, 71, 88, 102, 127, 128, 131
3つの「顔」　26, 31, 32
緑の党(ドイツ)　27
民社党　61
民主党(アメリカ)　49
民主党(日本, 1998)　3, 6, 7, 18, 45, 51, 204, 206, 211, 216, 221, 230, 231, 242

## や行

役職名望家　46, 68, 243, 244
与野党伯仲(時代)　55, 68, 69, 88, 98, 107, 113, 115, 121, 245

## ら行

利益誘導　42, 44, 51, 230, 231
ローカルマニフェスト　223, 230

## 著者略歴

笹部　真理子（ささべ　まりこ）
1979年　兵庫県生まれ
2003年　学習院女子大学国際文化交流学部日本文化学科卒業
2005年　学習院大学法学部政治学科卒業
2007年　学習院大学大学院政治学研究科博士前期課程修了
2013年　学習院大学大学院政治学研究科博士後期課程修了　博士（政治学）
　　　　学習院大学非常勤講師などを経て，
現在　　一般財団法人行政管理研究センター客員研究員

主要論文
「1970年代初頭における自民党人事の変容：党組織から見る国会対応と行政接触の拡大」『学習院大学大学院政治学研究科政治学論集』第22号，2009年
「政党組織論の新展開：KatzとMairの議論を中心に」『学習院大学大学院政治学研究科政治学論集』第23号，2010年
「『代議士系列型県連』と『組織積み上げ型県連』－自民党群馬・静岡両県連の組織構造－」（建林正彦編著『政党組織の政治学』東洋経済新報社，2013年）

---

「自民党型政治」の形成・確立・展開
　　－分権的組織と県連の多様性－
2017年10月10日　第1刷発行　ⓒ

| 著者との了解により検印省略 | 著　者 | 笹部　真理子 |
| --- | --- | --- |
| | 発行者 | 坂口　節子 |
| | 発行所 | 有限会社　木鐸社（ぼくたくしゃ） |

〒112-0002　東京都文京区小石川 5-11-15-302
電話（03）3814-4195　郵便振替　00100-5-126746番
ファクス（03）3814-4196　http://www.bokutakusha.com/

印刷　フォーネット互恵印刷／製本　髙地製本所

乱丁・落丁本はお取替致します
ISBN 978-4-8332-2516-8　C3031